大学生の学びと成長

知識・他者・自分との
関係から人生をつくる

河井 亨
Toru Kawai

ナカニシヤ出版

はじめに

　本書は，「大学生の学びと成長」をテーマとしています。さて，本書を読んでいる大学生のみなさんは，どのような場で，どのような学びをしているでしょうか。みなさんは大学生活を通じて，どのような成長をしているでしょうか。それは，高校までの学びと，どのような違いがあるでしょうか。もしあなたが高校生であれば，大学でどのような学びがあると思うか想像してみてください。

　大学での学びというと，授業での専門知識の学びが思い浮かぶと思います。最先端の研究へとつながる専門知識や技能を学ぶことは，知的好奇心を刺激し，知的な面での成長をもたらしてくれます。さらに，大学生の学びと成長には，アルバイトやサークルといった課外活動での経験からの成長が含まれます。大学生は，課外活動に精一杯取り組むことから自分の人生にとって大切なことを手にしていきます。今日の大学生の学びと成長においては，授業と課外活動の両方で学びと成長をしていくこと，そして自分の学びと成長を自分の力にしていくことが重要となっています。

　その背景には，近年の時代と社会の状況があります。時代と社会の先行きが不透明さを増しており，将来の見通しを立てることがますます難しくなっています。次から次に新しい変化が生じ，生活や仕事といった人生の予測が難しくなっています。このような変化や不透明さは，みなさん自身の生き方や人生の選択にも影響を与えてきます。そのような中で私たちは自分の人生に向き合い，人生をつくっていきます。人生をつくるということは，その日その時を生きるとともに，重要な時には自分の意志で人生の進路を選択していくことを意味しています。

　予測困難な社会の中では，人生をつくろうと思っても，まわりの環境に振り回されて思い描くような道へと進むことが難しいかもしれません。だからこそ，自分で自分の進路の舵をとって決めていくこと，時代の要請に対応して柔軟に自分自身のあり方や生き方を見直すことの両方が大切になってきます。このよ

うな時代と社会の状況に対して人生を進めていくためには，「自らの学びと成長に対して，気づき，言語化し，関係づけ，自分の糧とし，次のアクションへとつなげていく力」が重要になってきます。大学生のうちに，知識や技能を身につけるのと同じようにこの力を伸ばしていくことで，人生をつくり，人生のさまざまな局面での状況の変化に対応できると考えています。

　「自らの学びと成長に対して，気づき，言語化し，関係づけ，自分の糧とし，次のアクションへとつなげていく力」は，大学時代に重要となるだけでなく，卒業後，変化の激しい社会の中で応用できる力です。この力は，専門知識や技能を身につけるのとは異なるように思えるかもしれませんが，人生をつくっていくために欠かせない力です。本書を通じて，自分自身の学びと成長をふりかえり，どうすればこの力を伸ばしていけるかを理解し，実践していってほしいと思います。

　『大学生の学びと成長』という本書には，私自身のこれまでの研究活動と経験が背景にあります。私は，大学院生の頃から「大学生の学びと成長」をテーマに大学生が授業や課外活動でどのように学び成長しているかを解明する研究に取り組んできました。これまで多くの大学生の学びと成長について，大学の授業やゼミ，インタビューなどを通じて学生たちから話を聞いてきました。その中で，大学生は，大学の授業や課題，アルバイト，サークル，課外活動，交友関係など，幅広い場で，大学生活にとって大切な経験を積んでいることを知りました。一方で，じっくりと自分自身の学びや成長に向き合うことに取り組むことができないでいるように感じることもありました。学生たちは，自分がどう成長したのか，日常での気づきを自分の学びと成長につなげられないことがしばしばあるようでした。どのような力が身につき，何をできるようになったのかをふりかえって理解したり，言語化する機会を持てていないようでした。また，多様な気づきや知識と経験を十分に関係づけられず，本来の成長を十全に引き出せていないように見えることもありました。自分の学びと成長の理解を深め，気づき，言語化し，関係づけることができるようになれば，自分の学びと成長に自信を持つことができて，次の挑戦に踏み出せるようになると思いました。

　大学教員となってからは，授業やワークショップのなかで，学生たちが自分

自身の学びと成長をふりかえる機会を積極的につくってきました。そのなかで，多くの学生たちが自分の学びと成長を理解し，知識と自分の経験を関係づけたり，新しい視点や経験の意味に気づいたり，自分の学びと成長を言語化できるようになっていく姿を見てきました。私自身も経験を重ねていくなかで，学生たちが自分の学びと成長に対して，気づき，言語化し，関係づけることができるようになることは，大学時代での大切な学びと成長の意味を実感し，自分自身と自分の人生の糧とし，卒業後においても自分で人生をつくっていく土台となるものだと強く思うようになりました。

　このように，学生時代に自分自身の学びと成長をふりかえって，気づき，言語化し，関係づけていくことはとても大切です。本書では，大学生のみなさんが「自分の学びと成長をふりかえり，自分自身の学びと成長について知識を使って深く理解し，気づき，言語化し，関係づけて自分の糧とできるようになること」を目的としています。糧とするということは，活力の源泉として力をもたらすことを意味しています。本書を読み，考え，対話することが大学生のみなさんの人生の活力や充実につながることを願っています。

　本書では，読者のみなさんが大学生活の中で学び成長するための「気づき」と「言語化」と「関係づける」ことについて，授業やワークショップでの学生たちの具体的なエピソードを交えて紹介しています。また，本書では，各章の本文に注を付し，内容の根拠となる文献やさらに学びたい人のために参考となる文献を提示しています。本書をきっかけに，文献を読む学びを広げていってほしいと考えています。本書を通じて，読者のみなさんが気づきを手にし，言語化と関係づけに取り組み，自分自身の学びと成長の糧としていく手がかりが得られればと思います。

目　　次

はじめに　*i*

第 1 章　大学生の学びと成長　　　　　　　　　　　　　　　　　1

1 **大学生の学びと成長―3 つの道筋**　　4
1. 知識やスキルを学び，新しい考えや価値観に触れて学ぶ　*4*
2. 自分とは背景の異なる人々と出会い，かかわり，関係をつくり，対話して学ぶ　*5*
3. 自分自身と向き合い，自分の人生と向き合って学び成長していく　*6*

2 **大学生の心がまえ**　　7

3 **自分で自分の学びと成長をつくりだすために**　　10
1. 気　づ　き　*11*
2. 言　語　化　*12*
3. 関係づけること　*13*
4. 気づき，言語化し，関係づけることから広がる学びと成長　*15*

4 **大学生の学びと成長を捉えるためのフレームワーク―二元論・多元論・関係論・コミットメント**　　16

第 2 章　知識との関係の成長　　　　　　　　　　　　　　　　　23

1　**知識との関係の「二元論から多元論」へ**
　　―知識を学び，世界を広げる成長へ ―――――――――― **26**

1 **高校までの学びと大学での学び**　　26

1. 気づいたこと，感じたことの言語化　*28*
2. 考えの言語化というアウトプット―授業の中でのワーク「問いについて考える」　*29*
3. 異なる考えを互いに尊重すること　*31*

2 二元論の価値観から自由になる　**33**

2　知識との関係の「多元論から関係論」へ
―自分の考えをつくるには？―――――――――――――**35**

1 知識を関係づけるとは　**35**

2 知識を関係づける方法（1）―マッピング　**37**
1. マッピングとは　*37*
2. グループでマッピングを実践する　*38*
3. 個人でマッピングを実践する　*38*

3 知識を関係づける方法（2）―「問い」　**39**
1. 「問い」とは　*39*
2. 問いを持つ時の2つの型　*41*

4 知識を関係づける方法（3）―授業の中でのワーク「問いのフィールドをつくる」　**44**
1. 問いのフィールドをつくるステップ1　*45*
2. 問いのフィールドをつくるステップ2　*45*
3. 問いのフィールドをつくるステップ3　*47*
4. 問いのフィールドをつくるワークの学び　*49*

5 問いの探求から先行研究との出会いと知の世界へ　**50**
1. 問いを構造化して関係づけること　*52*
2. 批判的思考　*54*
3. 自分の考えに根拠をつけること　*55*

3　知識との関係の「関係論からコミットメント」へ
―自分の学びを自分でつくるには？―――――――――――**57**

1 レポートで自分の考えをつくる学び　**57**
1. レポート課題について　*58*

目　次　*vii*

　2．レポートを書く４つのステップ　*58*

❷　卒業研究で自分の考えをつくる学び　61

　1．卒業研究とは―複数の科目の知識を総合する集大成　*61*

　2．卒業研究における研究テーマの大切さ　*61*

　3．卒業研究に向けた取り組み―「学びと成長」をテーマにしたゼミを事例として　*62*

❸　レポートや卒業研究という学びの集大成を最後まで仕上げること　70

　1．最後まで仕上げることの意味　*70*

　2．自分で自分の学びをコントロールすること―自己調整学習　*71*

　3．自分の考えをつくり直す　*72*

❹　大学での学びの深さと広さを追求すること　73

　1．大学の学びの深さと広さとは　*74*

　2．教養知の学び　*74*

　3．自分の考えをつくりあげることの意味　*77*

第 3 章　他者との関係の成長　　　　　　　　　　　　　　85

1　他者との関係の「二元論から多元論」へ
　―新しい経験と人との出会いに向けて――――――――**89**

❶　他者とのかかわりを通じた成長　90

　1．サークル　*90*

　2．アルバイト　*92*

❷　他者との関係の多元論への成長で大切なこと　93

　1．一歩踏み出すこと　*94*

　2．一歩踏み出すことの難しさに気づき，理解する　*95*

　3．なぜ一歩踏み出すことが難しいのか　*96*

　4．「能力は変化するし，自分で成長させることができる」という考え方へ　*97*

2 他者との関係の「多元論から関係論」へ
―他者との関係を深めるには？ ———————————— **100**

❶ コミュニケーションについてのリフレクションを通じた成長　101
  1. コミュニケーションの能力について　*101*
  2. コミュニケーションについてのリフレクションの方法―聴き方ワーク
     を事例として　*103*

❷ リーダーシップについてのリフレクションを通じた成長　107
  1. リーダーシップの能力について　*107*
  2. リーダーシップについてのリフレクションの方法―「身についた力」を
     語り合うワークを事例として　*109*

❸ リフレクションの方法とポイント　115
  1. リフレクションの2つの型　*116*
  2. リフレクションの3つのポイント　*117*

❹ 他者との関係の「関係論への成長」で大切なこと　122

3 他者との関係の「関係論からコミットメント」へ
―他者・社会との関係をつくる成長へ ———————————— **124**

❶ 他者とのかかわり方をつくりあげること　125

❷ チームや組織との関係を通じた成長　126
  1. チームや組織からの影響を理解する　*127*
  2. 目標や理念をつくる　*128*
  3. 組織をマネジメントする　*129*
  4. チームや組織とのかかわり方についての姿勢や価値観をつくりあげる
     130

❸ 社会との関係を通じた成長　132
  1. 社会からの影響と社会とのかかわり　*132*
  2. 社会からの影響を自分自身の成長に結びつける　*134*
  3. 社会とのかかわり方についての姿勢や価値観をつくりあげる　*136*

❹ 他者との関係をつくることへ―関係の成長，そして相互性へ　139
  1. 「関係の成長」という考え方について　*139*
  2. 関係の相互性へ　*141*

目　次　*ix*

3.　他者との関係をつくることについて　*143*

第4章　自分との関係の成長　153

1　自分との関係の「二元論から多元論」へ
―自分についての気づきのために ―――――――――― **158**

■　いろいろな自分に気づくという成長　159

「Who am I?」（自分はどんな自分か／あなたはどんな人か）　*160*

2　自分についての気づきとその言語化の大切さ　162

1.　自分についての気づきとその言語化とは　*162*

2.　自分についての気づきとその言語化を阻む3つの難しさ　*164*

3　自分の内側に軸となる価値観をつくる成長に向けて　166

1.　自分自身を大切にするセルフ・コンパッション―自分についての気づきを大切に　*166*

2.　自分との関係の成長全体にとって重要なセルフ・オーサーシップの成長　*167*

2　自分との関係の「多元論から関係論」へ
―自分についての気づきから，自分を理解するには ―――――― **171**

■　現在と将来の自分についてリフレクションする方法について―ズームアウトとズームイン　172

1.　ズームアウトのリフレクション　*172*

2.　ズームインのリフレクション　*177*

2　自分との関係の「関係論への成長」にとって大切なこと　181

3　自分との関係の「関係論からコミットメント」へ
―自分との関係をつくる成長へ ―――――――――― **185**

■　自分との関係をつくるワーク　186

1.　過去の自分の人生のグラフ化　*186*

2. CAN-WILL-MUST のワーク　　*190*

3. 自分の将来の目標のツリー化のワーク　　*195*

❷　ワークに他の学生と一緒に取り組む　200

❸　自分との関係の「コミットメントへの成長」で大切なこと　201

1. 自分の価値観をつくりあげ，自分との関係をつくる　　*201*

2. 自分との関係をつくる―アイデンティティ形成として　　*203*

第5章　これからの学びと成長に向けて　　　　　　　　　　　　　217

**❶　知識・他者・自分との関係でどのように成長するのか―これまでの
章をふりかえって　219**

1. 「二元論から多元論」への移行の中心的な特徴とは　　*220*

2. 「多元論から関係論」への移行の中心的な特徴とは　　*221*

3. 「関係論からコミットメント」への移行の中心的な特徴とは　　*221*

4. 大学生の学びと成長を拡張して捉える　　*222*

**❷　大学生の学びと成長のダイナミクスを考える―気づき・言語化・関
係づけの役割　223**

1. 大学生の学びと成長にとっての〈気づき〉　　*224*

2. 大学生の学びと成長にとっての〈言語化〉と〈関係づけ〉　　*225*

**❸　大学生の学びと成長のダイナミクスを考える―関係の相互性・ブ
リッジング・主体への生成　226**

1. 関係の相互性―関係をつくるという成長はいかにして可能か　　*227*

2. ラーニング・ブリッジング―関係の相互性による成長はいかにして可
能か　　*228*

3. ラーニング・ブリッジングとアイデンティティ形成　　*230*

4. ラーニング・ブリッジングから学びと成長のブリッジングへ　　*232*

5. 主体的に学び成長する―主体への生成　　*235*

❹　これからの大学での学びと成長に向けて　241

おわりに　　*245*

第1章

大学生の学びと成長

　大学生はどのように学び成長するのでしょうか。

　大学では新しい学びと成長の可能性が生み出されています。実際に，どのような学びができるでしょうか。また，どのような成長ができるでしょうか。そして，大学での学びと成長の道筋を進む上で大切なことは何でしょうか。本章では，大学生の学びと成長について，本書全体を読み進めていくための枠組みを理解していきましょう。

時代の変化の激しい今日，大学での学びのあり方も変化しています。社会から大学の学びの価値とは何かが問われています。その状況の中で，学生と教職員は力を合わせて価値ある学びを模索しています。

日本の大学教育では，20世紀後半から教育改革が進められてきました。アクティブラーニングを取り入れた授業での学びやプロジェクト型の学び，ICTを用いた学び，インターンシップや異文化理解，ボランティア活動を取り入れた学びといった多様な学びの形が生み出されてきました。また，新型コロナウイルス感染症の流行にともない，オンラインでの授業形態やオンラインでの学びと対面での学びをブレンドした学びも生まれています。

大学での学びのあり方が多様化している今日，大学という場所で学ぶことの意味が問われています。私は，大学で学び成長することの意味は，「自分の人生をつくること」にあると考えています。大学で学び成長することで，新たな経験や知識へと人生が広がり，今生きている人生に充実感をもたらしたり，これまでの経験の意味に気づいたり，これからの人生の挑戦の土台となったり，自分自身や人生の糧となっていきます。

私たちの人生は，自分でつくっていくことができるものです。自分の人生を自分でつくっていくときに，学びと成長がとても重要になってきます。どのように学び，成長していくかについては，次の3つの道筋があります[1]。

- 知識やスキルを学び，新しい考えや価値観に触れて学んでいくこと
- 自分とは異なる考えを持つ他者と出会い，かかわり，関係をつくり，対話しながら学ぶこと
- 自分自身と向き合い，自分の人生の未来と向き合って学ぶこと

大学では，このような3つの道筋の学びと成長を積み重ね，自分の人生をつくっていきます。本章では，学びと成長の3つの道筋と，学びと成長に向かう心構えを見ていきます。続けて，大学での学びと成長にとって重要な役割を果たす〈気づき〉〈言語化〉〈関係づけ〉について説明します。そして，本書全体の見取り図となる大学生の学びと成長のフレームワークを提示します。

1 大学生の学びと成長—3つの道筋

1. 知識やスキルを学び，新しい考えや価値観に触れて学ぶ

　大学の授業では，授業内容の知識を学ぶだけでなく，新しい考え方を学ぶことができます。大学で歴史を学ぶ科目では，歴史の中の事実だけを教え込まれるわけではありません。戦争が起きたという事実を学ぶにしても，どのようにしてその事実が発見されていったかや，その事実をめぐる異なる立場からの論争を学び，歴史がなぜそのように動いたのかというダイナミズムを学びます。そして，そこから，今日を生きる自分はどう時代の流れと向き合うかという大切な問いを考えるよう学んでいきます。国際協力を学ぶ授業では，国際協力の仕組みという知識も扱われますが，それだけではありません。インドで活動した教員から，インドの人たちの暮らしや考え方を実体験のエピソードを通じて見聞きすることで，自分がアタリマエだと思っていたことがアタリマエではないことに気づくことができます。世界についての異なった見方を学び，自分自身の世界を広げていくよう学んでいきます。

　大学の授業で学ぶことを通じて，自分の今までの考え方と異なる考え方に出会い，自分とは異なる価値観とも出会います。授業で新しい考え方に触れることもあれば，学生同士のディスカッションで自分とは違う考え方や価値観に出会うこともあるでしょう。また，興味を持った本を手に取って読んでみることで，新しい考えに出会うこともできるでしょう。授業の外にも学びは広がっています。課外活動では，アルバイトやサークル，部活動，ボランティア活動，友達と遊んだり旅行したりといった経験をします。留学や海外旅行を経験することもあるでしょう。課外活動の経験の中でも，新たな考えに出会ったり，自分とは異なる価値観に出会って学んでいきます。

　大学の授業での学びや課外活動での経験を通じて，興味関心を広げ，知識を学び，自分の考え方を広げ，自分の視野を広げることができます。それは，自分の世界を広げていく学びです。このように，新たな考えや経験に触れながら自分の世界を広げていくことが，自分の人生をつくることにつながっていきま

す。

2. 自分とは背景の異なる人々と出会い，かかわり，関係をつくり，対話して学ぶ

　大学は，今まで過ごしてきた世界よりも広い世界から多様な人々が集ってきます。大学は，自分とは異なる考えを持つ人や異なる背景を持つ人が数多く集まっている場です。大学生活での活動の範囲は広く，幅広い世代の人々，異文化の人々と交流することができます。

　授業で他の学生とも交流しますが，大学生活での他者とのかかわりはそれだけではありません。授業とは異なった交流の機会となるのが課外活動です。課外活動では，新しい出会いがあります。他者とかかわり，コミュニケーションする経験を積みます。一緒に活動することを通じて，新しい人間関係をつくっていくことができるでしょう。

　その中で，対話しながら学びを深めることができます。授業では，新しい考えに触れながら，教員や他の学生とディスカッションしたりするという対話を通じて，学び成長することができます。アルバイトやサークルといった課外活動でもまた，多くのコミュニケーションを通じて対話する経験を積むことができます。なんとなく他者とかかわるのではなく，他者と意識的にかかわっていくことが学びと成長につながります。他者とかかわり，関係をつくっていくためにも，対話が重要な役割を果たします。

　対話は，他者との間で行われるものだけではありません。読書を通じて新しい知識や考えと対話する時間も，大切な対話の時間です。また，自分自身と対話し，自分のこれまでの考え方を変えるという経験をすることもあるでしょう。

　対話の時間は，新しい考えを吟味し，知識を深く理解するために不可欠なものです。授業の場で新しい考えに出会っても，右から左へ聞き流したり，丸暗記しようとしたり，そのまま鵜呑みにしたりしては，深い理解につながりません。自分とは異なる考えを受けとめ，理解することが学びとなります。自分と異なる考えについて，自分の考えとどう違うのかや，なぜそのような考え方をするのかといったことを自分で考え，新しい考えと自分のこれまでの考えとを照らし合わせて対話することが大切です。課題活動でも，お互いの思いや考え

を出してかかわることで，関係を深めることができるでしょう。一緒に活動する仲間とお互いの考えていることや思いを出し合って，お互いの考えや思いの背景を知り，関係をつくっていくことでお互いへの理解を深めることができます。

　対話の時間は，知識を深めることという意味とは別の大切な意味があります。対話では，相手がいて，相手と対話します。大学生活では，友人と多くの対話の時間を過ごすことでしょう。対話を通じて，自分の考えを相手に伝え，相手の考えを聞き，お互いの考えを理解していくなかで学び成長することができます。日常のことや自分の好きなことを話したり，とりとめのないことを話して過ごします。時には将来の人生をどうしていくかといった真剣な話になることもあるでしょう。お互いの考えを尊重し，考えを伝え，聴き合うことで，お互いの関係がつくられていきます。お互いを尊重した対話の時間を過ごすことで，人間関係がつくられていくのです。

　新しい考え方や自分とは異なる考えを理解するためにも，人間関係をつくっていくためにも，ゆっくりと時間をかけて対話することが必要です。どれだけ情報検索が高速でできるようになったとしても，理解するということや関係をつくるということには時間が必要です。ゆっくりと時間をかけることをいとわないでください。対話の時間を通じて，知識を深く理解し，新しい考え方を自分のものにしていくことと自分にとって大事な人間関係をつくっていくことが，自分の人生をつくることにつながっていくのです。

3. 自分自身と向き合い，自分の人生と向き合って学び成長していく

　大学では，ここまで述べてきたような新たな考えや他者との関係について対話の時間を通じて学ぶとともに，その学びをつくる自分自身と向き合います。同年代の学生に触発されて，自分は何に興味関心があるのか，自分は何をしたいのかと真剣に考えることもあるでしょう。異なる世代の人や背景の異なる人との対話の中で，自分が何をしたいのかと考えることもあるかもしれません。異文化に触れて，自分は何をしたいのかを考えることもあるでしょう。新たな考えとの出会いや対話の時間をきっかけに，自分自身について考える機会は，大学での学びと成長にとって重要な機会です。

大学では，広い世界から知識を学び，スキルを身につけます。自分の外側に広がっている世界から，情報や知識，スキル，新しい考えや価値観を受けとる学びによって，自分の知識が増え，スキルが身につき，世界が広がっていきます。しかし，大学での学びの価値は，新しい知識やスキルを受けとることだけではありません。自分の学びを自ら主体的により良いものにしていくことができるという点にも大学での学びの価値があります。「学び方を学ぶ」と言われるように，そのような学びのつくり方を学んでいきます[2]。

授業では，「どのような科目を学ぼうか」と考えることから始まり，その科目を受講して学び，レポートや試験で学びの評価を受け取ります。課外活動では，「どのような課外活動に参加しようか」と考えることから始まり，活動に取り組み，大会やイベントといった節目で成果に到達します。その流れにあわせて，学びや経験にどのように取り組もうか，自分の経験や学びはどうなのか，自分の経験や学びのどこが十分に良いものになっていて，どこが改善できるかと俯瞰して自分の経験や学びと向き合います[3]。

自分自身の経験や学びを意識的にふりかえって考えることで，その経験や学びの意味を探究します。その時，その経験と学びをつくりだしている自分自身にも向き合います。その経験や学びは自分にとってどういう意味があるのか，自分はこれから何をしたいのか，自分にはどういうところがあるのかといったことを考えます。自分の経験や学びに意識を向けるとともに，自分自身にも意識を向けていくのです。

大学生活を進めていく中では，科目の選択に始まり，ゼミの選択や進路の選択といった選択の機会が訪れます。1つ1つの選択の機会に，自分と向き合い，自分自身の人生と向き合うことで，自分で自分の人生の向かう先を決めるという感覚を持って人生を進んでいくことができます。自分自身の経験や学びを意識的にふりかえって考え，自分と向き合うことが，自分の人生をつくることにつながっていきます。

2 大学生の心がまえ

大学での学びと成長は，自分の人生をつくることへとつながっています。大

学での学びと成長では，自分で自分の学びと成長をつくることができます。自分の学びと成長を自分でつくっていく力をつけ，その責任を持ち，自分の学びと成長をつくることを通じて，自分の人生をつくっていきます。しかし，大学生の学びと成長は，自分の人生だけをつくっていくことを意味しません。

　私たちの人生は，多くの人とのかかわりの中で進みます。大学に進学する前までも多くの人とかかわって人生を進んできたことでしょう。大学に入ってからは，さらに多くの人とかかわり，関係をつくって，学び成長していくことになります。これまで暮らしてきた地域とは異なる地域からやってきた友人がいます。高校までとはまた異なる先輩と後輩ができます。アルバイトやサークル活動でも交友関係が広がるでしょう。世界の歴史や出来事，異文化についての授業で，自分以外の他者について学ぶことがあるでしょう。時には現地にボランティア活動やフィールドワークに赴いてともにくらして生活することもあるでしょう。世界中の人々との関係について，知識で知り，想像し，実際に会って話す，または一緒に活動するといった経験もできるでしょう。このように，私たちの人生には，多くの他者がかかわっています。大学で学び成長していく中で，かかわりが広がっていきます。

　大学に進学したからといって，新しい人間関係をつくっていく必要などないと考えるかもしれません。確かに，無理をして，人間関係を広げると，その人間関係に悩むということが起きてしまいます。しんどい人間関係からは，撤退する方が賢明なこともあります。しかし，根本的な姿勢として，他者とのかかわりに向かって，学び成長していくことが大切です。他者とのかかわりから撤退するのではなく，他者とのかかわりに向かっていくことでこそ，豊かな学びと成長が生まれます。そして，自分の学びと成長のためだけに，他者とのかかわりに向かうのではありません。大学生には，他者とのかかわりを互いに尊重し合うことができるかかわりあいにしていく力と責任があります。他者のことを知り，理解する力と責任があります。大学生には，自分の学びと成長をつくっていくだけでなく，かかわる他者の学びと成長をつくっていく力と責任があるのです。

　したがって，大学での学びと成長は，自分の学びと成長だけをつくるのではなく，まわりの他者とのかかわりをつくり，かかわる他者の学びと成長もつ

くっていくことへとつながっています。そして，大学での学びと成長は，自分の人生のためだけでなく，自分の人生でかかわる他者の人生のためにもなるものです。大学での学びと成長でつけた力は，自分の人生を良い人生にするためだけでなく，まわりのかかわる人々の人生を良い人生にするためにも発揮していくことができるものです。学生たちの中には，「トレーナーになって選手の力になりたい」や「教師になって子どもたちの成長に寄り添いたい」，「困っている人の力になりたい」といった希望を持って大学にやってくる学生もいます。まわりのかかわる人々の人生を良い人生にするために，大学で学び成長していく責任があります。

　そして，大学で学び成長することの責任は，今後の人生でかかわるまわりの人たちに向けたものだけではありません。教養教育という幅広い学びを通じて，過去と現在と未来の世界中の人々のことや異文化について学びます。今後の人生でかかわらない他者のことを知り，学びます。さらには，授業で学ばなかった人々のことも想像し，考えることができるようになる必要があります。大学で学び成長する者として，人々の人生をちょっとでもよくする気持ちと行動を選択していくことが大切です[4]。明確に言うならば，大学生には，大学で学び成長するものとして，かかわる他者だけでなく，社会全体そして世界への責任があります。しかも，今現在，私たちが生きている社会や世界だけでなく未来の社会と世界にも責任があります。予測困難な時代にあって，未来世代のことを考え，行動することができるのは今を生きる私たちをおいて他にいません。

　社会や世界，そして未来に責任があると言われても，なかなかそういう実感を持つことは難しいかもしれません。多くの人が大学に進学するようになり，大学で学ぶことが特別なことではなくなってきています。しかし，大学の理念と本質に立ち返る時，学生の責任が見えてきます。大学はそもそも，新たな知や価値を発見したり，創出したり，批判したりしながら，社会に貢献してきました。大学という場は，社会と世界，そして未来からそのような貢献をすることを託されています。新たな知や価値への貢献は，教育を通じて行われてきました[5]。大学は，次世代の社会と世界を担う人々の教育が行われる場としての価値を持っています。次世代の社会と世界を担う人々とは，大学で学び成長するあなたのことです。あなたが次世代の社会と世界へと歩みを進め，次世代を

生きるあなたがさらにその次の世代のことを考え，行動する。このような循環なくしては，私たちのこの社会と世界，そして未来は立ち行かなくなってしまいます。したがって，大学で学び成長するからには，この社会と世界，そして未来に責任を持つことが求められるのです。

　大学生であるからには，自分で自分の学びと成長をつくっていく力と責任があります。そして，その先で，自ら学び成長し，かかわる人々の人生，そしてさらに広く社会・世界・未来のことを考えて行動し，人々の人生の力となれるよう学び成長していく力と責任が大学生にはあります。自分自身の学びと成長を生み出していくことの先にどんな未来が待っているかを想像しながら，日々の学びと成長に向かっていってください。

3 自分で自分の学びと成長をつくりだすために

　大学生活では，ここまでに見てきたような下記の3つの関係で学び成長し，自分の人生をつくることができます。

- 知識やスキルを学び，新しい考えや価値観に触れて学んでいくという「知識との関係」を通じた成長
- 自分とは異なる考えを持つ他者と出会い，かかわり，関係をつくり，対話しながら学ぶという「他者との関係」を通じた成長
- 自分自身と向き合い，自分の人生と向き合って学ぶという「自分との関係」を通じた成長

　以上のような知識・他者・自分という3つの関係の学びと成長を力強く進めていく上で大切なことが，3つあると私は考えています。まず1つ目として，大学生活で新しい出会いや経験，新しい学びをしていくなかで，いろいろなことへの「気づき」を大切にするということです。2つ目は，「はじめに」で触れた，自分の学びと成長を意識的にふりかえって省察し，「言語化」するということです。3つ目に大切なことは，「関係づける」ということです。関係づけることとは，知識と経験を関係づけたり，新しい気づきとこれまで考えてきたことを関係づけたり，これまでの成長とこれからの人生を関係づけたりすることです。日々の大学生活の中での気づきを大切にし，自分の学びと成長を意識的

にふりかえって省察して言語化し，普段の大学生活を過ごすなかで出会ういろいろなことを自分の学びと成長に関係づけることによって，学びと成長を充実させていくことができます。続けて，気づき，言語化，関係づけがどういうものか，そしてどう大事なのかを見ていきます。

1. 気づき

　大学に入学してからは，たくさんの新しい経験をしていきます。新しい出会いがあり，新しい活動を経験し，新たな知識を学びます。「なるほど」と納得したり，「これがいいな」と思えるモノやコトに出会ったり，「そうか！」と発見したりするといった気づきが日々の中でたくさん生まれてきます。しかし，現代社会は，予測が難しく，変化が速く，激しいため，大学生活の日々はとても速いスピードで過ぎ去っていくように感じられるものです。流れていく日々のなか，落ち着いて気づきを大事にすることから大学での学びと成長をつくりだしていくことが大切となります。

　大学生活には，気づきが溢れています。友人との休み時間の会話で，友人のいいところに気づくということがあるでしょう。自分の先週の出来事を話していて，その経験が自分にとって楽しかったということに気づくこともあるでしょう。大学で学んだ知識を友人や家族に話して，自分の学んだ知識が役に立つと気づくこともあるでしょう。アルバイトでお客さんとコミュニケーションするとき，以前よりも接客がスムーズにできるようになったことに気づくこともあるでしょう。サークルの後輩に指導していて，一年前の自分から成長してきたことに気づくこともあるでしょう。

　しかし，大学生活の日常にたくさん生まれてくる気づきを意識することはできていないかもしれません。そうした気づきを持つことが，大学での学びと成長にとって大切なことです。日々があわただしくて，気づきを大切にする余裕を持つことは難しいかもしれません。これまでの学校生活で，気づきを大切にとは言われてこなかったかもしれません。しかし，そうした気づきの1つ1つが学びと成長の豊かな土壌となっていきます。そうした気づきを大切にしていくことから，自分の学びと成長を大切にするという姿勢がつくられていきます。

　実際，授業で教えられる内容をノートにとるだけでなく，その時々で疑問や

考えといった気づいたことをメモしておくと，最後のレポートの時に活かすことができていいレポートが書けたという学生がいました。サークルでの経験で気づいたことをもとに自己分析して自己理解が深まったという学生もいます。「毎日あった『ちょっといいこと』を日記に書き留めておいたら，自分が日々楽しく過ごせていることに気づけた」と教えてくれた学生もいました。

　大学生のみなさんは，日々の新しい出会いや経験，友達との交流，授業での学びの1つ1つで新たな気づきにめぐり合うことができます。そうした気づきを大切にすることから，自分の学びと成長を大切にすることにつながり，そこから自分で自分の学びと成長をつくりだすことへとつなげていくことができます。

2. 言 語 化

　日々の気づきを大切にしたうえで，意識的に言語化することによって大学での学びと成長につながります。変化の激しい日々の中で，自分の学びと成長を意識的にふりかえることをしないと，何を学んできたかがよくわからなくなってしまうかもしれません。また，自分のこれまでの経験や成長を意識的にふりかえることをしないと，自分がこれまでどんなふうに人生を生きてきたのかが見えてこず，これからの人生をどんなふうに生きていきたいか，何を大切にしたいかを考えることが難しくなるでしょう。

　学びと成長のためには，自分の学びと成長を意識的にふりかえって言語化することが大切です。言語化は，文字通り，言葉で事象を捉えて表現することを意味します。そして，学びと成長のための言語化とは，自分の経験や出来事，そこでのコミュニケーションや行動，考えたことや気づいたこと，自分の感情といったことを言葉にしていくことを意味します。

　例えば，「はじめてのバイトで緊張した」や「今日の授業内容，おもしろかった」といったことから言葉にしていくことができるでしょう。授業では，授業の最後に感想を書く時，自分がどう思ったかや自分がどう感じたかを言語化することができます。「教育といえば学校のことだと思っていたが，アルバイトの指導やサークルの後輩のサポートも教育になると聞いて視野が広がりました。これからの大学生活で，この授業で学んだことを活かしていこうと思います」

といった感想を言葉にすることも言語化です。日々のコミュニケーションについても，「人見知りで，人に何か伝えるのが下手でしたが，他の人の伝え方を意識して見るようにしていこうと思った」といったように，考えたことを言葉にしていくことができます。言語化しないと，日々流れていってしまうことがたくさんあります。日々の気づきを大切にし，言語化していくようにすることが大学での学びと成長をつくります。

　本書で言語化という時，日々の気づき，自分の学びや経験や成長を意識的にふりかえることから，自分の気づきと考えを書き出し，まとめるといった作業，そして他者に向けて自分の考えを伝えるという活動までを含みます。自分の学びや経験や成長を意識的にふりかえることは重要ですが，そこにとどまらず，言葉にしていくことに意義があります。言葉にしていくことで，経験や出来事で何が起きていたのかをつかむことができます。つかむだけでなく，「なんでだろう」と自分で疑問を持ち，さらに考えることができます。経験や出来事の中でのコミュニケーションや行動，思考や感情といったことの意味を探究していくことができるのです。

　そして，意識的にふりかえって言語化し，そこから自分の気づいたことや考えを書きとめたり，自分の考えを書き出したり，他者と対話するということが必要です。そうすることによって自分の気づいたことや考えがより明確に見えてきます。また，伝えることや対話によって，新たに気づくこともあるでしょう。言語化は，自分の中に留めるものではなく，まわりの他者と一緒に対話することで，さらに意味を汲み取っていくことができるものです。

　言語化は学生の学びと成長をつくりだす上で重要な働きをします。全ての経験や出来事を言語化することはできませんが，日々の気づきの１つ１つを大切にし，意識的に言語化するようにするといいでしょう。自分にとって，重要な経験や出来事に出会った際や，学期の終わりといった節目のタイミングで，意識的にふりかえって言語化し，その意味を探究することで学びと成長をつくりだすようにするといいでしょう。

3.　関係づけること

　意識的にふりかえって言語化することによって，自分の学びと成長をつなげ

ていくことができます。関係づけることは，何を関係づけるかによって多様な
バリエーションがあります。自分自身の経験と成長がどうつながっているのか。
自分の学んできた知識と今新たに学んでいる知識がどうつながっているのか。
授業で学んできた知識と課外活動での経験がどうつながっているのか。意識的
にふりかえることで，このようなつながりを見出すことが可能になります。

　本書では，このように知識や経験をつなげていくことを「関係づけること」
と捉えていきます。自分のこれまでの学びや経験や成長を意識的にふりかえり，
自分の考えを書き出し，まとめるといった作業，そして他者に向けて自分の考
えを伝えるという言語化の活動によって，自分の学びと成長の中で知識や経験
を関係づけていくことが，自分の学びと成長にとって重要になってきます。

　関係づけるということは，1つの科目の中で先週の授業内容と今週の授業内
容を関係づけることばかりではありません。一見，関係がなく思えていたり，
関係がないとされているようなことを関係づけていくことができます。

　私が研究の中で出会ってきた力強い関係づけは，課外活動での経験やそこで
考えたことと，正課の授業の中での学びを関係づけていく活動でした。私の研
究では，正課の学びと課外の学びを往還しながら関係づけて総合することを
ラーニング・ブリッジングと呼んできました[6]。

　課外活動のボランティア活動で他者と出会い，かかわり，一緒に過ごす時間
を過ごした学生が，その他者が置かれている背景を知る責任があると自覚し，
知識を追求する学びに向かっていきました。課外活動で学んだ内容を発展させ
て自分の卒業研究にしていく学生もいました。課外活動でもゼミでも論理的思
考力とディスカッションの力を鍛え，それぞれで成果を目指すといった関係づ
けができることを教えてもらいました。

　ラーニング・ブリッジングをつくっていく学生たちは，正課・課外で成長し，
知識やスキル，能力を身につけ，将来展望と充実感を持って力強く大学生活と
人生をつくっていることが明らかになりました。ラーニング・ブリッジングを
つくりだす学生の学びと成長では，知識と知識が関係づけられるだけではあり
ませんでした。知識と実体験が関係づけられていました。その知識を学ぶ自分
自身はどういう自分かが問われ，知識と自分との関係もつくられていました。
またその知識を学んだ先に自分はどういう人生をつくっていくのかという自分

の人生についての省察へと進んでいることもありました。知識を関係づけるだけではなく，自分自身，そして自分の人生もまた関係づけられていくのです。「『関係ない』なんて，もったいないですよね」と語ってくれた学生の言葉が印象に残っています。日々の気づきを大切にし，授業と課外活動のあいだに境界線を引くことなく自由に言語化と関係づけを進めていくことで，自分の学びと成長をつくりだしていくことができるでしょう。

　関係づけることは，意識的にふりかえって言語化することとともに進みますが，頭の中に閉じた活動ではありません。関係づけられた洞察や自己認識や展望を持って，次の実践へと一歩踏み出す行動へと移ります。そこでまた，新たな現実と出会い，新たな経験や出来事に出会っていきます。実践と意識的なふりかえりと言語化，そして関係づけを往復しながら，経験や出来事，知識や経験，自分自身と自分の人生が織り合わさって，人生が進んでいきます。大学での学びと成長は，日々の生活と実践，言語化と関係づけが織り合わさってつくられていきます。言語化と関係づけが織り合う人生の歩みは，大学在学中の学びと成長を生み出し，そして卒業後も学びと成長を生み出していきます[7]。

4. 気づき，言語化し，関係づけることから広がる学びと成長

　大学では，日々の生活の中で気づき，節目節目で，自分のつくってきた学びと成長をふりかえって省察し，言語化していくことで関係づけ，自分自身と向き合い，自分の学びと成長の意味を見つけ，自分で自分の学びと成長をつくっていくことができます。大学での学びと成長では，新たな考えや価値観と出会い，対話し，自分の考えを自分で広げていくこと，自分の考え方を自分で変えていくことができます。このような可能性にこそ，大学での学びと成長の価値があります。

　大学で学び成長することで，自分の学びを自分でつくりだす力と責任をもつことができるでしょう[8]。自分で自分の学びや経験を意味づけることは，自分で自分の選択に自信をもつことにつながります。人生には，科目の選択や進路の選択といった大小様々な選択があります。その1つ1つの選択がみなさんの人生をつくっていきます。自分と向き合う時には，自分の内側だけを探索するのではなく，自分の外側にある現実と向き合うことが必要です。そのように自

分で自分の学びや経験を意味づけ，主体的に自分の学びをつくっていくことによって，選択した後，やってくる結果や現実に流されたり，なんとなく受けとって生きるのではなく，自分からそれらの結果や現実を意味あるものにしていくことができるのです。

　自分の外側にある現実と向き合うことは，社会と向き合うことへとつながっています。社会から価値観や「こうしないといけない」という規範が押し寄せてきます。自分の外側からやってくる現実によって自分の世界や人生がつくられます。しかし，そればかりでなく，外側から押し寄せてくるプレッシャーに向き合って，自分で自分の人生をつくっていきます。まわりの人たちと力を合わせ，現実や社会をちょっとだけ変えていくよう働きかけるということもあるでしょう。そのためにも社会や世界や時代といったものを理解するように学び，大学での学びと成長を力に変えていくことが必要になります。

　日々の気づきを大切にし，経験と学びをふりかえって省察し，言語化と関係づけができるようになることは，自分自身と向き合って自分の人生をつくっていくことに通じています。気づき，言語化と関係づけができるようになることは，大学での学びと成長のダイナミクスの中でエンジンの役割を果たします。知識や情報，経験を燃料とし，気づき，言語化し，関係づけることを通じて，学びと成長が生まれていきます。そして，知識を学び，他者と関係をつくりながら，社会とも向き合い，自分の学びと成長を自らつくりだしていくことが，自分で自分の人生をつくることにつながっていきます。本書を読むことを通じて，自分の学びと成長をふりかえり，知識を活かして，自分自身の学びと成長を自分でつくっていくことに挑戦していってください。そして，大学での学びと成長を力に変え，他者と社会とかかわりながら，大学生活とその先の未来へ自分の人生をつくり，社会と世界，未来をちょっとずつよいものにしていってほしいと願っています。

4 大学生の学びと成長を捉えるためのフレームワーク
　　―二元論・多元論・関係論・コミットメント

　ここまで，大学での学びと成長について，基本的な考え方を説明してきまし

た。本書の2章以降では，大学での学びと成長を詳しく見ていくことにします。ここでは，大学での学びと成長を捉えるためのフレームワークについて説明します[9]。まず，「**1** 大学生の学びと成長」で見てきたように，大学での学びと成長は，3つの関係から理解することができます。

- 知識やスキルを学び，新しい考えや価値観に触れて学んでいくという「知識との関係」を通じた成長
- 自分とは異なる考えを持つ他者と出会い，かかわり，関係をつくり，対話しながら学ぶという「他者との関係」を通じた成長
- 自分自身と向き合い，自分の人生と向き合って学び成長するという「自分との関係」を通じた成長

2章以降では，知識との関係，他者との関係，自分との関係のそれぞれの成長について，大学生の学びと成長を捉えるためのフレームワークを通して具体的に見ていきます。

次に，大学生の学びと成長のフレームワークは，「大学生がどのように成長するのか」についての視点を定めています。フレームワークでは，「大学生がどのように成長するのか」について，4つの成長局面に分けて見ています。4つの局面とは，二元論，多元論，関係論，コミットメントと名づけられているものです。

二元論，多元論，関係論，コミットメントという言葉は，聞きなれない言葉かもしれません。これらの言葉は相互に関係し合う概念で，概念を使うことで物事を深く理解していくことができます。今まで聞きなれない概念を自分のものにしていくこともまた，言語化の1つの側面です。概念を自分のものにするためには，自分自身の経験や理解と結びつけていく関係づける作業が有効です。大学生の学びと成長について，これらの概念を使って，自分の学びと成長をふりかえって考えて理解し，さらに自分の学びと成長を生み出していくことに活かしてください。また，他の学生と一緒に，お互いの学びと成長を言語化し，その意味を一緒に探求するという時間も有意義な時間となることでしょう。ぜひ取り組んでみてください。

それでは，二元論，多元論，関係論，コミットメントの意味を解説します。ここでは全体像をつかんでもらうために，おおまかに説明をします。後ろの章

	二元論	多元論	関係論	コミットメント
知識	正解か不正解か	多様な知識や考えに広がっていく	複数の知識や考えを関係づけていく	関係し合った考えの中から自分の考えをつくる
他者	経験や他者とのかかわりが広がっていない	多様な経験や他者とのかかわりが広がっていく	経験や他者との複数のかかわりを関係づけていく	自分なりの他者とのかかわり方をつくる
自分	自分のことをあまり意識したり考えたりしていない	自分自身の多様な複数の側面に気づく	複数の自分を関係づけていく	自分のあり方や生き方を自分でつくっていく

図 1-1　大学生の学びと成長のフレームワーク

では，具体例と一緒に詳しく説明していきますので，そこで具体例と結びつけながら理解していきましょう。

　まず図 1-1 のイメージの部分を見てください。言葉の意味として，二元論とは，物事を二つに分けて見る捉え方のことで，正解か不正解か，善か悪かといった捉え方です。図では，○と□という 2 つに分けて示しています。多元論とは物事を複数の面から見る捉え方のことです。図では，複数の○があることを示しています。そして，関係論は，物事を関係し合ったものと見る捉え方です。関係論の図では，複数の○の間に線を引いて，関係を捉えることができている状態を表しています。コミットメントは関係性を踏まえ，その中から選択していくことを意味しています。コミットメントの図では，関係しあった○と線のネットワークの中から●の部分を選択していることを表しています。

　このように，二元論・多元論・関係論・コミットメントは捉え方を意味しています。本書ではこれらの用語を思考・行動・態度や価値観を包括する成長の状態を意味するものとして拡張して用いていきます。二元論・多元論・関係論・コミットメントを成長の状態を意味するものとして捉えるとはどういうことかを説明するために，知識・他者・自分という 3 つの関係の成長に即して見

ていくことにしましょう。図1-1では，知識・他者・自分という3つの関係性
と二元論・多元論・関係論・コミットメントという4つの成長局面を関係づけ
て組み合わせています。

　知識との関係では，問題に対して正解か不正解かを考える状態（二元論）か
ら，1つの問いにも多様な考えがあることに気づき，考えが広がっていく状態
（多元論）を経て，複数の知識や考えを関係づけることができる状態（関係論）
へ成長します。そして，関係し合った知識や考えをもとに自分の考えをつくり
あげることができる状態（コミットメント）へと成長していきます。イメージ
図と結びつけて説明すると，正解（○）か不正解（□）のどちらかしかないと
いう捉え方（二元論）から，複数の多様な考え（○）があることに気づいてい
きます（多元論）。それらの知識や考え（○）が線で結びついて関係づけられて
いき（関係論），その中から自分の考えを選び出していく（●）という成長をし
ます（コミットメント）。

　他者との関係であれば，新しい経験や他者とのかかわりが広がっていない状
態（二元論）から，経験や他者とのかかわりが広がっていく状態（多元論）へ
成長します。そして，経験や他者とのかかわりをふりかえって省察し，言語化
して関係づけていくことができる状態（関係論）へ成長します。それらを通じ
て，他者や社会と自分なりにどうかかわっていきたいかというかかわり方をつ
くっていく状態（コミットメント）へと成長します。イメージ図と結びつけて
説明すると，他者とのかかわりや新しい経験といった多様な経験（○）が増え
ていきます（多元論）。それらの経験が関係づけられていき（関係論），自分な
りの他者や社会とのかかわり方を選んでいく（●）という成長をします（コ
ミットメント）。

　自分との関係であれば，自分のことをあまり意識したり考えたりしていない
状態（二元論）から，自分自身のことを考え，自分のいろいろな側面に気づく
状態（多元論）を経て，その多元的な自分を関係づけて理解する状態（関係論）
へと成長する。さらに，自分がどうありたいかやどういう生き方をしたいかを
自分でつくりあげていく状態（コミットメント）へと成長します。イメージ図
と結びつけて説明すると，自分の複数の側面（○）への気づきが増えていきま
す（多元論）。それらの側面が関係づけられていき（関係論），自分のあり方や

生き方を選んでいく（●）という成長をします（コミットメント）。

　本書では，2章で知識との関係の成長，3章で他者との関係の成長，4章で自分との関係の成長を見ていきます。ぜひ各章の内容を横断して関係づけるようにして読み進めてください。学びと成長のダイナミクスとして，気づき，言語化と関係づけることがエンジンとしてどう働いているかも見えてきます。自分の学びと成長と照らし合わせて各章を読み進めてください。大切だと思ったり，気づいたことがあったり，考えることがあった時には，読み進める手を止めて，自分の気づいたことや感じたこと，考えたことを書きとめるようにしてください。また，各章の中で説明しているワークについて，ぜひ自分の手を動かして取り組んでみてください。今の時点での自分の学びと成長と向き合うことができるでしょう。そして，まわりの学生と学びと成長について話し合う時間をつくってください。その対話の時間が，次の学びと成長に向けたエネルギーとなるはずです。本書を読み進める中で，自分の学びと成長を自分でつくりあげていってください。

■ 注

1) 学びについては，次のように定義されています。「学びとは，モノ（対象世界）との出会いと対話による〈世界づくり〉と，他者との出会いと対話による〈仲間づくり〉と，自分自身との出会いと対話による〈自分づくり〉とが三位一体となって遂行される『意味と関係の編み直し』の過程である。」（佐藤学（2000）『「学び」から逃走する子どもたち』岩波書店．pp.56-57）

2) 米国学術研究推進会議編（2002）『授業を変える―認知心理学のさらなる挑戦―』（森敏昭・秋田喜代美監訳）北大路書房，全米科学・工学・医学アカデミー編（2024）『人はいかに学ぶのか―授業を変える学習科学の新たな挑戦』（秋田喜代美・一柳智紀・坂本篤史監訳）北大路書房，L・B・ニルソン（2017）『学生を自己調整学習者に育てる―アクティブラーニングのその先へ』（美馬のゆり・伊藤崇達監訳）北大路書房，S・A・アンブローズ，M・W・ブリッジズ，M・ディピエトロ，M・C・ラベット，M・K・ノーマン『大学における「学びの場」づくり―よりよいティーチングのための7つの原理』（栗田佳代子監訳）玉川大学出版部

3) メタ認知と呼ばれる概念で説明されています。三宮真智子（2022）『メタ認知―あなたの頭はもっとよくなる』中公新書ラクレ，J・ダンロスキー，J・メトカルフェ（2010）『メタ認知―基礎と応用』（湯川良三・金城光・清水寛之訳）北大路書房

4) 早稲田大学平山郁夫記念ボランティアセンター（WAVOC）（2010）『世界をちょっとでもよくしたい―早大生たちのボランティア物語』早稲田大学出版

5）大学の歴史はとても興味深いものです。C・シャルル，J・ヴェルジュ（2009）『大学の歴史』（岡山茂・谷口清彦訳）白水社

6）河井亨（2014a）『大学生の学習ダイナミクス―授業内外のラーニング・ブリッジング』東信堂

7）河井亨（2022）．「大学生の成長理論から見る WAVOC 学生の成長」早稲田大学平山郁夫記念ボランティアセンター編『学生の心に火を灯す―早稲田大学平山郁夫記念ボランティアセンター 20 年の挑戦』成文堂．pp. 229-255

8）河井（2014a）前掲書，松下佳代（2003）「大学カリキュラム論」京都大学高等教育研究開発推進センター『大学教育学』培風館．pp. 63-86

9）本書で見ていく大学生の学びと成長のフレームワークは，Student Development Theory と呼ばれる理論体系をもとにしています。Student Development Theory は，北米を中心とする学生の成長についての研究から生まれてきました。成長理論の全体の動向は，以下の研究で整理・紹介しています。河井亨（2014b）「大学生の成長理論の検討― Student Development in College を中心に―」『京都大学高等教育研究』20，49-61，河井亨（2020）「大学生の成長理論の動向― Student Development in College 第 3 版を手がかりとして」『社会システム研究』40，1-20.

　　第 2 章の知識との関係の成長について――河井亨（2022）「大学生の知識との関係における成長についての理論展開」『社会システム研究』45，127-160.

　　第 3 章の他者との関係の成長について――河井亨（2021）「大学生におけるリーダーシップ成長理論の検討―成長理論から見た特長と分岐点の析出」『社会システム研究』43，59-92，社会的アイデンティティの成長について――河井亨・村上紗央里（2024）「大学生における社会的アイデンティティの成長理論の研究動向」『名古屋高等教育研究』24，317-338

　　第 4 章の自分との関係の成長について――河井亨（2022）「大学生におけるセルフ・オーサーシップの成長理論―成長理論のなかの位置づけおよび成長経路と影響要因の析出」『社会システム研究』44，1-36

　　大学生の学びと成長のフレームワークは，以下の文献でも触れていますが，そのヴァージョンから発展させたものです。河井亨（2019）「アクティブラーニングおよび主体的・対話的で深い学びと学生の成長のあいだにはどのような関係があるのか」『社会システム研究』38，1-27，河井亨（2022）「大学生の成長理論から見る WAVOC 学生の成長」早稲田大学平山郁夫記念ボランティアセンター編『学生の心に火を灯す―早稲田大学平山郁夫記念ボランティアセンター 20 年の挑戦』成文堂．pp. 229-255

第2章

知識との関係の成長

　大学生の学びと成長の中で，知識との関係の成長と聞いて，どのようなものをイメージするでしょうか。

　知識を学び成長するということは，その知識を記憶するということだけを意味するものではありません。その先にどのような学びと成長が広がっているでしょうか。

　大学で専門知識を活用し，探究して学ぶということはどのようなことをするのでしょうか。また，どのように知識を学ぶと，有意義な学びとなるでしょうか。大学での学びと成長がどのように人生へとつながるでしょうか。本章を通じて見ていくことにしましょう。

みなさんは大学に入学するまで，高校や大学など入学に必要な成績を取る経験をしてきました。志望する大学に入学するために，入試の合格点を目指し勉強したり，推薦を得るために高校の試験で高い成績を取るよう勉強してきたりしたことだと思います。高校までの学びは知識を身につけ，「正解を出すことを目的とした学び」だったと言えるでしょう。

一方で大学での学びは，「知識を探究して自分の世界を広げたり，新しい知識を発見し，自分の考えをつくる学び」です[1]。大学での学びは，正解か不正解かの二元論を超えた広がりのある学びだといえるでしょう。大学での学びには，それぞれの専門分野について基礎知識から専門知識を積み上げていく学びの道のりもありますし，自分の興味関心にしたがって自らの視野や人生の選択肢を広げていくことができるような教養知の学びもあります。

高校までの学びから大学での学びへ移行する道のりでは，スムーズにいかないこともあるかもしれません。大学での学びを進めていくために，本章を手がかりとし，一歩ずつ知識との関係の成長をつくっていってください。

知識との関係の成長は，「二元論から多元論」，「多元論から関係論」，「関係論からコミットメント」という3つの局面で整理することができます。最初に，知識との関係において，二元論，多元論，関係論，コミットメントがどのようなものかについて簡単に見ておきます。

知識との関係での二元論の状態とは，自分の考えが正解か不正解かにとらわれてしまい，知識を学ぶことに対して受動的な状態を意味します。「二元論から多元論」へ成長すると，1つの問題やテーマに対して，多様な考えがあることを認め受け入れるようになります。そして，知識との関係における「多元論から関係論」へと成長すると，複数の異なる考えや知識を関係づけて整理できるようになります。さらに，「多元論からコミットメント」への成長では，知識を関係づけた上で自分の考えをつくりあげていく状態（コミットメント）を意味します。具体的に，二元論から多元論への成長，多元論から関係論への成長，関係論からコミットメントへの成長がどのような成長なのかを見ていくことにしましょう。

1 知識との関係の「二元論から多元論」へ
知識を学び，世界を広げる成長へ

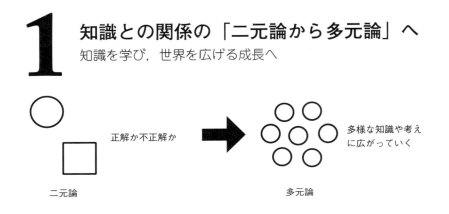

　大学での学びと成長において，知識との関係の成長における二元論から多元論への成長とは，答えが正解か不正解かにとらわれ，知識を学ぶことに対して受動的な状態（二元論）から知識や考えの多様さに気づき，知識を増やし，考えを広げていくことができる状態（多元論）への成長を意味しています。本節では，知識との関係の「二元論から多元論」への成長を見ていきます。

1 高校までの学びと大学での学び

　知識との関係の二元論と多元論がどのようなものかを理解するために，高校までの学びと大学での学びの違いについて見ていきましょう。
　大学での学びでは，高校までの学びのように問題が与えられて正解を出すという学びだけではなく，知識をもとに「自分の考えをつくる」という学びに取り組んでいきます[2]。高校までの学びでは自分の考えを述べる機会は多くなかったかもしれません。そのため，自分の考えを述べると聞いても，「自分の考えとはなんだろうか」と疑問に思ったり，「この自分の考えは正しいのだろうか」と不安に思ったり，「自分の考えはどうやってつくるのだろうか」と戸惑うことがあるかもしれません。
　大学では授業の中で自分の考えを書いたり，話したりする言語化が求められ

ます。授業の中で教員から自分の考えを述べるよう求められることや，学生同士のグループワークで自分の考えや意見を交換する機会があります。また，授業の最後に授業の感想を書くことを求められることもあります。

　多くの学生は，正解を求められる高校での学びとの違いから，こうした学びの機会でどのように自分の考えを言語化したらいいかと悩んでしまっているようです。高校までの授業で自分の考えや意見を言語化する機会や経験があまりなかったために，大学の授業で教員から「自分の考えを述べるように」と言われても，何を書いたらいいのかわからないということもあるでしょうし，自分の書くことや話すことが正解かどうかを気にしてしまい，自分の考えを出すことを不安に思ってしまうこともあるかもしれません。

　大学の学びでは，知識を学び，その知識をもとに「自分の考えをつくる」ことが大切です。とはいえ，「自分の考えをつくる」ことは簡単なことではありません。高校までの学びでは，自分の考えをつくることを求められるというより，問いに対して正解を出すことが求められました。大学受験と高校教育の仕組みにあわせて正解を出すことを追求する学びをする必要に迫られていました。大学生になって「自分の考えを述べるように」と言われても，何を求められているかつかめず，自分の考えをつくることへの難しさや大変さがあることでしょう。本章を読み進め，正解を出すことを追求する学びから転換し，「自分の考えをつくる」学びへと進めていってください。

　「自分の考えをつくる」ことは，知識との関係の二元論から多元論への成長だけで達成するものではありません。知識との関係の関係論，そしてコミットメントへの成長のプロセスを通じて，知識をもとにして「自分の考えをつくる」ことができるようになっていきます。知識との関係の成長全体を通じて知識をもとに「自分の考えをつくる」ことができるようになることを目指していきます。

　知識をもとに「自分の考えをつくる」ことは，本章全体を通じて見ていきますが，ここで簡単に全体像を見ておきたいと思います。「自分の考えをつくる」ということには，知識を学び，知識を深く理解することが必要です。また，自分の興味関心，気づいたことや感じたことの言語化，学んだ知識を活かしながら，自分で探究したい問いを立てることが必要です。そして，自分で立てた問

いに対し，知識を探究し，多様な考えや複数の知識を関係づけて，自分の考え
をつくります。さらに，自分の考えに自分で根拠をつけ，自分のつくった考え
の議論が適切かどうかを批判的に考えることまで含みます。

「自分の考えをつくる」ことができるようになるためには，まず，知識との
関係の二元論から多元論へ成長することが必要です。そして，知識との関係を
二元論から多元論へ広げていくために重要になるのは，次の３点です。

①気づいたこと，感じたことの言語化

②考えの言語化

③異なる考えの尊重

順に見ていくことにしましょう。

1. 気づいたこと，感じたことの言語化

知識との関係を二元論から多元論へ広げるためには，自分の気づいたこと，
感じたことを言語化することが大切です。自分の気づいたことや感じたことを
書いて言語化することで，自分の考えが整理されます。また，言語化すること
によって，はじめて自分の考えに気づくということもあります。

大学では，自分の気づいたことや感じたことに結びついた自分の考えをつく
ることが大切です。しかし，いきなり自分の考えを出せるわけではありません。
これまで，自分の考えを述べる機会もそれほど多くはなかったでしょうし，自
分の気づいたことや感じたことの言語化の機会もなかったかもしれません。

気づいたことや感じたことは自分の考えをつくる大事な要素になるものです
が，そのことを意識してこなかったとすると，自分の考えをつくることも難し
くなるでしょう。「自分の考えをつくる」ことに向けて，まずは，自分の感じた
ことや気づいたことを大切にし，言語化していくようにしましょう。

大学の学びでは，自分の感じたことや気づいたことをもとに自分の考えをつ
くり，それを他の学生や教員と意見交換して対話する機会があります。同じ内
容を聞いていても，それぞれの学生の感じたことや気づいたことには違いがあ
ります。対話の中で，はっとするような深い洞察や豊富な知識に出会うことも
あるでしょう。お互いの感じたことや気づいたことの違いからも学んでいくよ
うにしましょう。

こうした対話の中で，気づきが生まれるということを意識してほしいと思います。対話の中では，他者に伝えるという言語化の機会によって，自分にとっても新たな気づきが生まれます。自分の意見を述べるときには，自分が言語化したことを意見として他者に伝えます。他者に伝えることを意識することで，自分の考えが出てきたり，広がったりします。そして，実際に他者に伝えるときには，自分の経験を具体的に話したり，自分の考えの背景にあることに触れたりして，自分の考えを広げ，自分で言語化したことよりも多くのことを言語化します。

また，他の学生との対話では，他の学生の気づいたことや感じたことを聞き，自分の考えと同じところや違うところに出会い，気づきが生まれます。他の学生の話を受けとめ，「そういう意見もあるのか」と気づいたり，「いいな」と思えるような考えに出会います。

そのような対話の経験を積み重ねていく中で，意見や考えの多様性があることに気づき，視野と思考が広がっていきます。このように他者と気づいたことや感じたことを共有する対話の時間を通じて，自分自身の意見や考えが広がるとともに，その背景への理解が広がっていきます。このような多様さへの気づきと広がりが，知識との関係の多元論への成長です。

2. 考えの言語化というアウトプット
─授業の中でのワーク「問いについて考える」

知識との関係を二元論から多元論へ広げるためには，自分の考えを言葉にする言語化というアウトプットが重要となってきます。自分の考えを言語化するにはどうしたらいいかを具体的に理解するために，実際の授業で行っている「問いについて考える」というワークを紹介します。

私は，教養教育科目の「現代の教育」という科目を担当しています。この科目では複数の学部の1年生から高学年の学生まで幅広く受講しています。この「現代の教育」では，教育について幅広く学び，教育について自分の考えをつくることを目的としています。

「現代の教育」という授業では，自分の考えを言語化するために，「問いについて考える」というワークを行なっています。このワークでは，自分の考えを

言葉にし，多様な意見や考えに気づくことを目的としています。

　このワークでは，1つの問いとして，「どんな教育に関心がありますか」という問いを受講生に示します。学生たちは，まず，それぞれの関心に基づいて，思い浮かんだキーワードや自分の考えをワークシートに記します。次に，3，4人でグループとなって，ワークシートに記したことをもとに，教育についての自分の関心について，一人ひとり紹介し，その内容を話し合います。

　学生たちが出してくるキーワードや関心はバラエティに富んでいました。小学校の教育，高校の教育といった学校段階に関心を向ける学生や，理科教育や英語教育といった教科に関心を向ける学生もいました。野外教育や塾の教育のように学校外での教育に関心を持つ学生や，工作教育や金融教育，プログラミング教育といった特色ある教育に関心を持つ学生もいました。「奨学金問題」「いじめ・体罰」といった教育問題[3]に関心を持つ学生もいます。STEAM教育[4]や，AIと教育との関係[5]や教師の仕事といった話題になったトピックに関心を持つ学生もいました。

　学生たちは，お互いの関心を共有するワークをして，自分と異なる意見や考えに出会います。他者が自分の持っている関心とは異なる多様な興味関心を持っていることを知ることになりました。

　例えば自分が全く考えていなかったようなトピックに関心を向けていることに気づきました。また，教育格差という同じキーワードを挙げていても，解決策に関心を向けている場合もあれば，原因に関心を向けている場合もあり，問題意識の違いに気づきました。AIという同じキーワードに関心を持っていても，AIについての本を読んでいて，自分よりももっと深い関心を持っている学生に出会うこともありました。自分が思っているよりも，教育についての興味関心や考えが広く多様であることに気づいていきました。このようなワークを通じて，学生たちは，興味関心の多様さに気づくことができます。

　興味関心や考えの多様さに気づき，自分の興味関心と考えが広がっていくことが知識との関係の多元論への成長です。

　「どんな教育に関心がありますか」という1つの問いについて，お互いの考えを話し合うと「いろいろな関心や考えがある」と気づくことができます。自分の気づいたこと，感じたこととあわせて自分の考えを言語化してアウトプッ

トし，他者に伝えて共有して対話するという機会が学びになります。意識的に言語化することをトレーニングすることによって，「自分の考えをつくる」ことができるようになっていきます。

「自分の考え」は，突然湧いてくるものではありません。「自分の考え」をつくるためには，自分の気づいたこと，感じたことを言語化し，書き留めるようにしましょう。そして，それを他者と話し合って対話する機会を持ちましょう。こうしたことをトレーニングとして捉え，意識的に行うことが大学での学びと成長を自分でつくっていくうえで重要な一歩となります。

スポーツでも芸術でも，上達するためには，このような意識的なトレーニングを日々積み重ねて，習慣化していくことが欠かせません[6]。「自分の考えをつくること」という大学の学びも一朝一夕でできるものではなく，意識的なトレーニングが必要となります。

大学の学びでは，知識やスキルを学ぶことに加えて，考えの多様さに触れながら，「自分の考えをつくる」ことができるよう探究していきます。大学では，多様な考えに出会うことができます。自分の考えとの違いに気づくためにも，自分の考えを言語化してアウトプットするようにしましょう。自分の考えを言語化してアウトプットしながら，「こんなにいろいろな考えがあるんだ」と気づくことが，知識との関係の多元論への重要な成長です。

3. 異なる考えを互いに尊重すること

知識との関係の多元論への成長では，知識や考えの多様さに気づき，知識を増やし，考えを広げていきます。その際には，互いの考えをアウトプットして話し合う対話の機会で，互いの異なる考えを理解し，尊重することが重要になります。

対話の機会で，自分とは異なる考えに出会った時に，その考えを尊重して受けとめることが大切です。自分とは異なる考えに対して，「その考えの根拠はなんだろうか」「なぜそういう考えなのか」「その考えの背景にはどのようなことがあるのか」と思考をめぐらせ理解しようとする姿勢が求められます。

対話した結果，自分の考えを変えることもあれば，変えないこともあるでしょう。自分とは異なる考えを受けとめ，自分の考えを変える可能性や広げる

可能性に開かれている姿勢によって，多様な考えとの出会いとそこからの気づきによる広がりを自分の学びと成長につなげていくことができます。

　大学では，多様な考えや価値観と出会い，理解を深め，自分の考えを深めていく学びが大切です。具体例で示したように，大学の学びでは，感じたことや気づいたこと，考えている内容や思考のプロセスを言語化してアウトプットし，書いたり，話したりしていきます[7]。

　授業で講義を聞いているだけでは，知識や情報が右から左へ流れていってしまうものです。そこで，自分から意識的に気づきや考えを書きとめ，自分の考えをアウトプットし，他の学生や教員と話し合って，自分の考えと異なる考えや価値観を深く理解するようにしていきましょう。そうすることによって，知識や考えの多様さに気づき，自分の視野と思考が広がるという知識との関係の多元論への成長が生まれます。

　自分とは異なる他者の多様な考えや価値観を深く理解し，尊重することは，とても大切なことです。対話の場で考えや意見を出す時，正解を言わないといけないと思うと不安になります。正解を出す必要はないんだと頭で思っていても，まわりの学生や教員から否定されるかもしれないと思うと，自分の考えや意見を言うことは難しくなります。もしかすると，そのように否定される経験をしてきたかもしれません。そうした経験がある場合，いっそう対話の場で自分の考えや意見を言うことは難しくなるでしょう。

　そこでまず，学生同士の対話の機会において，お互いの考えや価値観を頭ごなしに否定しないことが求められます。そして，対話の機会では，お互いの考えや価値観を深く理解し，尊重することが大切です。そうすることによって，対話の機会を安心感のある学びの場としていくことができます。

　そのために，まずは自分がまわりの学生の意見や考えを否定するのではなく，受けとめ，理解して尊重する姿勢で臨むようにしてください。まわりの学生の意見や考えが受けとめられ，尊重される場がつくられていくと，めぐりめぐって，自分の考えや意見も大事にされる場がつくられていきます。

　そのような安心感のある学びの場は，学生同士が対話を通じてお互いの学びと成長を生み出す土台となる学びのコミュニティとなっていきます[8]。大学教育では，「学生にとっての最良の教師は，しばしば，他の学生である」という言

葉があります[9]。自分の学びと成長を生み出す学びのコミュニティを学生たち自身の力でつくっていきましょう。

2 二元論の価値観から自由になる

ここまで，知識との関係で，二元論から多元論への成長で大切なことを見てきました。大学の学びを通じて，二元論から考えの多様さを認めて知識と考えを広げていく多元論へと成長できることを見てきました。

高校までの学びでは，問題の正解を出すことが重要だとする二元論の価値観に引き寄せられてしまうこともあるでしょう。高校までの学びでは，答えは正解か不正解かのどちらかであり，自分の出した答えは受験や試験で評価され，正解を出すことに価値があるという絶対的な価値観が覆っていました。その結果，自分の答えが正解か不正解かにとらわれ，知識を学ぶことに受動的な二元論の状態に方向づけられてしまっていました[10]。

高校までの学びは，社会からの影響によって，社会から価値観が押しつけられていたと見ることができます。社会からやってくる影響は強く，自分自身の中にその正解を追求する二元論の価値観を取り入れてしまいます[11]。そのような押しつけに抗うことは簡単なことではありません。

大学でも，教科書の知識を問われる試験もありますが，大学での学びでは，そのような価値観の押しつけを理解し，その価値観に抵抗できるよう成長していくことを目指します[12]。そのような成長は，社会からの価値観から自分自身を自由にするという成長であり，自分で大切なことを選ぶことができるよう成長するということです[13]。

大学の学びでは，正解か不正解かだけを重視する社会から押しつけられる価値観から自由になり，自分自身を自由にすることへと成長していきます。大学の学びでは，多様な考えに開かれ，その多様な考えを尊重する姿勢によって，知識との関係の多元論へと成長することができます。あなたが多様な考えを尊重し，まわりの学生からあなたの考えが尊重されるという関係性をつくることで，多様な考えへと知識の関係が広がっていきます。社会が押しつけてくる価値観とは何かを考え，そうした価値観とも向き合ってください。多様な考えと

価値観に出会い，気づき，そこから何に重きをおくかを自分で選択できるよう，
自分の学びと成長を自分でつくっていきましょう。

2 知識との関係の「多元論から関係論」へ
自分の考えをつくるには？

多元論

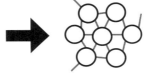

多様な知識や考えに広がっていく

複数の知識や考えを関係づけていく

関係論

　大学では，多元論への成長からさらに先へと進みます。知識との関係における多元論から関係論への成長とは，知識や考えの多様さに気づくことができる状態（多元論）から複数の異なる考えや知識を関係づけることができるようになること（関係論）への成長を意味します。本節では，知識との関係の「多元論から関係論」への成長を見ていきます。

1 知識を関係づけるとは

　知識との関係の多元論から関係論への成長では，複数の異なる考えや知識を関係づけることが重要です。その過程では，知識や考えを実際に関係づけていきます。まず，知識を関係づけるとはどのようなことなのか見ていきましょう。
　知識を関係づけるということには，いろいろなバリエーションがあります。例えば，1つの授業の中で出てくる知識を関係づけること，教員が授業で説明する内容の中に出てくるキーワードを書き留め，それぞれがどのような関係にあるかを整理することも知識を関係づけることに含まれます。
　また，1つの授業でも，前の回の授業の内容と関係づけることや，複数の異なる授業で学んだ知識を関係づけて理解すること，教養科目の授業の知識と学部の専門的な授業の知識とを関係づけることも含まれます。

関係論への成長では，授業の中で気づいたことや感じたことも一緒に関係づけることが重要です。さらに普段の生活で気づいたことや感じたこと，疑問に思ったことがあれば，それらを知識と関係づけていくことができるでしょう。日常生活の中での気づきや考え，疑問を書き留めることは，関係づけることの準備となっていきます。

関係づける作業にとって，大学の授業の気づきや普段の生活の気づきとその言語化が大切な役割を果たします。大学生の学びと成長として，大学の授業の知識を自分の日常生活に関係づけることによって，知識との関係の学びと成長が豊かになっていきます。

また，関係づけることにとっては，自分自身の思い込みも活用して取り組みます。大学の健康科学の授業で，ダイエットに関する知識を学ぶことがあったとします。その授業を受けるまでは，ダイエットするためにはとにかく食事量を減らせばいいと思い込んでいるかもしれません。健康科学の授業では，スポーツ生理学の研究を基にダイエットについて科学的な解説を聞くことになり，ダイエットのためには，運動とタンパク質を摂取して筋肉をつけていくことが不可欠だということを学びます[14]。

このような場合，自分の考えが正解か不正解かという二元論で考えてしまうと，「ダイエットのためには食事量を減らせばいい」という自分のそれまでの思い込みは不正解となり，捨て去らないといけないもののように思えます。

しかし，関係づけることにとっては，授業を受ける前の思い込みも学びに活かすことができます。授業を受けるまでに思い込んでいたことと，健康科学の授業の知識やそこで触れられたスポーツ生理学に関する研究の情報を対比して並べ，その知見を関係づけていくという学びに価値があります。このように関係づけて並べて書き出していくことで，「運動とタンパク質摂取によって筋肉をつけること」がなぜダイエットに必要なのかと理解を深めることもできます。関係づけるということは，そのような思い込みがあったことも含めて，自分の学びの糧にしていくことです。

知識を単に受けとることだけが学びを意味しているわけではありません。大学の学びでは，このように日々の授業での学びから日常生活まで幅広く，これまでの思い込みから新しい知識と気づきまで，自分で知識を関係づけていきな

がら学びを深めることができるものなのです。

　関係づけることは頭の中で結びつけて行なわれますが，より深く豊かに関係づけていくためには，継続的に考え，時には対話し，知識や考えや気づきを書き出していくという作業が必要となります。このような関係づける作業を行うことによって，知識との関係の関係論への成長が生まれていきます。

　知識との関係の関係論への成長には関係づけていく作業が必要です。以下では，知識を関係づける具体的な方法を紹介します。まず1つ目に，関係づける作業の入門としてマッピングという方法を紹介します。2つ目に，マッピングをする時に意識するポイントとして，問いをもって知識を関係づけることについて解説します。そして3つ目に，問いと知識を関係づける「問いのフィールドをつくる」というワークを解説します。これらの作業を順に実践していくことで，知識との関係の関係論へと成長していくことができます。

2 知識を関係づける方法（1）―マッピング

1. マッピングとは

　知識を関係づける1つ目の方法がマッピングです。マッピングとは，思考を整理する方法で，知識やアイデアを書き出して紙の上やポスターに空間的に配置することです。マッピングは，思考を整理したり，考えていることの結論をまとめたり，新しいアイデアを出したりすることを目的に行なわれています。

　マッピングは，グループで課題発見やアイデア出し[15]をする時に主に活用されますし，1人でじっくりと考えをまとめる時や調べた情報を整理する時，構想を練る時にも活用されています。マッピングは，参加者のアイデアや考えを目の前に見えるようにして共有し，アイデアとアイデアを関係づけたり，新しいアイデアを生み出すために，国内外のビジネスの最前線からまちづくりのワークショップまで多様な場で用いられています[16]。

2. グループでマッピングを実践する

　マッピングをグループで行なう際には，白紙の紙を使って，思い浮かんだアイデアを書き出していきます。アイデアや思いついたことをたくさん書き出すことを意識するようにしましょう。マッピングを進めていく時には，他の人が出したアイデアを否定しない雰囲気をつくり，お互いに自由にアイデアを出せるような環境をつくりましょう。アイデアがうまく出てこない時には，情報を調べて書き加えることもあります。

　マッピングを行なう際に，アイデアを広くたくさん出していくことを発散といいます。気づいたことや思いついたことを次々と書き出していき，発想を広げて発散していきます[17]。

　マッピングを行なう際の工夫としては，1つの付箋に1つのアイデアを書くようにしましょう。付箋を動かし，似ているアイデア同士をまとめたり，アイデア同士の新しい関係性を見つけたりすることができ，アイデアと知識の関係やアイデア同士の関係を整理しやすくなります。

　アイデアを整理し，1つのものに集約することを統合といいます。マッピングは，アイデアや思考の発散と統合にとって有効な作業です[18]。

3. 個人でマッピングを実践する

　マッピングは個人の思考の整理やアイデアを生み出す際にも活用することができます。

　学期を終えた時に，「これまでの授業で学んできたことはなんだろう？」といった疑問を念頭に置きつつ，授業の知識や調べた情報を書き出します。これまでの学びの意味を自分で考えながら，知識と情報を整理したり，分類したりして関係づけてマッピングを作成するといった活用方法もあります。

　ゼミや専攻を選択する際にもマッピングを活用することができます。「これまでの大学での学びの中で自分にとって大事なことはなんだろう？」という疑問を念頭に置きつつ，広い視野からふりかえって，知識や考えをマッピングする作業に取り組み，どのような選択をするかを考えることができるでしょう。

　また，マッピングを個人で行ない，他者からフィードバックを受ける対話の

機会を設けると，異なる視点の考えや知識が加わり，関係づけを発展させることができます。自分がマッピングした内容を友人や教員といった他者に見せて，気づいたことや思いついたことをフィードバックしてもらうことで，さらに異なる視点からの気づきが得られるでしょう。

マッピングに取り組むと，自分がこれまでに受けとった知識や情報と自分の考えをアウトプットすることになり，情報や思考が整理されます。自分が書き出したことに触発されたり，考えないといけないことに気づくということがあります。

自分の考えをアウトプットするということ，そして気づきやアイデア，知識や情報を関係づけてマッピングしていくことによって，知識や考えを関係づけることができるようになるという知識との関係の関係論の成長が生み出されていきます。

3 知識を関係づける方法（2）—「問い」

知識を関係づける2つ目の方法として，「問い」を持つことについて説明します。そして，「問い」を持ち，複数の異なる考えや知識を関係づけることの大切さを説明していきます。

1.「問い」とは

① 問いの具体例

複数の異なる考えや知識を関係づけるには，問いが重要な役割を果たします[19]。大学生の学びと成長にとって「問い」はとても大切です。ここでいう問いとは，自分の思考を方向づけるきっかけや枠組みとなる疑問のことです。

問いには，多様な疑問が含まれます。授業を受ける中で生まれてくる疑問や日常生活の中での疑問，社会や社会問題について抱く疑問が含まれます。

ここでは，問いについて具体例を示していきます。問いには，授業中に教員から示される疑問のように与えられる問いもあれば，授業を受ける中でみなさん自身が気づいたことや感じたことから発する疑問も含まれます。

例えば，平和や現代の戦争についての授業で，歴史や背景の複雑さを学び，

「なぜ戦争をしてしまうのか。なぜ戦争がなくならないのか」という疑問を持つこともあるでしょう。

　ジェンダー平等について，日本の国際的な順位が低いという調査結果を学んで，「自分が働きたい業界や会社はどうなっているだろう」と疑問に思ったり，「どうしたらジェンダー平等が実現できるだろう」という疑問が頭をめぐるかもしれません。

　そして，高齢者の健康問題と高齢者向けのトレーニング方法を学んだ際，「どうしたら自分の祖父母のような高齢者にこのトレーニング方法を日常的に行なってもらえるだろうか」と考えるといったことがあります。睡眠とトレーニングの関係についての知識を学んで，「自分の日常生活で実践できるだろうか」と考えることもあるでしょう[20]。

　みなさんの気づきや感じたことから疑問を持つことも，問いを持つことになります。課外活動に参加する中で，問題解決するときの出発点になるような疑問を持つこともあります。まちづくりの課外活動に参加して，「魅力あるまちをつくるにはどうしたらいいか」という疑問を持つこともあるでしょう。2年生になって新歓の時期に「1年生にサークル活動を楽しんでもらうためにはどのような企画がいいか」と考えることもあるでしょう。「サークル内の交流を活発にするには？」や「人間関係をもっといいものにするには？」といった課外活動の組織を運営することに結びついた問いを真剣に考えることもあるでしょう。

　また，自分自身について問いをもって考えることもあります。「自分は何をしたいのだろうか」や「自分はどう生きたいのか」，「自分はどういう個性を持っているか」という自己理解に向かう問いを考えます。「自分がこれからの人生で大事にしたいことは何か」といった自分の価値観を考える問いも生まれてきます。

　このように，問いには，世界や社会についての問いから，身近なところや自分自身への問いまで幅があります。幅広い視野から考えていくことが，問いを持つことの大切さです。

　問いには，知識を受けて学んで疑問を出すという問いだけでなく，自分の考えを整理したり，学んだ知識や情報をまとめる時に念頭に置く疑問も含まれま

す。前述のマッピングで触れたように，学期を終えた後に「これまでの授業で学んできたことは何だろう？」という疑問を持って考えることも，問いを持つことになります。卒業時に「これまでの大学での学びの中で自分にとって大事なことはなんだろう？」という疑問を持って，大学生活をふりかえることも，問いを持って考える大事な活動です。

　このような問いになる疑問を念頭に置くことで，知識や情報，自分の思考を整理し，自分の学びの意味を見つけ出していく探究に向かうことができるのです。

②「問い」を持つ目的と意義

　知識との関係の成長にとって，問いを持つことは，知識を深く理解するということと，深く理解した知識を自分のものにすることという目的があります。

　問いは，複数の知識や考えをつなぐ役割と知識を引き出す役割を果たします[21]。知識との関係の成長では，問いは，複数の知識や考えをつなげたり，さらなる学びを刺激するという役割を果たします。もし問いを持たずに考えようとしても，思考が広がらなかったり，思考がまとまらず，知識の羅列や知識を丸暗記するという学びに向かってしまいかねません。

　問いを持つことで，自分で考えるという姿勢をつくることができます。知識や考えを関係づける時に，関係づける作業を促進するため，また関係づける作業に新たな刺激を生むためにも，問いが大切となります。

2. 問いを持つ時の2つの型

　問いを持つ時には，2つの型があります。1つ目の型は，授業で知識や情報を受け取って，そこから疑問を抱くというリアクティブ型です。もう1つの型は，自分から問いを発して，問いをつくっていくプロアクティブ型です。

① リアクティブ型で問いを持つ

　リアクティブ型の問いを持つということは，知識や情報を受け取り，そこから問いを持つことを意味しています。ここまでに説明してきたように，授業で学んだ知識を出発点として疑問を持つことがリアクティブ型となります。リア

クティブ型で問いを持つことは，完全に受動的なものではなく，問いを持って考えていくという能動性があります。このようなリアクティブ型で問いを持つことは，大学で新たな知識や情報を受け取って学ぶ基本となります[22]。

　大学では，授業を受ける際には，問いを持って自分で考えることが大切だといわれます。気候変動についての授業を受講していて，先進国と途上国の対立のように，気候変動に影響を与える複雑な要因を学んでいきます。「どうしたら気候変動の問題を解決できるだろうか」という問いや「自分には何ができるだろうか」という問いが生まれてきます。

　また，栄養について学ぶ授業では，現代人の食生活や開発途上国の栄養の問題を学びます。「自分の場合，どうしたら適切な食生活にすることができるだろうか」という疑問や「なぜ，栄養の問題が生じてくるのだろうか」という問いを考えます。

　教育についての授業でICTを活用した教育実践について知る機会もあるでしょう。その時，「本当に効果があるのだろうか」といった疑問や「実際の授業では，ICTをどんなふうに活用しているのだろうか」といった疑問，「家庭でICTに触れる機会が少ない生徒にはあまり効果がないのではないか」といった疑問を問いとして考えていくことができるでしょう。

　このように知識や情報を受け取ってリアクティブ型で問いを持つことは，知識との関係の成長にとって意義があります。第1に，このように問いを持つことで，さらに情報を調べたり知識を学んでいく意欲が生まれ，興味関心が広がっていくという成長が生まれます。

　第2に，問いを持つことは，思考を組み立てていくことを促し，自分から考えていくことを促します。それによって，知識の意味や内容について多角的に理解したり，より深く理解することにつながります。学習についての研究では，知識を記憶する際に，問いとつなげて記憶すると定着することが明らかにされています。また，ノートを取る時に，問いと結びつけておくと，後から知識を引き出しやすいことが明らかにされています。問いを意識して講義を聞いたり，読書する時に問いを意識して読むと自分の関心に基づいて内容を深く理解することにつながります[23]。

② プロアクティブ型で問いをつくる

　2つ目の問いを持つ型は，プロアクティブ型で問いをつくるというものです。プロアクティブ型で問いをつくるということは，自分から問いを立て，その問いを中心に知識や考えを組み立てていくように問いをつくっていくことを意味します。日々の暮らしの中の気づきから生まれてくる問いや[24]，自分の経験やその中での気づきから生まれてくる問い，自分のこれまでの人生経験から生まれる問いがあります。

　プロアクティブ型で問いをつくることの重要な特徴は，自分から問いをつくるよう主導していくというところにあります。したがって，プロアクティブ型で問いをつくることは，他の誰かに与えられた問いとは異なっています。自分から問いをつくりだし，その問いに向かって主体的に考えていくところにプロアクティブ型の重要な特徴があるのです。

　そして，プロアクティブ型で問いをつくることには，自分が主導するという中心的な特徴から生まれてくる重要な特徴が他にもあります。

　プロアクティブ型で問いをつくることによって，その問いに答えようと調べ，調べた知識や考え，自分自身の考えをまとめていくことにつながります。プロアクティブ型でつくられた問いが，知識や考えをまとめあげていく中心となります。

　プロアクティブ型で問いをつくることを柱とする探究によって，自分の興味関心も成長します。興味関心がはじめから明確であることは多くありません。探究を進めることを通じて，興味関心を生み出したり，明確にしたりするよう成長していきます。

　プロアクティブ型で自分から問いをつくることからはじまる探究する学びによって，自分の探究のテーマを自分ごととしていくことができます。まわりから与えられたテーマやなんとなく選んだテーマでは，深い探究の推進力とはなりません。自分でつくった問いに向けて主体的に探究を進め，そこから自分のテーマや自分なりの考えをつくりあげていくよう成長していきます。

　大学での学びと成長では，科目の集大成であるレポートや大学生の学びの集大成である卒業研究が，自分からテーマや問題意識となる問いをつくっていく重要な学習活動となります。レポートや卒業研究については，詳しくは，知識

との関係のコミットメントへの成長を扱う次節で説明していきます。

プロアクティブ型で問いをつくるということは，卒業研究を含む研究という営みの中核にある重要な活動です。偉大な先人の多くが，良い問いを見つけることこそが大事だと強調していました。問いをつくることこそが学術研究の核にあり，科学や知の進歩は，問いの進歩であったといえるでしょう[25]。

問いをつくることは，簡単なことではありませんが，創造的で楽しいことでもあります[26]。問いをつくることには，正解か不正解かにとらわれずに自分の考えを出す自由という楽しさがあります。自由に楽しく問いを出すことが，学びの重要なプロセスです。

ここまで，大学での学びでは，「自分の考えをつくる」ことが重要だと強調してきました。「自分の考えをつくる」ためにも，問いを考え，問いを出してみながら，自分なりに探究したいと思えるような問いをつくっていくことが必要です。

自分で探究したいと思える問いは，突然思いつくものではありません。複数の問いを考えだして，いくつかの問いに答えを出して，そこからさらに問いを深め，問いを組み立てていくという循環を経ていく道のりをたどります。

このように，知識との関係論の成長では，問いを介して知識の理解を深め，問いを柱に知識を関係づけ，そして自分で問いをつくって知識を関係づけていくよう成長していきます。続けて，「現代の教育」という授業の中で行なっているワークを見ていくことにしましょう。

４ 知識を関係づける方法（3）
―授業の中でのワーク「問いのフィールドをつくる」

ここでは，問いの役割に注目し，知識と考えを関係づけてつなぐ具体的な方法を見ていきます。

前の節でも紹介した教養教育科目「現代の教育」という授業では，「問いのフィールドをつくる」というワークを行います[27]。この科目では，教育についての自分の考えをつくることを目的にしています。「自分の考えをつくる」という目的に向かうステップとして，自分で問いをつくるという作業があります。

第 2 章　知識との関係の成長　*45*

　学生が多元論から関係論へ成長し，「自分で問いをつくる」ことができるようになるために，「問いのフィールドをつくる」というワークに取り組みます。実際の授業の様子から，どのように「問いのフィールドをつくる」のかを紹介していきます。

1.　問いのフィールドをつくるステップ 1

　「問いのフィールドをつくる」ワークのステップ 1 では，キーワードやアイデアをたくさん出し，書き出したキーワードをマッピングして俯瞰することに取り組みます。

　「現代の教育」の授業では，まず現代の教育について関心のあるキーワードを出すということに取り組みます。

　このワークでは，白紙にたくさんのキーワードを出すために，先に示したマッピングの方法を用います。複数のキーワードや問いをマッピングしたものを問いのフィールドと呼んでいます。

　キーワードをマッピングすることは，サッカーのフィールドを上から眺めるように全体を俯瞰するために行ないます。自分のキーワードを頭の中であれこれ考えるのではなく，書き出して俯瞰して眺めることで，新たなキーワードに気づくことや，より適切な言葉で自分の興味関心を表現することにつながったりします。

　授業ではキーワードを出し，マッピングすることができた段階で，4，5 名程度のグループをつくり，お互いのキーワードと関心やその背景を話し合って共有します。この共有する活動によって，お互いの関心の多様さに気づく学びをします。知識との関係の多元論への成長のところで見たように，互いの関心の多様さに開かれ，知識との関係が広がる機会となります。

2.　問いのフィールドをつくるステップ 2

　ステップ 2 では，自分が書き出したキーワードを用いて問いを出すことに取り組みます。いきなり問いを出していくことは難しいところがあります。授業では，学生がキーワードから問いをつくることへ進むための手助けに，「〜とは何か」「なぜ〜か」「どのように」といった問いの型と過去の学生がつくった

実際の問いの例を示しています。

例えば，アクティブラーニングに関心を持っている学生は，「アクティブラーニングとは何か」や「なぜアクティブラーニングが大事なのか」，「アクティブラーニングで生徒はどのように学ぶのか」といった問いを出すところから始めています。そこから「アクティブラーニングにはどういう方法があるのか」や「アクティブラーニングの難しいところはどこか」へと問いを広げていきました。また，アクティブラーニングに関心ある学生でも，教職課程を履修して学んでいる学生は，「理科の燃焼の単元でアクティブラーニングをするには，どうすればいいか」といった実践的な問いを出していました[28]。

また，英語教育に関心を持っている学生は，「日本では，どのような英語教育が行われているか」や「諸外国の英語教育方法にはどのようなものがあるか」といった問いを出していました。「どうすれば，英語を話せるようになるのか」「なぜ，英語を話せるようにならないのか」「幼児期から英語教育を学ぶのがいいのか」といった問いを出している学生もいました[29]。英語教育という1つのキーワードでも関心の持ち方は異なっており，異なる問いが生まれていきます。

これらの具体例のように問いを広げていくことができる学生ばかりではありません。なかなか問いを出すのが難しい場合は，自分の関心のあるキーワードについて，教育実践の情報を調べたり，海外の事例を調べ，さまざまな知識や情報をインプットするようにします。インプットした知識や情報を整理して理解していく中で，疑問に思うことが出てくることでしょう。調べたり整理する作業の繰り返しの中で，少しずつ問いをつくることができるようになっていきます。

問いのフィールドをつくるワークでは，キーワードから導き出した自分の問いを学生同士のグループで共有します。自分の問いについて説明することで，さらなる問いに気づいたり，複数の問いの間の関係が整理されていきます。

また，他の学生の実例について学び，他の学生の問いを見て，自分が問いをつくる作業の参考にすることができます。自分のキーワードから問いをつくるだけでなく，他の学生のキーワードから，他の学生が関心を持つような問いをつくることに取り組んで学び合っていきます。

問いのフィールドをつくることについて，学生からは，「書き出していく中で問いが出てきた」という感想や「答えを考えずに，問いだけを考えるのは新鮮だった」といった感想，「型に合わせると，思ってもいなかった問いができた」といった感想が出てきました。また，問いを共有して取り組むことについては，「思考を広げていくことが面白い」「自分が気づかない『問い』をまわりの学生からアドバイスしてもらい，発見があった」といった感想が出てきました。

　問いをつくることは，気づいたことや感じたことを言語化することと同様に，日々の習慣の中にトレーニングとして取り入れるといいでしょう。問いを書き出し，調べたり，話し合ったりすることで，いろいろな問いがさらに生まれるようになります。授業の知識を関係づけて整理することや課外活動の中で直面している課題を整理するところから，問いを意識して問いのフィールドを活用してみてください。

3．問いのフィールドをつくるステップ3

　ステップ3では，ステップ2でつくった複数の問いを構造化していきます。問いの構造化とは，共通点のある問いをまとめ，自分の考えをつくるために，どの問いから順に考えていくかという順序を定めていくことです。

①　答えのある問いと答えのない問い

　問いの中には，大きく分けると，答えのある問いと答えのない問いがあります[30]。答えのある問いは，事実や情報を確認するような問いのことで，答えのない問いは，知識や考えを探究するよう促す問いのことです。

　プログラミング教育に関心のある学生の場合であれば，「日本の小学校でプログラミング教育が始まるのはいつからか」という問いが答えのある問いで，「プログラミング教育はどうすれば有効か」という問いが答えのない問いとなります。

　答えのある問いと答えのない問いは2つにきれいに分かれるわけではありません。例えば，「どのようなプログラミング教育が行なわれているか」という問いは，事実を調べて答えを出すこともできますが，どのようなプログラミン

グ教育を自分がいいと思うかを問うていくという意味では探究する答えのない問いとなります。

　他にも，学力低下を調べている学生の場合であれば，「日本の高校生の数学の学力について，国際学力比較テストの結果はどのように推移しているか」という問いは，調べれば答えを突きとめることができる問いとなります。「なぜ学力低下が生じているのか」や「なぜ学力低下が生じていると言われているのか」といった問いになってくると，知識を探究する問いになるでしょう。

② 答えのある問いから答えのない問いへ進む─本質的な問いの探求

　問いを構造化し，どの問いから取り組むかという順序が見えてきたら，まず答えのある問いを調べて情報を整理しましょう。次に，調べて整理した情報をもとに，答えのない問いの探究へと進むようにしましょう。

　複数の問いを立てる中でも，探究したいと思える問い，自分にとって探究する価値のある問い，「本質的な問い」をつくりあげることが大切です[31]。

　「本質的な問い」とは，私たちの理解をより深い理解へと導く問いです。表面的な理解に導く問いや答えのある問いは，本質的ではない問いです。また，今の自分にとって，どんなに知識を増やし，情報を集めても答えられない問いも本質的な問いではないということになります。答えのある問いは，本質的な問いとはならないものの，本質的な問いにつながる手がかりをもたらしてくれることがあります。

　例えば，「体育の中で用いられているボール競技とは何か」という問いについてであれば，文部科学省がまとめている学習指導要領にボール競技の定義を見つけることができます。それに対して，「どうすれば誰もがサッカーの楽しさや喜びを味わうことができるか」という問いは，本質的な問いとなります[32]。すでに情報や知識があったとしても，サッカーの価値についての深い理解を追究するという点で，意義ある探究と理解を生み出すからです。

　本質的な問いの探求では，大学での学びの中で知的好奇心を最大限発揮して取り組みます。問いを探求することには，難しさもありますが，新しい考えや知的な世界が広がっていくことを楽しみながら取り組んでください。

③ 問いと答えの連鎖をつくる

　問いのフィールドをつくる過程では，本質的な問いを探求しながら問いを構造化し，答えのある問いについて調べ，答えのない問いについては自分の考えを探究します。

　事実を確認できる問いについて調べ，情報を収集して知識を増やしていきます。答えのない問いについては，実際に調べ，考え，自分の考えを導き出していきます。

　1つの問いに答えた後，さらなる問いが生まれてきます。1つの問いを深めていくと，さらなる問いに出会います。研究の世界でも，1つの知見を明らかにすると次の研究課題が見えてきます。知識をつくりだす最前線の研究の世界でも，一歩ずつ問いに答えながら進んでいきます。大学生の学びと成長にとっても，問いに答えを出して終わりではなく，次なる問いに向かって知的な探究を続けていくことが大切です。

　したがって，問いのフィールドをつくる作業では，問いだけを扱うのではなく，問いと答えの連鎖をつくっていくことになります。

　正解を出す学びという考え方であれば，問いが増えていくことは困った事態かもしれません。しかし，大学での学びは，新しい問いに出会い，それをさらに深めていくことが学びの深まりを意味しています。問いが増えていくことの楽しさ，面白さを感じるようになってくると，大学での学びと成長の楽しさの広がりが見えてくるでしょう。

4. 問いのフィールドをつくるワークの学び

　ここまで，教養教育科目「現代の教育」の中での「問いのフィールドをつくる」ワークについて見てきました。

　このワークを通じて，知識との関係の多元論から関係論へと成長していきます。知識や考えをマッピングして多様な考えの大切さに気づくという知識との関係の多元論から，自分自身が立てた複数の問いを軸として複数の異なる知識を関係づけていくという関係論へと成長していくことができます。

　このワークを通じて，1年生も，2年生から4年生も，関係づけることができるという成長を生み出していきます。高学年の学生の場合には，これまで学

んだ教養知や専門分野の知識，大学生活での経験を結集し，関係づけていくことでさらに深く関係論への成長を生み出すことができるでしょう。1年生の時，高学年の時，それぞれの局面で関係論への成長を追求することができるでしょう。

　大学での学びと成長では，問いを発散してたくさんつくり，探究したい問いについて事実を確認して調べ，問いを構造化します。単に疑問として出して手を止めるのではなく，問いを出発点とし，問いと答えの連鎖をつくっていけるように学びを進めます。問いのフィールドをつくることは，複数の問いと知識と考えを関係づけるという学びであり，関係論への重要な成長の道のりとなります。大学での学びと成長では，どのような知識を記憶しているかだけではなく，知識を関係づけて自分の考えをつくることへと挑戦を進めてください。

5 問いの探求から先行研究との出会いと知の世界へ

　問いをつくって探究していくと，自分が考えた問いについて，自分より先に研究していた人々の先行研究に出会います。情報や知識，先行研究を調べる時には，そこで問われている問いをつかむように読み取っていくといいでしょう。先行研究の知識との出会いを通じて，自分自身の問いを深めていきましょう。

　1つの問いに対して，答えは1つではありません。同じような問いをめぐって，複数の先行研究と出会うことになるでしょう。同じような問いであっても，問いと答えの連鎖は異なってきます。問いと答えの連鎖が同じであれば，それは新たな研究ではないということになってしまいます。研究であるからには，新たな問いと答えの連鎖が生み出されています。それらの研究の営みの全体として，人類の叡智に新たな知識を創り出すことが目指されています。

　例えば，「教育格差がなぜ生じるか」という1つの問いについて，「親の所得による違い」「住んでいる地域の違い」「男女差」「親のエスニシティ」のように異なる着眼点によるアプローチがあります。このように1つの問いであっても，複数の異なる考えやアプローチに出会うことになります。次々と見つかる問いと答えの連鎖をたどるなかで，自分の知識と考えが広がり，深まっていくことを実感しながら，そこにある楽しさを感じ取ってほしいと思います。

第2章　知識との関係の成長　*51*

　先行研究があるからといって知識の探究が終わるわけではありません。先行研究は正解を意味しているわけではないからです。先行研究があるからといって，探究を止めなければならないわけではありません。先行研究は，その研究以前のさらに前の先行研究を踏まえて，問いと答えの連鎖という知識を生み出したものです。先行研究は知識の連鎖を示しているのであり，絶対に正しい正解を意味しているのではないのです。

　また，1つの先行研究で探究は終わりません。複数の先行研究をまとめて見ていく学びへ進みます。そして，そこから，また別の問いが立ち上がってくることがあります。自分の問いにかかわる複数の先行研究の知識を学んで，さらに探究したい問いについての自分の考えをつくっていくという学びへ進めていくことができるのです。

　ちなみに，大学等の研究機関で行なわれている研究の世界では，既知の知識をもとに未知の知識を探究しています。そこでは，まだ問われていない重要な問いを立て，新たな知識を生み出すことへの挑戦が日々行なわれています。そのような挑戦が人類の叡智を形づくってきました。大学で知識を学ぶ時には，知識の歴史と広がりに向かって探究を伸ばしていきましょう。

　知識の歴史という視点で見れば，教科書に定められている知識であっても，かつては新たに生み出された知識でした。大学の教員の中には，教科書を書き換えるような研究をしましょうと学生を励ます先生がいます。本当に大事な問いは，まだこれまでに問われていないかもしれません。知識の世界は，正解だけが重要な世界よりもはるかに広がっており，大学はその広大な知識の世界に通じています。

　知識はばらばらに存在しているものではありません。知識は，網の目のように相互に関連し合い，そして開かれたネットワークとなっています。自分で問いを構造化し，先行研究を学び，問いと答えの連鎖をつくりながら，自分の考えをつくっていく中で，複数の知識を関係づけ，知識との関係の関係論へと成長していきます。

　どの知識とどの知識を関係づけるか，知識を関係づけることで何が見えてくるか，どのような新たな問いが生まれてくるかというところに大学での学びの面白さがあります。先行研究で明らかにされていることは何か，それに対して

自分の考えはどのようなものかを問い，問いと答えの連鎖をつくり，知識とそれらを関係づけて自分の考えをつくっていくことに意識を向けて学びに取り組んでいってください。

　ここまで問いと知識と考えを関係づけていく知識との関係の関係論への成長を見てきました。知識との関係の関係論への成長は，複数の考えや知識を関係づけることができるようになる成長でした。関係論への成長で重要なことは，次の3つです。1つずつ見ていくことにしましょう。

　①問いを構造化して関係づけること

　②批判的思考

　③自分の考えに根拠をつけること

1.　問いを構造化して関係づけること

　知識を関係づけていくことができる関係論への成長では，1つ目に，問いを構造化して，気づきや知識，そして考えを実際に関係づけていくことが大切です。

　知識との関係における多元論の成長では，考えやアイデアの多様さに気づくというように成長していきました。関係論への成長では，そのような複数の知識や異なる考えを問いと答えの連鎖として関係づけて整理できるようになります。

　知識や考えと問いを関係づけていく際には，いろいろな問いや考えを広げて出していくという発散と，似た考えを集めてまとめていく統合を行なっていきます。問いを探求しながら，複数の先行研究を調べ，調べたことを整理してまとめ，自分の考えと関係づけていきます。こうして，「自分の考えをつくる」プロセスを進めていきます。

　関係づけることに十分に意識を向けないと，たくさんの知識を聞いたり，学んだとしても，その知識を深く理解することはできません。また，関係づけることを十分に行わず，学んだ知識や自分で調べた情報をバラバラのままにしていては，「自分の考えをつくる」ことは進まないでしょう。関係づけていくことは，なんとなく大雑把に行なってしまっては十分に効果を発揮しないので，一つずつ丁寧に取り組んでいくようにしましょう。

関係づけていくことによって，知識をより深く理解したり，新たな気づきを生み出すというように，知識との関係で成長していきます。知識は，他の知識や考えや問いと関係づけられていくことで，はじめて聞いた時よりも深く理解できるようになります。

なんとなく頭の中で知識と知識の関係性を理解したつもりになっていても，言語化して書き出してみると，つながりがよくわかっていないことに気づくということもあるでしょう。手を動かしてフィールドにマッピングし，関係づける作業をしていくと，さらに気づきが生まれてくることもあるでしょう。

問いを構造化し，問いと知識の連鎖をつくるという関係づけの作業は，日々のノートテイクや試験勉強といった知識の整理に応用することができます。講義を聞いている時は，知識の関係性を理解しているつもりになっていたものの，自分で説明しようとするとわかりやすく説明できなかったという経験があったと思います。それは，「わかったつもり」になっていて，深くは理解していなかったからです[33]。

問いを構造化して，知識を関係づけて深く理解する方法はいくつかあります。ノートを取る際に，キーワードだけを書き写すよりも，問いとセットにすることで効果的に記憶することができます。また，自分の理解を過信しないようにする有効な方法として，論述問題で問われる問題を自分でつくって，自分にテストする自己テストという方法があります。友人同士で試験問題を作問し，お互いに出題し合うという学び方も有効な試験対策となります。知識と問いを関係づけることは，自分の中の理解が十分でないと気づくことになり，自分の理解を過信しないという点でも，自分の理解を深めていくという点でも，大事なことなのです。

さらに，この関係づける作業は，大学で課されるレポートの準備になります。レポートの準備には，問い，自分の考え，調べた内容，複数の先行研究といった知識を関係づける作業が含まれます。関係づける作業をすると，さらに調べないといけないことは何か，根拠が弱いところはどこか，自分の考えをどのような順序で論述していけばよいかが見えてきます。

問いを構造化して複数の知識を関係づけることができるようになることは，考えの多様性に開かれて知識を広げていく多元論から，知識を関係づけていく

関係論への成長へと進むことを意味しています。自分が探究したい問いをつくり，問いを構造化し，気づきや知識，考えを関係づけていく作業を通して，知識との関係の関係論への成長を生み出していくことになります。

2. 批判的思考

　知識との関係の関係論への成長には，2つ目に批判的思考が重要です。知識を関係づけていく中では，批判的思考を働かせていくことが必要になります。批判的思考は，情報や知識に疑問を投げかけ，根拠を問い，議論を組み立て，個人的に知識をつくる思考のプロセスを意味しています[34]。

　批判的思考を働かせるには，5つのポイントがあります。

　第1に，自分の関心のあるテーマを扱う先行研究や自分の立てた問いに取り組んでいる先行研究を複数調べて進めていく中で，自分の考えをつくっていくことです。その時，複数の情報のどこが共通するかやどこに違いがあるのかに注意を向けるようにしましょう。複数の先行研究の知識を調べ，その間の違いに意識を向けることが批判的思考の働きです。

　第2に，情報の根拠を問うことです。その情報がなぜ正しいのか，情報の根拠を問います。同様に，先行研究に示されている他者の考えを鵜呑みにするのではなく，「その知識の根拠は何か」と考え，知識と根拠をセットにして検討するようにしましょう。批判的思考を用いて，情報源を確認し，複数の関連する知識を照らし合わせて事実を確認していきましょう。

　第3に，複数の解釈を吟味し，議論を組み立てることです。ここでいう議論とは，話し合いという意味ではなく，根拠を持って主張を論証していくことを意味します。根拠となる事実についても見る視点や立場が異なれば，異なる解釈がなされることがあります。1つの問いについても複数の異なるアプローチがあり，複数の対立する主張が導かれることもあります。複数の異なる考えを突き合わせ，それぞれの考えの根拠を吟味し，どの考えが妥当かを自分で判断し，より説得力のある議論を組み立てていく必要があります[35]。

　第4に，自分の関心のある知識や自分の考えの根拠となる知識について，その知識がどのように生み出されてきたのかを追究することです。事実とされている知識も，先人によって明らかにされてきたものです。その知識がどのよう

にして明らかにされてきたかを学ぶことで，その知識に関する理解が深まっていきます。知識は，すでに明らかにされてきた知識であっても，みなさん自身の視点で疑問を持って考え直す自由に開かれています。先行研究について学び，先行研究の根拠を問いながら学びを進めていきましょう。その時には，知識の構造化とともにどこからが先行研究の知識でどこからが自分の考えかが明確になるように整理し自分の考えを形づくっていきましょう。

第5に，自分の考えにも批判的思考を向けることです。知識を関係づけていく成長の中で，批判的思考は，他者の知識に疑問を投げかけ，根拠を問うていくばかりではありません。自分の考えについて批判的思考を向けることで自分の考えを明確にし，自分の考えを支える議論を洗練させていくことにもつながります。

自分の考えは，自分の立てた問いに対して，自分の調べた知識を根拠にして組み立てられていきます。自分の考えをつくるプロセスでは，問いと知識と根拠のつながりを俯瞰で眺めるようにし，それらが根拠のない考えを主張していないか，自分の考えに対する根拠として適切か，自分の組み立てた議論が十分に適切か，反論や批判に対して対応できているかといったことを検討するようにしましょう。さらに，自分の考えが聞き手や読み手にとって価値があるか，説得力があるか，共感を得られるものかといった視点でも検討し，批判的思考を働かせましょう。

問いを構造化し，知識と知識を関係づけながら自分の考えをつくっていくプロセスの中では，批判的思考を働かせていくことが大切です。批判的思考は気づいたことの言語化や問いをつくる作業と同じく日常生活の中で意識的にトレーニングするようにしましょう。レポートに取り組む際だけでなく，アルバイト探しや就職活動，投票の機会に情報を集めて判断する際には，批判的思考を働かせて取り組むようにしましょう。

3. 自分の考えに根拠をつける

知識を関係づけていくことができるようになる成長の中で大切なことの3つ目は，自分の考えに根拠をつけられるようになることです。

自分の考えに根拠が必要だということは，みなさんもよく理解していること

でしょう。ここで強調したいことは，大学生にとって，自分の考えの根拠をつくることは，とても大切な学びと成長だということです。自分の考えをつくる成長では，自分の考えだけを伝えるよりも，自分の考えに根拠をつけて伝えることが必要です。そうすることによって，他者に自分の考えとその根拠を伝えられるようになり，その他者に共感してもらったり，納得してもらうことができるようになります。

　知識との関係の二元論から多元論への成長では，問題に正解を出すことに重きを置いた世界から，自分の考えをつくりだしていくという世界へ一歩踏み出しました。そこからさらに，自分の考えをつくるという成長のために，自分の考えに根拠をつけることへと進めましょう。知識の多元論から関係論への成長では，根拠とともに自分の考えをつくることへと成長していきます。知識を関係づけていくプロセスで見てきた問いと答えの連鎖をつくっていくことや問いの構造化，根拠についての批判的思考は，そのために必要な作業です。

　知識を関係づけていく作業を積み重ねることは，知識を単純に受け取り，受動的に学ぶことから脱して成長していくことになります。根拠とともに自分の考えを他者に示すことができるようになることは，知識と結びつけて自分の考えをつくっていくことができるということを意味します。大学で学生は，知識と結びつけて自分の考えを構築することができるよう成長します[36]。知識との関係において，受動的な関係ではなく，能動的で主体的な関係をつくることができるようになるということです。根拠とともに自分の考えを述べることができるようになることは，大学時代の重要な成長ですし，卒業後の人生においても大切なことです。

3 知識との関係の「関係論からコミットメント」へ
自分の学びを自分でつくるには？

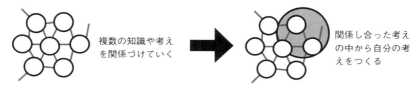

　知識との関係の成長では，二元論から多元論，多元論から関係論への成長を経て，さらに関係論からコミットメントへと成長します。知識との関係の関係論からコミットメントへの成長とは，複数の知識を関係づけることができる状態（関係論）から，知識を関係づけた上で，自分の考えに根拠を持たせ，自分の考えをつくりあげることができる状態（コミットメント）への成長を意味します。

　コミットメントへの成長とは，複数の異なる考えや知識を関係づけて，それらの知識や考えを自分なりの考えにまとめあげることができるようになることを意味しています。コミットメントへの成長には，1つの科目のレポートで自分の考えをつくることや，卒業研究で自分のテーマについて自分の考えをつくりあげることが含まれます。ここでは，知識との関係の「関係論からコミットメント」への成長を扱い，レポートで自分の考えをつくりあげる成長と，卒業研究で自分の考えをつくりあげる成長に分けて見ていくことにします。

1 レポートで自分の考えをつくる学び

　知識との関係のコミットメントへの成長は，レポートで自分の考えをつくりあげていくことで伸ばしていくことができます。

1. レポート課題について

　大学では，小レポートや中間レポート，期末の最終レポートといったレポート課題が出されます。レポートでは，与えられた論題に対して，授業で学んだ内容や関連する知識を調べることが必要になります。そして，それらを活かして，自分の考えを論述することが求められます。

　レポート課題に取り組む際に特に意識してほしいことは，学んだ知識と与えられた問い，それらに対して自ら問いを立てて，根拠とともに自分の考えを論述することです。以下では，レポートを書く4つのステップを見ていきましょう。

2. レポートを書く4つのステップ

　レポートを書き進めるためには，以下の4つのステップを意識するといいでしょう[37]。4つのステップの1つ1つを丁寧に取り組むことは，自分の学びと成長を生み出す挑戦となります。知識との関係でいっそう成長できるところですので，自分で自分の学びと成長の価値を引き上げるように取り組んでください。

① 問いを立てる

　1つ目のステップは，与えられた論題に対して，自分で問いを立てることです。レポート論題は広い範囲を含むものになっていますから，そこから自分で探究したい問いをつくることが必要です。

② 問いを構造化する

　2つ目のステップは，問いのフィールドで整理したように，問いを構造化して，問いについて自分の考えをもとに答えていくために調べていきます。複数の先行研究を調べ，その知識を関係づけて整理しましょう。先行研究の知識を批判的思考によって吟味し，共通点と相違点をまとめたり，述べていく内容の順序を並べて考えていきます。

　そのように取り組むことで，自分の考えと先行研究の知識を区別し，自分の

考えの根拠となる知識や情報を明確にしていきます。そのような整理によって，自分の考えをつくる土台を整えることができます。

また，問いを構造化していくことを通じて，読み手にとって価値のある問いにしていく必要があります。

③ 文章化する

3つ目のステップは，実際に文章にする作業です。レポートは，序論・本論・結論の3部構成でつくります。論題を受けた問いの設定がレポートの目的となり，序論となります。問いについて調べた情報や知識をもとに自分の考えを述べていく部分が本論となります。そして，レポート全体のまとめが結論となります。

文章にしていく過程を通じて，自分の考えをつくっていきます。文章として書いていく中で，考えていなかった問いに気づいたり，必要な根拠に気づいたり，新たな知識との関係に気づいたりして，自分の考えをさらに深めることができます。

文章を一気に書いて文字数をとにかく埋めていくという取り組み方では，自分の学びと成長のチャンスを逃してしまうことになります。先延ばししてしまうと，締め切りが迫るとこなすだけになってしまいがちですから，前もって計画的に取り組みましょう。そのように取り組み，計画的に課題に取り組む力も伸ばしていってください。

④ 自分のレポートを読み直す

4つ目のステップは，書ききったレポートをもう一度読み直して点検することです。読み直すことで，新たに気づくことがありますし，自分の考えをもう一段階深めることができます。問いのフィールドで問いを俯瞰して新たな問いを生み出したように，いったん書ききったレポートを印刷し，俯瞰して読み直すようにしてみましょう。

誤字脱字といった形式上の問題点を点検するだけでなく，自分の考えがどのように述べられているかを客観視することができます。自分の考えの意味へと思考が広がったり，自分がまだ考えられていないところが見つかったりします。

そのように客観視できる力をつけ，自分の思考の根拠や議論の展開の適切さを自分で客観的に評価できるようになることも必要です。レポートを読み直す習慣をつくり，レポートを読み直すことから，さらに学びと成長を引き出していきましょう。

このように，レポートを書くというプロセスには，どのようにレポートを書くかと計画・構想し，情報収集や文献を読み込んで，実際に書き進めるといった複数の活動が含まれています。うまくいっているかどうかを客観視して点検し，うまくいかない時には新しい文献を読んだり，テーマを変えたりして軌道修正します。

レポートに取り組む学びは，授業の終わりに学んだことの感想を書く学びよりも多くの時間をかけて取り組む学びです。そのような学習活動では，自分の学習を自分で俯瞰し，時には軌道修正したり，自分で調整してコントロールするという活動が重要になってきます。このような学習のことを自己調整学習といいます[38]。

レポートを提出するまでには，なぜかうまくいくと錯覚してしまったり，ぎりぎりまで着手しない先延ばしといった落とし穴が待ち構えています[39]。自分の自己調整学習という学習活動を意識的にコントロールしていく必要があります。

そして，自分の学習活動の意識的な観察と調整は，自分の学び方を自分で調整したりコントロールする力を伸ばします。レポート課題への取り組みを着実に進めるにはどうすればいいか，うまくいかない時にどう対処するか，途中で軌道修正するにはどうすればいいかについて，自分なりの方策を身につけていくようにするといいでしょう。

自分の学びと成長を自分でつくるという責任を意識し，レポートに取り組むプロセスを通じて，自分の学び方をつくりあげ，自分の学びと成長につなげていきましょう。

2 卒業研究で自分の考えをつくる学び

　知識を関係づけていくことができる関係論から自分の考えをつくりあげるコミットメントへの成長が見られるのは，卒業研究のように，複数の科目で学んできた知識を総合する学びにおいてです。

1.　卒業研究とは―複数の科目の知識を総合する集大成

　大学では，大学での学びの集大成として卒業研究に取り組みます。卒業研究は，1つ1つの科目よりも大きく大学での学びをまとめあげる学びです。卒業研究では，知識のネットワークを形成している複数の科目の学びを踏み台にして知識をまとめあげていく必要があります。

　大学での科目は，知識のネットワークを形成しています。例えば，私の所属するスポーツ健康科学部には，スポーツサイエンス，健康運動科学，スポーツ教育学，スポーツマネジメントという4つの領域の知識のネットワークがあり，さらにその領域の間にもネットワークがあります。みなさんの所属する大学の学部や学科でも，複数の知識のネットワークをもとにした学びの領域があるでしょう。

　大学での学びは，1つ1つの科目の中に閉じられたものではありません。これまでに学んだ科目の知識やスキルを活かして，新しい科目で問題を解いたり，分析したりしていきます。そのような複数の科目という知識のネットワークを横断し，知識やスキルを関係づけてまとめあげていく集大成が卒業研究です。

2.　卒業研究における研究テーマの大切さ

　卒業研究を進めていく上では，研究テーマの選択が重要です。自分自身の興味関心に基づいて，研究テーマを選択していくことになります。まず，学んできたことをもとに自分が関心ある領域の知識や先行研究を調べていきます。そして，自分の興味関心から発して研究テーマとなる問いをつくります。

　自分の興味関心に根ざした研究テーマにしていくことは，自分の考えをつくるという知識との関係の成長にとって不可欠です。また，卒業研究を仕上げて

いく原動力にもなるという点でも重要です。自分の興味関心に根ざした研究
テーマにすることで，卒業研究を進めていく上で難しい障壁に直面した際にも，
課題を解決するよう粘り強く取り組むことができるようになります。

　自分の興味関心に根ざした研究テーマとするためには，単に先行研究で十分
に明らかにされていないからという理由だけでは十分でないことがわかります。
「なぜ自分はその研究テーマにしようと思うのか」や「先行研究で十分に明ら
かにされていないという理由以外で，なぜその研究テーマにしたいのか」とい
う問いを考えるようにしましょう[41]。

　卒業研究で研究テーマとなる問いは，研究の問いであり，リサーチ・クエス
チョンとも呼ばれます。卒業研究を進める上で，研究の問いであるリサーチ・
クエスチョンを絞り込むことが重要なプロセスとなります。多くの場合，最初
の頃に設定するリサーチ・クエスチョンは研究の単位として大きくなりがちで
す。どのような先行研究があるかを調べ，先行研究の問いの立て方を学びなが
ら，自分の研究について発表やディスカッションしながら，リサーチ・クエス
チョンを絞り込んでいきましょう。ただし，自分の興味関心に根ざしているこ
とが重要ですから，自分の興味関心のありかにも気を配りながら，卒業研究の
問いであるリサーチ・クエスチョンを明確にしていきましょう。

3. 卒業研究に向けた取り組み
―「学びと成長」をテーマにしたゼミを事例として

　卒業研究の進め方には，学問分野によって異なります。卒業研究は，ゼミや
研究室ごとに特色ある取り組みが進められています[41]。それぞれの学部やゼミ
の特色は多岐にわたるので，ここでは，「学びと成長」をテーマとする私（河
井）のゼミの取り組みをもとにゼミの進め方，ゼミとはどのような学びの場な
のか，そして卒業研究の進め方を紹介していきます。

① 河井ゼミの概要

　私が所属する立命館大学スポーツ健康科学部では，3年生と4年生の2年間
をかけてゼミで学び，卒業研究を進めていきます。河井ゼミでは「学びと成
長」を大きな枠組みのテーマとし，その中で学生たちは自分の関心がある研究

テーマを設定しながら卒業研究に取り組んでいきます。知識との関係のコミットメントの成長にとって，自分の関心から卒業研究のテーマを立てていくことが大切です。

河井ゼミでは，学びと成長を生み出すワークショップを実施して学ぶことを柱としています。ゼミでは，知識習得・実施・分析・文章化を繰り返しながら，「学びと成長」を探究できるように進めています。

1つ目の知識習得は，各自の興味関心に基づき，「学びと成長」についての知識を学び，各自の研究テーマをつくっていくことです。2つ目のワークショップの実施では，自分の研究テーマに基づいてワークショップをデザインして実施します。3つ目の分析では，ワークショップの結果を評価するためにデータを分析します。4つ目の文章化では，その結果を踏まえ，自分の考えをつくりあげるよう文章化していきます。ゼミでは，3年生と4年生の2年間をかけて，知識習得・実施・分析・文章化を繰り返し，卒業研究を仕上げていきます。続けて，実際のゼミの進め方を紹介します。

② 3年生春：「学びと成長」についての知識習得

3年生のゼミでは，毎週，自分たちの近況や楽しかった経験を共有する時間を設けています。お互いを知るということとゼミ生同士の関係をつくることを目的に行なっています。ゼミの学生の一人一人の経験は異なっていることから，他者の学びと成長や他者の経験や考えを知って学ぶための時間としています。毎週の経験や近況を共有する時間が，ゼミでの学びを進めていく土台となっています。

そして，自分の興味関心に基づく研究テーマを定めるために，「学びと成長」についての文献を読んで知識を習得していきます。ゼミで共通の文献を読み，「学びと成長とは何か」や「どうすれば学びと成長を生み出せるのか」についてディスカッションしています。文献で扱うトピックは，モチベーションやチームワーク，リーダーシップ，経験学習，自己効力感など多岐にわたります。文献の内容だけでなく，それぞれの学生の経験を紹介してもらい，異なる見方や考え方に触れながら学んでいきます。

このように，知識を獲得しながら，「学びと成長」の中のどういったことに

自分の興味関心があるのかを探索していきます。「学びと成長」という大きな枠組みの中で，自分の興味関心から問いを出し，自分のテーマを探ります。各自で先行研究の調査を行ない，学んだ知識を活かしながら，この時点での自分の研究テーマを設定します。興味関心を深め，広げるとともに，自分の研究テーマを定めることが，知識との関係のコミットメントの成長にとって重要になります。

③ 3年生夏：グループでのワークショップのデザインと実施

河井ゼミでは，学びと成長を生み出すワークショップを実施して学びます[42]。ワークショップのデザインの方法を学ぶために，授業の中でゼミ生がワークショップを体験する機会を設けています。例えば，教員主導で質問リストを用いてお互いに質問し合って，お互いを知るワークショップや，お互いの人生をグラフ化して質問し合い，自己理解を深めるワークショップを体験します。

ワークショップの体験を踏まえ，自分たちでグループを組んでワークショップをデザインして実施していきます。ゼミの中で他のゼミ生に向けてワークショップを実施することや，ゼミの外の学生を巻き込んで実施する機会に挑戦していきます。

これまでに実施したワークショップの企画としては，リーダーシップについて学びを深めるものや，異なる体育会に所属する学生同士が交流してお互いの競技の魅力を紹介し合うもの，就職活動に向けてゲームと自己分析を組み合わせる企画などがありました。

ワークショップを参加者として体験することと，ワークショップを企画者としてデザインして実施することの両方の経験を積み重ねていきます。

④ 3年生秋：自分のテーマによるワークショップのデザインと実施

グループでの経験を踏まえ，自分のテーマでワークショップをデザインし，実施することに挑戦していきます。ワークショップをデザインする際には，学びと成長を評価するためのデータを収集します。「実際に学びと成長は生じたのか」という問いに答えられるよう，学びと成長を評価するアンケート項目やインタビュー項目を考えていきます。

ワークショップデザインでは，自分の興味関心に沿った研究テーマに答えるようなデザインを考えていきます。ゼミ内で学生は，自分の考えるデザインを発表し，他の学生から質問やアドバイス，アイデアをもらいながら自分の企画をブラッシュアップしていきます。テーマに沿ったデザインになっているか，自分のしたいことや思いを実現するようなデザインになっているか，そもそも自分のしたいことをテーマにできているかといった点でディスカッションが行なわれます。

ワークショップの実施では，参加者を集め，参加者が「学びと成長」を実感できるよう工夫し，評価のためのアンケートデータを収集します。実際には，参加者を集めることは難しく，準備したことの一部しか実現できなかったり，思うようにはいかないことがたくさんあります。グループでワークショップを行なう時は一部の役割を担っていたのに対し，個人で行なう時は最初から最後まで自分で担うため全てをうまくできるわけではありません。それでも，個人でワークショップをデザインして実施することを一通りやり遂げることで見えてくるものが大切です。

⑤　3年生冬：ワークショップの結果の分析と文章化

ワークショップと調査を終えると，アンケートで集めたデータを分析し，結果を文章化します。研究活動としては，ワークショップを実施するだけでなく，その効果を明らかにすることまで取り組む必要があります。

ワークショップの事前と事後でアンケートを設計し，ワークショップの効果があったのかどうかやなぜそのような効果があったのかを考えていきます。分析方法や評価方法については，これまでに卒業した先輩の研究や学習用の動画を見ながら修得していきます。

文章化では，研究テーマの背景と研究目的，ワークショップのデザインと方法や工夫，アンケートデータの分析結果とその解釈や考察を書いていきます。「学びと成長」についての知識や先行研究を読み直しながら，自分の考えの根拠をつくっていきます。文章化することによって，1つ1つの文章のつながりや研究テーマから考察までの流れを組み立てていきます。そして，そのプロセスを踏まえ，自分の考えをつくりあげていきます。

3年生の時点でレポートの文章化まで仕上げていくことには，4年生の卒業研究の流れを理解できるという意味があります。

⑥ 4年生春：自分の経験に基づく知識の獲得

4年生では，自分の卒業研究を仕上げることがゼミの学びのゴールとなります。

3年生の時に設定した自分の研究テーマに基づくワークショップの実施と分析に取り組んだことが下準備となります。レポートへの文章化を通じて，実施してきたことやテーマ設定をふりかえり，学生によってはテーマを再設定していきます。同じテーマであったとしても，実施した経験を踏まえてテーマを深めていきます。

4年生になると，大学生活では，一番上の学年となり，サークルや部活動といった組織で運営する経験を積んでいます。大学生活の自分の「学びと成長」の経験から，「学びと成長」についての理解を深めていきます。

また，就職活動の面接での受け答えやグループディスカッションといった経験をゼミの中で共有し，具体的なアドバイスをし合うことにも取り組んでいます。就職活動の経験をじっくりと共有する中で，将来の仕事や働き方，プライベートとのバランスについてのお互いの考えを聞きながら，自分の考えを深く掘り下げていきます。

課外活動や就職活動，進路の決定といったことを踏まえ，自分の卒業研究で「何をするか」というテーマを再設定していきます。一人一人が自分の興味関心や経験に基づいて，それぞれにオリジナルなテーマ設定をしていきます。

⑦ 4年生夏：ワークショップのデザインの再構築と実施

4年生の卒業研究のワークショップでは，自分のしたいことやアイデアや経験を盛り込んで，参加者の学生の「学びと成長」を生み出すためのデザインを再構築していきます。各自でばらばらに取り組むのではなく，一人の学生が考えていることを紹介し，全員でアドバイスして良いものになるように考えていきます。3，4人の学生のワークショップを題材とし，質問やアドバイスをしたり，アイデアを提供していきます。自分以外の学生のワークショップデザイ

ンから学びながら，自分のワークショップデザインについて具体的に考えていきます。

　ワークショップのデザインの時にお互いに助け合うだけでなく，実施の際にも，参加者集めの協力などで助け合って進めます。ここまでのゼミ活動で，毎週の経験や近況を共有する時間，就職活動でアドバイスし合う時間を積み重ね，互いにサポートし合う関係をつくってきています。「みんなで卒業しよう」というチームとなって，ゼミ活動に取り組んでいきます。

　ここからは，実際のゼミ生の研究テーマとワークショップについて紹介します。ダンスサークルに所属する学生は「サークルの後輩たちのモチベーションを上げたい」という課題意識から，卒業した先輩へのインタビューを素材にワークショップをデザインして実施しました。その結果，後輩たちのモチベーションややる気（エンゲージメント[43]）が高まるという学びと成長が生み出されました。

　大学生のキャリア形成に関心を持つ学生は，学生が集まって将来のビジョンを語り合うワークショップを企画して実施しました。ワークショップでは，お互いの経験や思い，ビジョンを語り合い，そこから学び合う経験学習をしました。ワークショップを経て，参加した学生たちは，自分のキャリアへの自信を深めていきました。

　中学校のサッカー部のコーチをしている学生は，その活動を卒業研究にしたいとの思いから研究テーマを設定しました。中学生たちに「サッカープレーヤーとしてどうなりたいか」を考えるワークショップを実施し，部活動への意欲（エンゲージメント）を向上させることができました。

　3年生から4年生にかけて研究テーマを変えていった学生もいます。陸上部に所属し，陸上競技の成長に関心を持っていた学生は部のチームワークの向上に関心を変えてテーマを発展させていきました。先輩の卒業研究も参考にしながら，部活動のチームワーク向上のワークショップを複数回実施し，最後に部活動と正課の学びをつなぐラーニング・ブリッジング[44]を生み出すワークショップを実施しました。部活動内でのチームワークの意識が向上し，正課と課外の学びをつなげる気づきを生み出していきました。

　3年生から4年生へと一貫して同じテーマを設定しつつ，深めていった学生

もいます。ソフトボール部に所属している学生は、「部活で調子が上がらない時にどのように対処したらいいか」を探究していきました。実際の対処法を探りつつ、先輩の対処法を紹介し、後輩も自分の対処法を紹介し合うワークショップを実施し、調子の悪い時の対処法について理解し、経験からの学びと成長を生み出していきました。

ワークショップのデザインと実施の経験を経ながら、自分の研究テーマを考え直し、深めていくことが自分の考えをつくりあげるコミットメントの成長にとって重要です。

⑧ 4年生秋：ワークショップの効果を検証する分析

卒業研究では、自分の研究テーマに基づいて実施したワークショップについて、ワークショップの前後や1週間後にデータを収集し、「学びと成長」が生まれたのかを検証します。アンケート調査とインタビュー調査を組み合わせ、多角的にデータを収集して分析していきます。

データの分析では、ワークショップに効果があったかどうかの検証から始まり、どのような要因が「学びと成長」を生み出したか、どのような学生に「学びと成長」が生まれているのかといったことを解明していきます。ワークショップの直前と直後のデータだけでなく、1週間後にインタビュー調査を行なうことで、ワークショップのデザインが意図していた効果だけでなく、より広い学びと成長を聞き取っていきます。

実際の分析方法は、一人で行なうことが難しい統計解析にも取り組みます。卒業した先輩の卒業研究や学習用の動画を見ながら、ゼミ生同士で教え合って進め、結果の解釈や考察を深めるところでも助け合っています。それぞれの興味関心に基づく研究テーマからのワークショップのデザインをしていくので、互いのワークショップやその結果を興味を持って考えることができています。学生同士のディスカッションからデータについての考察が深まっていきます。

教員が学生のしてきたことの意味を説明することによって、学生が自分の取り組みに自信を深めることもありますし、学生同士で自分たちのしてきたことの意味を言語化し合うことによって学生の励みとなります。

⑨　４年生冬：卒業研究を通じて自分の考えをつくりあげるよう文章化する

　卒業研究では，知識との関係のコミットメントの成長として，自分の考えをつくりあげていきます。卒業研究では，研究の背景と目的，方法，結果と考察を一貫性を持って組み立てることが求められます。

　自分のしたいことや思いを織り交ぜてデザインを練ったワークショップについて，「なぜそのようなワークショップをするのか」や「なぜそのようなアンケート項目で評価するのか」といったことの１つ１つについて，根拠を持って説明する必要があります。そのため，「学びと成長」についての知識や先行研究を調べ直すことが必要となります。

　また，参加者に学びと成長を生み出すことがワークショップの目的となりましたが，研究目的は，そのワークショップの目的を含んで大きく捉える必要があります。研究背景から結果・考察までを整合性を持ってつながるように，研究目的を言語化して文章化する必要があります。

　考察についても，「なぜ『学びと成長』が生まれたのか」という問いに答えることができるようにする必要があります。その問いについて，研究背景からの流れを受けて考えていくこと，ワークショップを実施し，そのデータを分析したからこそ見えることを問いへの答えとしていく必要があります。

　卒業研究を文章化して提出すると一区切りですが，私の所属するスポーツ健康科学部の最後の学びには，口頭試問でプレゼンテーションすることが求められます。口頭試問で発表する際に，文章化して書き上げた自分の考えを聞く人たちにわかりやすく伝えられるように何度もつくり直します。せっかく取り組んできた濃厚な学びが平板になってもいけませんし，簡潔さを欠いて時間に収まらないことも避けないといけません。自分の考えをつくりあげる卒業研究のエッセンスを抽出するように口頭試問のプレゼンテーションをつくりあげていきます。

　卒業研究を通じた学びは，自分の考えをつくりあげるというコミットメントへの成長になります。知識との関係のコミットメントへの成長は，知識を関係づけた上で，自分の考えに根拠を持たせ，自分の考えをつくりあげることができるようになるという成長でした。卒業研究に全力で取り組むことは，知識との関係の成長，そして大学での学びと成長を引き出す上でとても大切なことで

す。

　ここまでの説明を踏まえ，知識との関係のコミットメントの成長にとって大切なこと，すなわち「レポートや卒業研究という学びの集大成を最後まで仕上げること」をまとめていきます。続けて，大学での学びと成長にとって大切なこととして，「大学での学びの深さと広さの両方を追求すること」についてまとめたいと思います。

３ レポートや卒業研究という学びの集大成を最後まで仕上げること

1. 最後まで仕上げることの意味

　レポートは，１つの科目の学びの集大成であり，卒業研究は，大学での学びの全体の集大成です。集大成となるレポートや卒業研究を最後までやりきることには２つの意味があります。

　１つ目に，最後までやり通す力がつきます[45]。物事をやり抜く力は，１つ１つの課題を仕上げていくことからしか身につきません。１つ１つのレポートを仕上げていくことが，レポートをやり抜く力を身につけることにつながります。１つ１つの積み重ねが自信につながります。その積み重ねの力と自信をもとに，最初は高い壁に思える卒業研究のプロセスに粘り強く取り組んでいきます。卒業研究を仕上げることによって，大学での学びの知識を総合する力と自信を身につけることができるのです。

　２つ目に，最後までやりきることで，レポートや卒業研究という課題の全体像がつかめるようになります。レポートや卒業研究を仕上げるには，先行研究のレビュー，問いの構造化やデータ収集といった一連のプロセスにまとまった時間を必要とします。そのプロセスの中で創意工夫を凝らしたり，改善点を見つけたり，うまくいかない経験をしたりしながら，試行錯誤します。最後まで仕上げることで，取り組みのよかったところや改善点，それぞれのステップの意味も明瞭に見えてきます。最後までやりきることは，次に知識をまとめていく課題に直面した時に拠り所となる実体験となります。１つの課題を最後までやりきることによって，新しい課題に対しても，進め方や見通し，課題への対

応方法について，自分の実体験に基づく型を手にすることができるのです。

　したがって，知識との関係のコミットメントへの成長では，自分の考えができあがるだけではなく，自分の考えをつくりあげる型がつくられていくという意義があります。そのような型が，大学での学びと成長の財産となり，卒業後の人生の糧となっていきます。

2.　自分で自分の学びをコントロールすること―自己調整学習

　レポートや卒業研究は，問いやテーマを設定し，調査・分析して文章化していく学習活動です。問いを設定し，情報や知識を調べながら，多様な考えに出会いつつ，自分の考えをつくりあげていきます。知識との関係で多様な考えに気づき，知識との関係に広がりを生み出す多元論から複数の異なる考えや知識を関係づけることができるようになる関係論，そして自分の考えをつくりあげるコミットメントへと進みながら，知識との関係で成長していきます。

　その過程では，簡単にできると思い込んでしまったり，慎重に考えすぎてしまったり，自分の力を過信して課題に取り組むのを先延ばししてしまうこともあるでしょう。また，始める前には思ってもいなかった障壁に出会って，うまく進められないこともあるかもしれません。

　レポートや卒業研究を仕上げるという学習活動にとっては，自分の学習を俯瞰し，自分で調整してコントロールするという自己調整学習が不可欠となります。これからの学習活動を進めていくために必要な準備は何か，自分の学習活動がうまく進んでいるかどうか，現段階でできている成果物のクオリティは期待している水準に達しているかどうかを省察しながら学習活動を進めていきます。

　また，つくりあげている自分の考えとその考えを支える議論に批判的思考を向けることも必要となります。自分の考えを俯瞰して客観視し，自分の考えや主張に十分な根拠があるか，その根拠は適切かと考えていきます。あわせて自分の考えや主張を支える議論に必要な根拠は欠けていないか，予想される反論や批判に対する応答は十分に練られているかといった点も考えていきます。さらに，レポートや卒業研究は，読み手や聞き手にとってわかりやすいものとなっているかや説得力のある議論となっているかを考える必要があります。自

分の考えと議論を俯瞰し，良いところと不十分なところを見定め，より良い議論の組み立てを追究していきます。

このように，自分の学習活動を俯瞰して継続的にコントロールし，自分の考えと議論に批判的思考を働かせ，つくりあげていくことが知識との関係のコミットメントへの成長にとって大切なことです。

3. 自分の考えをつくり直す

自分の考えは，いったんつくっては形を整えたり，時には見直してつくり直すこともあるものです。自分の考えをつくり直すことは，不正解を意味しているのではなく，とても創造的な学習活動です。自分の学習活動をコントロールしながら，自分の考えをつくり，またつくり直していくことが大切です。

卒業研究の場合，テーマを再設定するということもあります。分析をやり直すことになることもあります。せっかく前に進んできたのに，大きく後退するように思うかもしれませんが，自分の学習活動をコントロールして粘り強く取り組むとともに，必要な時には軌道修正することが大切です。状況が明確な時には，これまでの努力を続けてもいいですし，新しい変化を実験してもいいでしょう。そして，状況が不明確で目標が達成できるかわからない時には，目標を変えたり，違う方法を試して，軌道修正を検討するといいでしょう[46]。最後まで仕上げた時にクオリティが高いものになっていれば，そのように軌道修正したことの価値も認められることでしょう。

自分の考えをつくり直すということは，いったんつくりあげた考えをつくり直すということです。知識との関係の成長は一本道ではなく，行きつ戻りつしながら進むものです。

自分の考えをつくりあげるというコミットメントへの成長まで進んでから，異なる考えに出会い，その考えをつくり直すよう成長することもあります。自分の考えをつくりあげるというコミットメントへの成長へと進んだところで，鋭い批判に出会って，関係論へと戻って自分の考えや根拠や議論を組み立て直すこともあるでしょう。多元論や関係論へ戻ることで，知識との関係の成長をより豊かに広げていくことができます。

したがって，自分の考えをつくり直すことになることは，けっしてネガティ

ブな出来事ではありません。自分の考えが正解か不正解かという価値観で見る
ならば，不正解を出してしまったように思えて，ネガティブな出来事に思える
かもしれません。しかし，そこまでにたどってきた過程でつくられた知識との
関係が全てなくなってしまうわけではありません。自分の思い込みを知識に
よって学びへ変化させていったのと同じように，自分の考えをつくり直すこと
で，自分の知識との関係にさらなる解放的な広がりをもたらしてくれます。

　学ぶということは，新たな知識を受け取って学ぶことだけを意味しているの
ではありません。これまでに身につけてきた知識を現実の経験と照らし合わせ
たり，他の知識と関係づけたり，別の見方をしてみたりして，学びほぐすこと
もまた学びなのです。このような意味の広がりを汲みとって学ぶためには，自
分の考えをつくり直すことまでを射程に収めた学習活動を息長くコントロール
していくことが大切となります。

　自分の考えをつくり直すに至る道のりでたどってきたことは，自分自身の糧
となっています。知識との関係のネットワークを豊かにしてきたことが，知識
との関係をつくるトレーニングになっています。また，それまでの蓄積が思わ
ぬところで生きてくることもあります。

　そして，そもそも，自分の考えをつくり直すところまで突き詰めたことに価
値があります。自分の考えをつくりあげる道のりでは，多かれ少なかれ，自分
の考えの自己破壊を経ています[47]。そのような自己破壊をくぐって学びを進め
ていくところに，学びの奥深さがあります。無理に自分の考えを破壊する必要
はありませんが，自分の考えをつくり直す局面に到達した際には，そこまでの
道のりにある価値を自分で認めるようにするといいでしょう。

④ 大学での学びの深さと広さを追求すること

　ここまで，知識との関係のコミットメントへの成長をレポートや卒業研究を
通じた成長として見てきました。しかし，大学での知識との関係の成長は，レ
ポートや卒業研究を仕上げることに尽きるものではありません。大学での学び
には，深さと広さがあります。深さと広さの両方を追求していくことが大学で
の学びの価値です[48]。

1. 大学の学びの深さと広さとは

　大学での学びの深さは，専門分野のレポートや卒業研究のように，専門分野の知識の学びを積み重ねた先で，自分で研究テーマを設定して，研究活動に取り組むことを通じて生み出されていきます。

　卒業研究では，幅広い分野を見てからテーマをつくっていきます。複数の知識のネットワークを探索しながら，自分の関心と結びつけて自分のテーマをつくり，知識を総合していく学びの集大成が卒業研究となります。そのテーマに関連する知識を深く理解し，調査や実験，考察しながら，自分の考えをつくりあげます。そしてまた，自分の考えをつくる型をつくっていきます。

　知識との関係では，知識を深める前に知識を広く学んで理解することが重要です。しかし，問いやテーマを設定したら，それ以降，知識の広がりが不要になるかといえば，そのようなことはありません。

　知識を深める前に知識の広さが求められますが，知識を深めている最中にも，知識の広がりを見渡すことで探究を下支えできます。また，知識を深め，自分の考えをつくりあげた後に，再び知識の広がりを見渡すことで，知識のネットワークが違ったように見えることもあるでしょう。そのような新たな広がりによって，さらに知識を深めるきっかけが見えることもあるでしょう。

　このように，知識の深さと広さは入れ子のように，両方を追求していくことが知識との関係の成長を生み出していく上で大切です。そのように両輪で追求してこそ，知識との関係の成長が人生の糧となるでしょう。

2. 教養知の学び

　学びの広がりを生み出すためには，教養知の学びが重要です。ここでは，教養知の学びについて，教養教育科目の学びとそこから生まれる学びの広がりに分けて見ていきましょう。

① 教養教育科目の学び

　教養知の学びは，教養教育科目の学びの中にあります。大学での学びは，1年生と2年生で教養教育科目を含めて広く学び，3年生と4年生で専門科目を

深く学び，集大成となる卒業研究を仕上げるとイメージされることがよくあります。

　しかし，少なくとも，教養知の学びを1年生と2年生の時だけに限る必要はありません。3年生と4年生の時期に学びの広がりを生み出していくことが重要となります。

　卒業研究を進めながら，これまで学んでこなかったような教養知を学ぶことで学びの広がりが生まれます[49]。就職活動を経た後で，自分の専門分野以外の学びを広げることは，卒業後の仕事や人生について考える機会となります。さらには，専門的な学びの卒業研究とは別に，教養知の学びの集大成としての卒業研究をつくるという可能性があります[50]。複数の教養教育科目の学びをまとめ，「市民としてどう生きるか」といった枠組みのもとで，問いを構造化し，教養教育科目の学びに基づく探究活動を展開して，自分の考えをつくりあげるという成長が可能です。

　教養教育科目の学びによって，自分の専門の学びの意味や価値を他の分野の視点から捉え直すことが可能となります[51]。自分の専門分野の知識が他の分野の知識と結びついていることに気づいたり，他の分野のアプローチを専門分野で学んできた考え方と比較して考えることができます。教養教育科目の学びには，自分の専門の学びを新たな視点から捉え直すという学びを生み出す可能性があります。

　知識との関係の広がりを生み出していくためにも，自分と知識との関係に広がりを生み出すような教養教育科目の学びが重要となります。大学での学びでは，自分の専門の学びを超えた広がりを学ぶことに価値があります。自分と知識の関係を広げていくよう，教養教育科目の学びの可能性を汲み取っていくことを目指していきましょう。

② 学びの広がりへの開放

　教養知の学びとは，教養教育科目の学びに尽きるものではありません。教養知の学びの本質は，異なる視点から眺めること，自分のこれまでの学びを相対化すること，そして新たな意味を見出していくことにあります。

　第一に，教養知の学びでは，異なる視点から新たな意味を探究します。教養

教育科目の学びでも，これまでかかわってこなかった他学部の学生と対話する機会があり，これまでの自分の考えと異なる考えに出会ったり，新たな考え方に出会うことへと開かれています。また，大学では，留学のように異文化を経験することを通じて，自分のこれまでの考えや学びを相対化する機会もあります。大学生の多くが留学を経験するわけではないにしても，異文化に触れる機会を通じて，自分の考えや知識を相対化する学びに開かれています。

　教養知の学びでは，専門の学びを深めることへ学びを閉ざすのではなく，知識の広がりに開かれていくことを追求します。それによって，知識の広がりに開かれた姿勢と知的な謙虚さを身につけていきます。そのような姿勢こそが，新たな知識と自分の考えを探究するための基盤となるでしょう。教養教育科目や専門科目で学び，知識を身につけ，深めた先でこそ，さらには大学を卒業した先でこそ，そのような姿勢が重要となってきます。

　第二に，教養知の学びでは，これまでの学びを相対化して新たな意味を探究していきます。

　1年生であれば，高校までの自分の学び方や考え方を捉え直していく機会とすることができるでしょう。本章の前半でも，高校での学びから大学での学びへの成長を見てきました。専門科目の学びを積み重ねている高学年の学生であれば，専門分野の学び方や考え方を新たな視点で見直す機会とすることができるでしょう。

　これまでの学びを捉え直すことは，学びほぐし（アンラーン）という概念によって捉えられています[52]。これまでの学びを捉え直す学びほぐしによって，新たな学びへの広がりが開かれていきます。

　教養知の学びでは，知識の多様さと広がりに触れること，そしてそこから自分の学び方や考え方を変えることができるということが重要です。このように考えや考え方，そして学び方を変えることができるということは，思考や学びの本来の自由を意味しています。思考や学びを変えることができるという自由こそ，大学の学びのもたらす重要な価値です。

　多くの卒業生から「大学時代にもっと学んでおけばよかった」という声を耳にします。その時に意味していることの1つは，卒業してから，大学の知の多様さと広がりの価値や自分の考えや学びを捉え直す学びほぐしの機会の価値が

見えてきたということでしょう。

　知識を積み重ねて掘り下げていく深化と広く見渡して探していく探索を両方追求することで，大学の学びの価値を存分に引き出すことができます。1つの専門分野において知識をもとに自分の考えをつくりあげることができるという成長に加えて，このように学ぶことを通じて自分で自分の学び方や考え方を再構築できるようになることが大切です。

3. 自分の考えをつくりあげることの意味

　知識との関係のコミットメントへの成長では，自分の考えをつくりあげることができるようになる成長を見てきました。自分の考えをつくりあげることは，知識を受け取るだけでなく，自分の気づきや感じたこと，興味関心をもとに自分で問いを立て，知識を関係づけ，自分で根拠をつくって自分の考えをつくりあげるということを意味していました。

　気づき，問いをつくり，知識と考えを関係づけながら，自分の考えをつくり，批判的に思考しながら根拠をつけていくという長い道のりをたどって自分の考えをつくりあげるというコミットメントの成長をしていきます。それは，「自分の考えはこれだ」と根拠を持って言えるようになるという成長です。

　このような自分の考えを根拠とともにつくりあげること，そしてつくり直していくことは，自分自身をつくることにつながっています。自分の考えをつくりあげていく時，自分の考えとともに自分の考えの支えとなる価値観も磨かれていきます。自分の考えに対して，「なぜ自分はそう考えるのか」と批判的に考え直していきます。そうすることで自分の考えとその根拠，そしてそれらを下支えする考え方としての価値観をつくりあげていくことができるでしょう。

　「自分の考えをつくる」ことは，互いに相容れない価値観を都合よく選びながら進めることができるものでありません。ある時は，格差を助長しかねない競争至上主義に賛成しておいて，またある時には平等が大事だから競争に反対するという具合に，自分の考えをつくっていくようでは，自分の考えを深く総合していくことにはならないでしょう。

　「自分の考えをつくる」ということには，その根拠を問い，根拠となる価値観をも問いながら，なぜその選択をするのかを問うていくことが含まれていま

す。「自分はなぜそう考えるのか？」という問いと向き合う時，その考えの根拠だけが問われているのではありません。その根拠を選ぶ自分の価値観，その価値観を選ぶ自分自身，自分がどうありたいかということを深く掘り下げて考えていくようにしましょう。

　このように，知識を関係づけて自分の考えをつくりあげることを進めていくと，自分自身をつくる成長につながっていくことが見えてきます。知識との関係の成長を自分自身をつくる成長へとつなげるように，大学での学びと成長をつくっていくことが大切です。

　卒業後も，学び続けることや学び直すことが重要とされる今日，大学での学びと成長において，自分の考えをつくりあげるという知識との関係の成長が自分自身をつくり，人生の糧となっていくのです。

■ 注

1) それは，情報の受信者ではなく生産者になるということでもあります。上野千鶴子（2018）『情報生産者になる』ちくま新書

2) 高校での学びでも，探究の学びが広がってきています。酒井淳平（2023）『探究的な学びデザイン　高等学校　総合的な探究の時間から教科横断まで』明治図書，藤原さと（2020）『「探究」する学びをつくる』平凡社，藤原さと（2023）『協働する探究のデザイン：社会をよくする学びをつくる』平凡社，河野哲也（2021）『問う方法・考える方法：「探究型の学習」のために』ちくまプリマー新書。ただし，受験や試験で評価され，正解に価値があるという価値観に訴求力があるため，ここでは，高校での学びを問題が与えられて正解を出す学びと表現しています。日本社会の教育の歴史から理解することができるでしょう。天野郁夫（2005）『学歴の社会史』平凡社，天野郁夫（2007）『増補・試験の社会史』平凡社，竹内洋（2016）『日本のメリトクラシー　増補版：構造と心性』東京大学出版会，苅谷剛彦（2014）『増補　教育の世紀：大衆教育社会の源流』ちくま学芸文庫

3) 広田照幸・伊藤茂樹（2010）『教育問題はなぜまちがって語られるのか？―「わかったつもり」からの脱却』日本図書センター

4) Science Technology Engineering Art Mathematics の接頭語の略です。ヤング吉原麻里子・木島里江（2019）『世界を変える STEAM 人材　シリコンバレー「デザイン思考」の核心』朝日新書

5) 新井紀子（2018）『AI vs. 教科書が読めない子どもたち』東洋経済新報社，新井紀子（2019）『AI に負けない子どもを育てる』東洋経済新報社

6) スポーツや芸術の上達についての研究から，なんとなく練習するのではなく，細かいところに注意を向けて集中する意識的な練習が上達の基本となることが明らかにさ

れています。上達は，学術概念としては，熟達と言います。学びの熟達のためにも，意識的な練習が不可欠です。A・エリクソン，R・プール（2016）『超一流になるのは才能か努力か？』（土方奈美訳）文藝春秋，M・サイド（2022）『才能の科学：人と組織の可能性を解放し，飛躍的に成長させる方法』（山形浩生・守岡桜訳）河出書房新社

7）アクティブラーニングの研究では，外化と呼ばれています。溝上慎一（2014）『アクティブラーニングと教授学習パラダイムの転換』東信堂

8）仕事で成果を出すチームには，心理的安全性があります。同じことが，大学で学ぶ際にも言えるでしょう。チームが機能する際に，心理的安全性が不可欠とする組織心理学研究とも呼応します。A・C・エドモンドソン（2014）『チームが機能するとはどういうことか——「学習力」と「実行力」を高める実践アプローチ』（野津智子訳）英治出版，A・C・エドモンドソン（2021）『恐れのない組織——「心理的安全性」が学習・イノベーション・成長をもたらす』（野津智子訳）英治出版。Google のチームについての興味深い調査結果については，以下を参照。P・F・グジバチ（2018）『世界最高のチーム——グーグル流「最少の人数」で「最大の成果」を生み出す方法』朝日新聞出版

9）Chickering, A., & Reisser, L. (1993) *Education and identity* (*2nd ed.*). San Francisco, CA: Jossey-Bass. p. 392

10）高校までの学びの中心的な価値観が社会から押しつけられているとすれば，その価値観と向き合い，脱却するような学びを高校までの学びの中で追求することが大切でしょう。

11）正解が不正解より優れているという考え方は，正解を導き出せる人が優れており，そうでない人は劣っているという考え方に通じています。結果，支配のヒエラルキーという順位の階梯に自分も他者も当てはめてみることになります。そのような支配のヒエラルキーは，自分も社会も不自由にしてしまいます。M・サイド（2021）『多様性の科学——画一的で凋落する組織，複数の視点で問題を解決する組織』（トランネット訳）ディスカヴァー・トゥエンティワン，J・ヘンリック（2019）『文化がヒトを進化させた——人類の繁栄と〈文化-遺伝子革命〉』（今西康子訳）白揚社

12）二元論は，物事を2つに分ける考え方で，二分法とも呼ばれます。二元論・二分法への抵抗について深く学ぶのであれば，正義とケアの二分法を深く考えることに挑戦してみることがいいでしょう。C・ギリガン（2022）『もうひとつの声で——心理学の理論とケアの倫理』（川本隆史・山辺恵理子・米典子訳）風行社，3章注52・53の文献も参照。

13）AIが進化する時代において，何が大切かを自分で選んでいくことがますます重要となってきています。松尾豊（2015）『人工知能は人間を超えるか——ディープラーニングの先にあるもの』KADOKAWA/中経出版，Y・ルカン（2021）『ディープ・ラーニング 学習する機械：ヤン・ルカン，人工知能を語る』（松尾豊監訳）講談社，T・J・セイノフスキー（2019）『ディープラーニング革命』（銅谷賢治監訳）ニュートンプレス，M・ミッチェル（2021）『教養としてのAI講義——ビジネスパーソンも知っておくべき「人工知能」の基礎知識』（尼丁千津子訳）日経BP

14) 藤田聡監修（2019）『眠れなくなるほど面白い 図解 たんぱく質の話』日本文芸社

15) アイデア出しの典型的な方法にブレーンストーミングがあります。ブレーンストーミングとは，次々に思いついたことを出すことです。ブレーンストーミングでは，他の人が出したアイデアを否定しないという原則で，楽しく自由に発想するように取り組みます。E・バークレイ，P・クロス，C・メジャー（2009）『協同学習の技法：大学教育の手引き』（安永悟監訳）ナカニシヤ出版，E・バークレイ，C・H・メジャー（2020）『学習評価ハンドブック：アクティブラーニングを促す50の技法』（吉田塁監訳）東京大学出版会

16) S・ドーリー，S・ウィットフト〔2012〕『MAKE SPACE メイク・スペース スタンフォード大学ｄスクールが実践する創造性を最大化する「場」のつくり方』（藤原朝子訳）CCCメディアハウス，B・ロス（2016）『スタンフォード大学ｄスクール 人生をデザインする目標達成の習慣』（庭田よう子訳）講談社，J・ガレフ（2022）『マッピング思考——人には見えていないことが見えてくる「メタ論理トレーニング」』（児島修訳）東洋経済新報社

17) 川喜田二郎（2017）『発想法 改版——創造性開発のために』中公新書。発散と収束を繰り返してアイデアを出していく思考法は，今日のデザイン思考と呼ばれる思考法に通じており，今日の新しいイノベーションを生み出していく方法として注目されています。T・ブラウン（2019）『デザイン思考が世界を変える〔アップデート版〕：イノベーションを導く新しい考え方』（千葉敏生訳）早川書房。また，アート思考やアートから考えていく対話型鑑賞という方法にも注目が集まっています。末永幸歩（2020）『「自分だけの答え」が見つかる13歳からのアート思考』ダイヤモンド社，P・ヤノウィン（2015）『学力をのばす美術鑑賞 ヴィジュアル・シンキング・ストラテジーズ：どこからそう思う？』（京都芸術大学アート・コミュニケーション研究センター監訳）淡交社

18) ブレーンストーミングをするときは，いきなり複数人でアイデア出しをするとそれほど有効ではないことが明らかにされています。一人一人個別にアイデアを広げてから，集まって，そこからさらに広げることで発散とアイデア出しを効果的に行なうことができます。そして，そもそも何を考えないといけないかという課題の枠自体を広げて発想していくことができると，創造的にアイデアを出していくことができます。S・アイエンガー（2023）『Think Bigger「最高の発想」を生む方法——コロンビア大学ビジネススクール特別講義』ニューズピックス，M・サイド（2021）前掲書

19) 問いを立てることは，生き方や新規事業創造まで奥深く広がりのある営みです。宮野公樹（2021）『問いを立てること』ちくま新書，上野（2018）前掲書，2章注40の文献も参照。

20) 後藤一成（2024）『最新のスポーツ科学で強くなる！』ちくまプリマー新書

21) H・グレガーセン（2020）『問いこそが答えだ——正しく問う力が仕事と人生の視界を開く』（黒輪篤嗣訳）光文社，D・ロススタイン，L・サンタナ（2015）『たった一つを変えるだけ——クラスも教師も自立する「質問づくり」』（吉田新一郎訳）新評論，W・バーガー（2016）『Q思考——シンプルな問いで本質をつかむ思考法』（鈴木立哉

訳）ダイヤモンド社，安斎勇樹・塩瀬隆之（2020）『問いのデザイン：創造的対話のファシリテーション』学芸出版社，鈴木有紀（2019）『教えない授業——美術館発，「正解のない問い」に挑む力の育て方』英治出版

22) リアクティブ型で問いを持って思考することは，アウトサイドインの思考法と対応し，プロアクティブ型で問いをつくって考えることは，インサイドアウトの思考法に対応します。アウトサイドインとインサイドアウトについては，第4章で説明していきます。溝上慎一（2023）『インサイドアウト思考——創造的思考から個性的な学習・ライフの構築へ』東信堂。また，リアクティブ型とプロアクティブ型という2つの問いを持つ型は，ばらばらなものではなく，2つの型を行き来しながら問いと探究を発展させていくものです。書籍から受け取ったり，講義で知識を受け取ったりするリアクティブ型の問いから思考を進めて，自分から発するオリジナルな問いを生み出していくこともあるでしょう。自分から発したオリジナルな問いについて考えを進める際には，情報検索や授業の知識を手がかりとし，疑問を持ちながら自分で考えて進めていくことが必要となるでしょう。上野（2018）前掲書，宮野（2021）前掲書，2章注40の文献も参照。リアクティブ型とプロアクティブ型の区別は，経営学や組織心理学で議論されてきました。古川久敬・山口裕幸（2012）『〈先取り志向〉の組織心理学：プロアクティブ行動と組織』有斐閣。また，アイデンティティ形成理論においても活用されています。J・E・コテ，C・G・レヴィン（2020）『若者のアイデンティティ形成——学校から仕事へのトランジションを切り抜ける』（河井亨・溝上慎一訳）東信堂

23) 学習についての研究は，以下の文献で学べます。P・ブラウン，H・ローディガー，M・マクダニエル（2016）『使える脳の鍛え方——成功する学習の科学』（依田卓巳訳）NTT出版，U・ボーザー（2018）『Learn Better——頭の使い方が変わり，学びが深まる6つのステップ』（月谷真紀訳）英治出版，B・キャリー（2015）『脳が認める勉強法——「学習の科学」が明かす驚きの真実！』（花塚恵訳）ダイヤモンド社，今井むつみ（2016）『学びとは何か——〈探究人〉になるために』岩波新書，鈴木宏昭（2022）『私たちはどう学んでいるのか：創発から見る認知の変化』ちくまプリマー新書，大島純・千代西尾祐司（2019）『主体的・対話的で深い学びに導く学習科学ガイドブック』北大路書房

24) R・サットン（2002）『なぜ，この人は次々と「いいアイデア」が出せるのか』三笠書房

25) T・S・クーン（2023）『科学革命の構造　新版』（青木薫訳）みすず書房，野家啓一（2021）『パラダイムとは何か——クーンの科学史革命』講談社学術文庫

26) 創意に富んだビジネスパーソンの特徴の1つが「問うスキル」にあるという研究結果も頷けるところです。J・ダイアー，C・クリステンセン，H・グレガーセン（2021）『イノベーションのDNA　新版』（櫻井裕子訳）翔泳社

27) 「問いのフィールド」という呼び名，作業の進め方，問いの型を示すというアイデアは，以下の文献から学んだことです。戸田山和久（2022）『最新版 論文の教室：レポートから卒論まで』NHKブックス

28) 溝上慎一（2018）『アクティブラーニング型授業の基本形と生徒の身体性』東信堂，

溝上慎一監修（2016-2017）『アクティブラーニング・シリーズ』東信堂

29）鳥飼久美子・苅谷夏子・苅谷剛彦（2019）『ことばの教育を問いなおす』ちくま新書，寺沢拓敬（2020）『小学校英語のジレンマ』岩波新書，G・ワイナー（2019）『脳が認める外国語勉強法』ダイヤモンド社，今井むつみ（2020）『英語独習法』岩波新書

30）上野（2018）前掲書

31）本質的な問いという考え方は，教育学の中で培われてきました。G・ウィギンズ，J・マクタイ（2012）『理解をもたらすカリキュラム設計――「逆向き設計」の理論と方法』（西岡加名恵訳）日本標準，奥村好美・西岡加奈恵（2020）『「逆向き設計」実践ガイドブック』日本標準

32）西岡加奈恵（2016）『教科と総合学習のカリキュラム設計―パフォーマンス評価をどう活かすか』図書文化

33）西林克彦（2005）『わかったつもり　読解力がつかない本当の原因』（光文社新書），C・チャブリス，D・シモンズ（2014）『錯覚の科学』（木村博江訳）文春文庫，S・スローマン，P・ファーンバック（2021）『知ってるつもり　無知の科学』（土方奈美訳）ハヤカワ文庫

34）批判的思考をどう定義するかにも批判的な議論が行われていますが，以下の文献が優れた入門書となっています。楠見孝・道田泰司編（2015）『批判的思考：21世紀を生き抜くリテラシーの基盤』新曜社，L・ジェーン，E・レイノルズ，B・ジャッジ，E・マックリーリー，P・ジョーンズ（2019）『大学生のためのクリティカルシンキング：学びの基礎から教える実践へ』（楠見孝・田中優子訳）北大路書房。また，次の文献も，何が事実かを考えるという点で役に立ちます。H・ロスリング，O・ロスリング，A・ロスリング・ロンランド（2019）『FACTFULNESS ― 10の思い込みを乗り越え，データをもとに世界を正しくみる習慣』（上杉周作・関美和訳）日経BP社，S・リッチー（2024）『Science Fictions　あなたが知らない科学の真実』（矢羽野薫訳）ダイヤモンド社

35）根拠と妥当な推論によって，自分の考えを説得していくことを論証といいます。複数の異なる考えを突き合わせて対話的に論証していくことで，自分の考えをつくっていくことができます。松下佳代（2021）『対話型論証による学びのデザイン―学校で身につけてほしいたった一つのこと』勁草書房，S・トゥールミン（2011）『議論の技法―トゥールミンモデルの原点』（戸田山和久・福澤一吉訳）東京図書，坂本尚志（2022）『バカロレアの哲学―「思考の型」で自ら考え，書く』日本実業出版社。2章注34の文献も論証について解説してあるので参照してください。また，論証を理解し，書き始めるために，アーギュメントという方法を習得するとよいでしょう。以下の文献を参照。阿部幸大（2024）『まったく新しいアカデミック・ライティングの教科書』光文社

36）学習についての研究では，学習者の捉え方を知識の受容器から知識の構築者へと転換してきています。米国学術研究推進会議編（2002）『授業を変える―認知心理学のさらなる挑戦―』（森敏昭・秋田喜代美監訳）北大路書房，全米科学・工学・医学アカデミー編（2024）『人はいかに学ぶのか：授業を変える学習科学の新たな挑戦』（秋田喜

代美・一柳智紀・坂本篤史監訳）北大路書房

37) レポートを作成する際には，以下の文献を参考にするといいでしょう。戸田山
（2022）前掲書，阿部（2024）前掲書，河野哲也（2018）『レポート・論文の書き方入
門 第4版』慶應義塾大学出版会，井下千以子（2019）『思考を鍛えるレポート論文作
成法 ［第3版］』慶應義塾大学出版会。2章注19・27・34・47の文献も参照。

38) 学習科学・認知科学・心理学では，メタ認知と自己調整学習という概念によって研
究されています。バリー・J・ジマーマン，ディル・H・シャンク（2014）『自己調整
学習ハンドブック』（塚野州一・伊藤崇達監訳）北大路書房，L・B・ニルソン（2017）
『学生を自己調整学習者に育てる：アクティブラーニングのその先へ』（美馬のゆり・
伊藤崇達監訳）北大路書房，J・ハッティ，G・イエーツ（2020）『教育効果を可視化
する学習科学』（原田信之他訳）北大路書房。メタ認知については1章注3を参照。

39) P・スティール（2016）『ヒトはなぜ先延ばしをしてしまうのか』（池村千秋訳）CCC
メディアハウス，R・A・ポルドラック（2023）『習慣と脳の科学——どうしても変え
られないのはどうしてか』（児島修訳）みすず書房，W・ウッド（2022）『やり抜く自
分に変わる 超習慣力：悪習を断ち切り，良い習慣を身につける科学的メソッド』（花
塚恵訳）ダイヤモンド社

40) T・S・マラニー，C・レア（2023）『リサーチのはじめかた——「きみの問い」を見
つけ，育て，伝える方法』（安原和見訳）筑摩書房。研究の世界でも，先行研究の
ギャップを埋めるアプローチがよくとられますが，「それはあまりイノベーティブで
クリエイティブな研究にはならない」ということが指摘されています。M・アル
ヴェッソン，J・サンドバーグ（2024）『面白くて刺激的な論文のためのリサーチ・ク
エスチョンの作り方と育て方 第2版：論文刊行ゲームを超えて』（佐藤郁哉訳）白桃
書房，佐藤郁哉（2024）『リサーチ・クエスチョンとは何か？』ちくま新書

41) 卒業研究についての研究の1例として，以下の研究があります。山田嘉徳（2019）
『大学卒業研究ゼミの質的研究—先輩・後輩関係がつくる学びの文化への状況的学習
論からのアプローチ—』ナカニシヤ出版

42) ワークショップデザインの知識も学びます。山内祐平・森玲奈・安斎勇樹（2021）
『ワークショップデザイン論 第2版』慶應義塾大学出版会，安斎・塩瀬（2020）前掲
書

43) W・B・シャウフェリ，P・ダイクストラ（2012）『ワーク・エンゲイジメント入門』
（島津明人・佐藤美奈子訳）星和書店，A・B・バッカー，M・P・ライター編（2014）
『ワーク・エンゲイジメント—基本理論と研究のためのハンドブック』（島津明人監
訳）星和書店，島津明人（2014）『ワーク・エンゲイジメント ポジティブメンタルヘ
ルスで活力ある毎日を』労働調査会

44) 河井亨（2014）『大学生の学習ダイナミクス—授業内外のラーニング・ブリッジン
グ』東信堂

45) A・ダックワース（2016）『やり抜く力 GRIT（グリット）——人生のあらゆる成功
を決める「究極の能力」を身につける』（神崎朗子訳）ダイヤモンド社。本を読み通す
こともまた，「やり抜く力」を鍛え，人生を耕すことへと通じています。出口治明

（2015）『人生を面白くする　本物の教養』幻冬舎，出口治明（2019）『本の「使い方」１万冊を血肉にした方法』KADOKAWA

46）軌道修正することも大切です。C・ハース，D・ハース（2013）『スイッチ！』（千葉敏生訳）ハヤカワ文庫，E・フォックス（2023）『SWITCHCRAFT　切り替える力：すばやく変化に気づき，最適に対応するための人生戦略』（栗木さつき訳）NHK出版

47）千葉雅也（2020）『勉強の哲学　来たるべきバカのために　増補版』文春文庫

48）深く掘り下げる深化と広く探していく探索という考え方は，個人のアイデンティティ形成と組織のイノベーションに共通して重要なダイナミクスです。組織論の古典から学ぶと奥深さを理解できると思います。C・A・オライリー，M・L・タッシュマン（2022）『両利きの経営（増補改訂版）—「二兎を追う」戦略が未来を切り拓く』（入山章栄監訳，渡部典子訳）東洋経済新報社，ジェームズ・G・マーチ，H・A・サイモン（2014）『オーガニゼーションズ　第2版—現代組織論の原典』（高橋伸夫訳）ダイヤモンド社

49）専門の学びの中でも，境界を超えて横断的に知識を創造することを追求しています。教養と専門を二項対立のように考える必要はありません。

50）東京科学大学の前身の1つ東京工業大学では，リベラルアーツの卒業論文という取り組みがあります。池上彰・上田紀行・伊藤亜紗（2021）『とがったリーダーを育てる—東工大「リベラルアーツ教育」10年の軌跡』中公新書ラクレ

51）小林康夫・船曳健夫編（1994）『知の技法：東京大学教養学部「基礎演習」テキスト』東京大学出版会，戸田山和久（2020）『教養の書』筑摩書房，教養教育研究会（2024）『現代社会を拓く教養知の探究』晃洋書房

52）長岡健（2021）『みんなのアンラーニング論　組織に縛られずに働く，生きる，学ぶ』翔泳社，松尾睦（2021）『仕事のアンラーニング—働き方を学びほぐす』同文館出版，B・オライリー（2022）『アンラーン戦略—「過去の成功」を手放すことでありえないほどの力を引き出す』（山内あゆ子訳）ダイヤモンド社，中村正（2024）「学びほぐしと教養の知—臨床の知と教養の知の交差をとおした社会人の学び」教養教育研究会編『現代社会を拓く教養知の探究』晃洋書房．pp. 167-187

第 3 章

他者との関係の成長

　大学生の学びと成長の中で，他者との関係の成長と聞いて，どのような成長が思い浮かぶでしょうか。

　大学での学びと成長を通じて，新しい経験へ一歩踏み出し，新しい人と出会い，他者との関係が広がっていきます。大学生活を通じて，卒業後も続く大切な人間関係が築かれることもあります。大学では，知識を身につけることだけでなく，他者との関係を通じても学び，成長していきます。

　他者と出会い，かかわり，一緒に活動する中で，どのような学びが生まれるでしょうか。また，他者とかかわることを通じて，どのような成長が生まれるでしょうか。本章を読み進め，他者との関係の成長を理解し，自分自身の他者との関係の成長を生み出していきましょう。

大学では，より広く新しい世界で，他者との関係をつくっていきます。大学では，学業だけでなくサークルや部活動，アルバイトや留学，ボランティアといった課外活動にも取り組みます。友人と遊びに出かけたり，飲食を共にしたり，語り合ったりするなどの交流を通じて他者との関係をつくっていきます。大学生活では，授業だけでなく課外活動を通じて，今まで出会ったことのない人たちとのたくさんの出会いがあります。大学の中では多様な人たちと出会うでしょうし，大学の外にも活動範囲が広がっていきます。広く新しい世界で様々な他者とかかわり，経験を積み，関係をつくって成長していきます。

　大学生活では，自分で選択して決めていく経験を積み重ねていきます。例えば，どのようなサークルに入るかやどのようなアルバイトを経験するかを自分で決めます。そして，サークルや部活動，アルバイト，留学，ボランティアといった課外活動にどのように取り組んでいくかも自分自身で決めていくことになります。大学生活の中では，こうした経験を通じて多様な人たちと出会い，活動に共に取り組んだり，コミュニケーションをとる中で，他者と関係をつくっていきます。それは知識との関係の成長と同じく，大学生の大切な学びと成長です。

　大学での他者との関係の成長は，より広く新しい世界へ一歩踏み出し，他者とかかわり，その経験から学び，他者との関係をつくっていくという成長です。ここでまず，他者とのかかわり，経験，関係という他者との関係の成長を理解するための３つのキーワードについて説明します。「他者とのかかわり」とは，自分と他者との間で行なわれるコミュニケーションや一緒に取り組む活動などを含んでいます。そのような具体的な他者とのかかわりが「経験」となります。そして，他者とのかかわりと経験が積み重なっていくことで，「他者との関係」がつくられていきます。他者との関係では，他者とのかかわりとその経験から，他者とよりよい関係をつくっていくという成長をしていきます。

　他者との関係の成長のポイントは２つです。１つ目は，他者とのかかわりとその経験を通じた学びです。その学びには，具体的な他者とのかかわりの経験をふりかえって省察する学びや，それらの経験と学びを全体として統合し，他者とのかかわり方をつくるという経験を土台にした学びがあります。みなさんもこれまで，たくさんの他者とのかかわりを経験しているでしょう。そこでは，

うまくいった経験もあれば，うまくいかなかった経験もあるでしょう。そうした自分の他者とのかかわりや経験をふりかえって考えて省察し，自分にとって，他者とのどのようなかかわり方がよりよい関係なのかを学んでいきます。

　2つ目のポイントは，他者との関係をつくるということです。他者との関係は，具体的なかかわりの経験を通じてつくられるとともに，他者とのかかわり方を学びながらつくっていくものです。他者とのかかわり方は，経験を通じてつくられるばかりではなく，他者とのよりよいかかわり方やよりよい関係がどのようなものかを考え，その考えをもとに実際に他者とかかわって関係をつくっていくという側面があります。

　他者とのかかわり，その経験から学ぶこと，そのような経験を通じてかかわり方を学ぶこと，そして他者との関係をつくっていくことという経験は，大学時代の重要な学びと成長となりますが，大学時代に限らず生涯を通じて学び成長させていくことができるものです。

　本章では，他者との関係の成長について，「二元論から多元論」，「多元論から関係論」，「関係論からコミットメント」という3つの局面で整理していきます。他者との関係の成長では，先に挙げた3つのキーワード「他者とのかかわり」，「経験」，そして「他者との関係」が重要な役割を果たします。

　他者との関係の成長の「二元論から多元論」への成長は，他者とのかかわりや経験に対して受動的な状態から，新しい経験へと一歩踏み出すことで，他者との関係が広がっていくという成長を意味しています。そして，他者との関係の「多元論から関係論」への成長は，一歩踏み出したことで広がった経験を関係づけることができるようになるという成長を意味しています。他者との関係の「関係論からコミットメント」への成長は，他者との関係の中で自分自身が何を大切にしたいかや自分にとっての他者とのよりよい関係を探究しながら他者とのかかわり方を築いていくという成長を意味しています。

　本章では，他者との関係の成長について，「二元論から多元論」，「多元論から関係論」，「関係論からコミットメント」のそれぞれについて，具体的な他者とのかかわりや経験のエピソードを事例として示し，他者との関係における成長がどのようなものかを解説していきます。

1 他者との関係の「二元論から多元論」へ
新しい経験と人との出会いに向けて

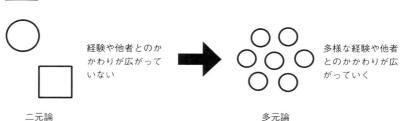

　大学での学びと成長において，他者との関係の二元論から多元論への成長とは，新しい経験や他者との出会いを十分に経験しておらず，新しい経験と他者とのかかわりに受動的な状態（二元論）から，多様な人とかかわり，新しい経験をすることで，多様なかかわり方に気づき，他者との関係が広がっていく状態（多元論）への成長を意味します。本節では，他者との関係の二元論から多元論への成長を見ていきます。

　他者との関係の二元論から多元論への成長は，他者とのかかわりを通じた成長です。大学では，一歩踏み出してさまざまな活動に参加し，他者とかかわり，経験を積むとともに，他者との関係を広げて成長していきます。大学では，サークルや部活動，アルバイト，ボランティアといった課外での活動に参加する機会があります。高校時代よりも，活動範囲が広くなっていきますし，授業の他にも，課外での活動を通じて学び成長していくことができます。

　大学内での新たな出会いや，大学の外での活動によって，多様な人々と出会うこともできるでしょう。同世代の人たちだけでなく，異なる世代の人や，異なる文化や背景を持つ人と出会い交流することもできるでしょう。みなさん自身の挑戦によって，さまざまな出会いと交流を通じて，他者の考えや行動を知り，自分の視野や世界を広げていくことができるようになります。

　大学に入学したばかりの頃は，大学生活は未知の世界で，どのように行動し

たらいいかわからず，受動的になることもあるかもしれません。不安があって
も，新しい経験はワクワクするところがありますし，自分を成長させてくれる
ものです。不安がありながらも，一歩踏み出し，障壁を乗り越えていくことで，
一歩ずつ他者との関係を広げていくことができます。

　他者とのかかわりでの新しい経験に，身近なところから経験しています。自
分の育った地域から離れて進学した学生は，入学してすぐの新入生同士のかか
わりの中で，それまでとは異なるコミュニケーションに驚くことがあります。
それまで経験してきた他者とのコミュニケーションとの違いに驚いたり，戸
惑ったりします。例えば，関西の外から関西圏に進学すると，関西弁のスピー
ドや関西のノリに驚き，関西出身の学生が東京に進学すると今までのコミュニ
ケーションの仕方が通じないということもあるようです。

　こうした学生同士の身近なかかわりにおいても，コミュニケーションの違い
を実感し，多様なコミュニケーションを経験します。多様な他者とかかわり，
他者のことを知り，多様なかかわり方に気づくようになります。習慣や間，ス
ピードといったコミュニケーションの違いからも学びが生まれます。他者とか
かわることがなければ，知ることのなかった世界が広がっていきます。このよ
うな学生同士の身近なかかわりには，他者との関係が広がるきっかけがありま
す。学生同士のかかわりからも，多様な他者とかかわり，新しい経験を積み，
他者との関係が広がっていくという多元論へと成長していきます。

　では，さらに具体的に二元論から多元論への成長とはどのようなものかを
サークルとアルバイトの事例をもとに見ていくことにしましょう。

1 他者とのかかわりを通じた成長

1. サークル

　大学に入学し，サークル活動に参加することは，高校時代までとは異なる新
しい経験へと一歩踏み出す経験となります。サークル活動に参加すると，多様
な他者とのかかわりを経験していきます。多様な他者とのかかわりを通じて，
人間関係が広がるとともに，多様なかかわり方に気づきます。このような他者

との関係が広がる成長が他者との関係の多元論への成長となります。

　大学では様々なサークル活動が行なわれています。テニス，野球，サッカー，ダンスといったスポーツ系のサークル，軽音やバンド活動といった音楽，茶道といった文化・芸術系のサークル，学術サークルなど多様な活動を見つけることができます。サークル活動は，学生が主体となって運営されています。サークル活動では，主にサークルの中の他の学生とかかわります。その中にも，先輩とのかかわり，同学年の学生とのかかわり，後輩とのかかわりといったかかわりがあります。同じサークルの中でも，出身地や学部，関心，コミュニケーションの仕方といった違いがあります。学生が主体となって運営されているサークル活動では，先輩たちに方針や活動の仕方を教えてもらいながらサークル活動に参加していきます。先輩や同学年の学生とかかわりながら，目標に向かって一緒に活動に取り組みます。

　例えば，ダンスサークルに初心者として参加する学生の場合，ダンスの練習を積んでうまくなるよう頑張っていきます。先輩や同級生のダンス経験者に教えてもらうというコミュニケーションをしながら，サークル活動に取り組んでいきます。サークル活動を通じて，練習を積む中で，楽しさを見つけたり，苦手なことを努力して克服し，ダンスの力量を磨いていくという成長をします。

　また，サークル活動の中では，先輩や同学年の学生とサークル活動のこと以外にも多様なかかわりをします。先輩からは，授業やゼミ選択，就職活動やアルバイトについてなど広く大学生活の過ごし方について教えてもらいます。同学年の学生とは，授業以外の時間を一緒に過ごしたり，話し合ってかかわります。一緒に活動する仲間と日常の話で盛り上がったり，練習終わりに一緒にご飯に行ったり，互いの誕生日をお祝いしたりするといったかかわりを積み重ねて関係を深めていきます。サークル活動に加えて，いろいろなかかわりとコミュニケーションから，人間関係が広がり，多様なかかわり方に気づくという成長をしていきます。

　そして，サークル活動では，目標に向かって一緒に活動に取り組む中で，与えられた役割に取り組み，サークル活動に慣れ，楽しむようになります。サークル活動に慣れてくるにつれて，自分がしなければいけないことや役割に気づいたり，自分のできることや果たすべき役割，自分の取り組みたいことや挑戦

したいことを見つけたりします。サークル活動に取り組む中でも一歩踏み出して新しいことに挑戦し，新しい経験を積んでいきます。サークル活動の中で，活動を楽しみ，夢中になって取り組む経験を通じて成長していきます。実際に仲間とともに経験を積み重ね，仲間との関係が深まり，互いを認め合える信頼関係が生まれていきます。

　先ほどのダンスサークルの活動の例でいえば，自分たちの中で互いにダンスを見るだけでなく，複数のグループが合同で開催するイベントのような機会もあります。イベントで外部の人の前で披露するというプレッシャーがあり，なかなか準備が進まないという難しさに直面したりしながらも，チームで一体となって取り組めるようコミュニケーションを取り合ってイベント当日のパフォーマンスをやり遂げた時には，達成感を経験することができます。ふりかえって見れば，ドタバタしていた途中のプロセスにも充実感を見出すことができるでしょう。平坦ではない活動の日々を経ながら，互いの尊敬できるところを見出し，信頼関係がつくられていきます。

2. アルバイト

　大学生活では，経験を積むためや旅行や遊びのお金を稼ぐためといった様々な目的でアルバイト活動に取り組みます。学生のみなさんが取り組むアルバイトはとても多様で，飲食店やアパレルなどの接客業，塾講師や家庭教師といった教育の仕事，イベントスタッフなどそれぞれの関心に応じて多様なアルバイト活動に従事しています。アルバイトでは，同じ大学内の人々とかかわるだけでなく，大学外の人々とかかわります。仕事の上司や先輩・同僚・後輩，接客業であればお客さんといった多様な人たちとのかかわりがあります。

　アルバイトでは，与えられた仕事に取り組むことになります。最初は，上司や先輩から指示されたことに取り組みますが，はじめから全てを指示通りに的確にできるわけではありません。慣れない仕事を教えてもらいながら，はじめは指示されたことを的確に実行することに注力して取り組みます。仕事を繰り返して経験を重ねる中で，失敗も経験しながら，仕事に慣れていき，仕事への取り組み方を理解することができます。

　仕事に慣れてくると，言われたことだけでなく自分なりに工夫し，同僚やお

客さんが求めていることを考え，それまでの仕事から一歩踏み出して取り組むこともできるようになります。同僚やお客さんとのコミュニケーションを工夫したり，効率の良い方法を見つけて取り組んだり，自分のアイデアを提案したりして取り組むといったようにアルバイトの中で一歩踏み出して仕事に取り組んでいくことができるようになるでしょう。新しく同僚となる後輩が入ってきた際には，自分が教えてもらった経験と自分の経験を踏まえ，後輩に教えることもできるでしょう。アルバイトでは，仕事を通じて他者とかかわり，自分のできることが増えるとともに，他者とのよりよいかかわりやコミュニケーションを模索し，同僚や上司やお客さんといった他者との関係を広げて多元論へと成長していくことができるでしょう。

　例えば，飲食店のホールでアルバイトをする学生は，多くの場合，その仕事を未経験なところからスタートするので，注文の取り方などの仕事を先輩や上司に教えてもらいながら覚えていきます。お客さんに向けた挨拶から注文の仕方，敬語などのコミュニケーションといったお客さんとの接し方まで，会社やお店の方針に沿って，ふるまうことが求められます。一通り教えてもらって，実際にお客さん相手に接客する経験を積んでいきます。お客さんとのかかわりを積み重ね，相手の求めることに応えることができた経験やうまく応えられなかった経験をしながら，どういったかかわり方がいいかを模索していきます。実際にお客さんに対応する経験を重ねていく中で，職場で求められる挨拶の仕方や注文の取り方，受けた注文をキッチンで働く人への伝え方，お客さんと話す際の言葉遣いや接し方といった様々な接客業の基本的なコミュニケーションを学び習得していきます。仕事を積み重ねながら，上司や先輩との関係，同僚との関係，お客さんとの関係の中でコミュニケーションを工夫しながら模索し，他者との関係を広げて成長していくことができるでしょう。

2 他者との関係の多元論への成長で大切なこと

　ここまで，他者との関係の二元論から多元論への成長では，サークル活動やアルバイトの経験の事例から，新しい経験へと一歩踏み出し，そこで多様な他者と出会い，かかわり，多様なかかわり方に気づき，他者との関係が広がって

いくことを見てきました。他者との関係の多元論への成長では,「一歩踏み出す」ことが鍵を握ります。ここでは,「一歩踏み出す」ことについて,その難しさやどうしたら「一歩踏み出す」ことができるようになるかについて考えていきたいと思います。

1. 一歩踏み出すこと

　他者との関係の多元論の成長に向けて「一歩踏み出す」こととは,新しい経験に一歩踏み出し,新たな人々との出会いやかかわりを経験していくことを意味しています。「一歩踏み出す」ことには,2つの種類があります。

　1つ目は,今まで経験したことがない活動に参加するという意味での「一歩踏み出す」ことです。具体的には,大学に入学してから新しいサークルやアルバイト,ボランティア活動を始めるといったように,新しい活動に参加するという一歩を踏み出すことがあります。

　他者との関係の二元論は,新しい経験や他者との関係に対して受動的な状態です。そこから「一歩踏み出す」ことがないと,新しい他者との出会いやかかわりといった経験が生まれず,他者との関係も広がっていきません。そこから一歩踏み出して,これまでとは違った新しい環境に身を置き,新しい活動に参加し,他者との新たなかかわりやコミュニケーションをしていくことで,他者との関係が広がる多元論へと成長していきます。他者との多様なかかわりを経験し,多様なかかわり方に気づいたり,知ったりして新しい経験を積み重ねて成長していきます。それは今までの慣れ親しんだ環境や活動（コンフォート・ゾーンといいます）から一歩踏み出し,自分にとっての挑戦領域（ストレッチ・ゾーンといいます）へ進み,今までより広い世界を経験するという成長です[1]。

　「一歩踏み出す」ことは,未経験の新しい活動に挑戦するということだけではありません。2つ目の「一歩踏み出す」ことは,新しい活動に慣れていくとともに,その活動の中でさらに「一歩踏み出す」ことです。具体的には,サークル活動に慣れてきて自分から新たな役割を果たすように取り組んだり,アルバイトに慣れてきて自分なりに工夫してコミュニケーションするといったことです。新しい活動の経験に「一歩踏み出す」ことに加えて,その活動の中でさ

らに新しい経験へと「一歩踏み出す」ことで成長していくことができます。

　しかし，「一歩踏み出す」ことは簡単なことではありません。「一歩踏み出すこと」ができるようになるために，ここではまず「一歩踏み出すこと」の難しさに気づき，なぜ難しいのかを説明します。その上で，「一歩踏み出すこと」の難しさの根本にある要因についても掘り下げて考えていくことにしましょう。

2.　一歩踏み出すことの難しさに気づき，理解する

　「一歩踏み出す」ことができるようになるためには，その大切さを理解するだけでなく，その難しさをしっかりと認識する必要があります。自分の大学生活をふりかえり，これまでの経験の中で「一歩踏み出す」経験があったかどうか，どのような時に「一歩踏み出す」ことができたかを考えてみてください。

　まず，1つ目の「一歩踏み出す」こと，すなわち今まで経験したことのない新しい活動に挑戦することの難しさについて見ていきます。大学に入学してすぐであれば，サークルやアルバイトに勧誘してもらい，「一歩踏み出す」ことを助けてもらうといったこともあるでしょう。かかわる人々に助けてもらいながらであっても，サークルや部活動，アルバイト，ボランティアといった課外活動に新たに参加する時には，緊張したり，不安になります。また，新しい活動に参加してみないとわからないけれど，自分にできるかどうか，自分に合っているかどうかや，一緒に活動していく人たちとうまくやれそうかどうかということも気がかりです。このように新しい経験や出会いと他者とのかかわりには不安や気がかりなことがあり，一歩踏み出す時には勇気やエネルギーが必要となります。

　次に，2つ目の「一歩踏み出す」こと，すなわち新しい活動に慣れていくとともに，その活動の中でさらに新しいことに取り組むことの難しさについて見ていきます。私たちは，日々の暮らしの中で自分の現在の思考や行動を強化して習慣化しています。そうして自分の現在の思考や行動が一番うまくいくように新しい環境に適応します。慣れ親しんだ環境や活動というコンフォート・ゾーンの中にいると自分のこれまでの思考や行動のパターンを繰り返してしまい，新しい行動を起こしたり，変化を生み出したりすることが難しくなります[2]。

一歩踏み出すことの難しさには，さらに加えて，２つの難しさが結びついた難しさがあります。その難しさとは，新しい環境に慣れると，別の新しい活動へ「一歩踏み出す」ことが難しいということです。大学生活の場合では，大学生活の中で，授業やサークル活動，アルバイトに慣れてきた時，そこから新たな活動へと「一歩踏み出す」ことが難しいということです。大学生活には新しい出会いがたくさんあり，様々な人々とかかわることで世界が広がるということを理解していても，実際に次々に新しい機会に「一歩踏み出す」ことができる学生ばかりではありません。頭で理解していることと実際の行動にはギャップがあるものです[3]。

このような新しい活動や出会いに向けて「一歩踏み出すこと」の難しさについては，大学生を対象にした調査からも見えてきます[4]。この調査では，将来こういうふうでありたいという将来の見通しと現在の行動について，大学生の意識を調べています。この調査からは，将来の見通しを持ち，現在するべきことを実行に移すことができている実感のある学生は５人に１人か多くて４人に１人という結果が明らかとなりました。それ以外の学生は行動に移せていない，一歩踏み出せていないと感じていると推測できます。実際，将来の見通しを持っていない学生と，その見通しに向けて何をすべきかをわかっていない学生をあわせると，およそ全体の３分の２近くに及んでいることも明らかになりました。その割合は，１年生に限らず，３年生でも，同じ程度の割合となっています。３年生になったからといって，「一歩踏み出す」ことができるようになっているわけではないということが読み取れます。「一歩踏み出す」ことは，１年生にとっても，高学年の学生にとっても同じように難しいものなのです。

3. なぜ一歩踏み出すことが難しいのか

それでは，なぜ「一歩踏み出す」ことが難しいのかを掘り下げて考えていきます。ここでは，２つの要因を見ていきます。

まず，１つ目に，これまで経験したことがないことに対しては，自信を持つことが難しく，どうしても受け身となってしまいます。少しずつ経験を積み重ね，できることを増やしていく中で自信を持つことができるようになるでしょう。多くの学生は，経験を積み重ねていくことで，主体的に自信を持って一歩

踏み出すことができるようになります。したがって，これまで経験したことがない活動や領域に対しては，「一歩踏み出す」ことが難しくなります。

　2つ目に，相手にどう思われるのかと周囲の目を気にしてしまったり，自分と他人を比較してしまうという要因があります[5]。学生同士で活動していると，自分の知識や能力についてまわりからどう思われているかという不安やプレッシャーを感じることもあるようです。自分から発言や行動をする前に自分とまわりの学生を比較してしまい，発言や行動を控えることもあるでしょう。また，まわりの学生のすごいところにばかり目がいってしまい，自分と他人の比較にとらわれてしまうこともあるかもしれません。

　このような不安やプレッシャーは，自分の知識や能力を低く評価されたらどうしようという感情からやってきます。その感情の源泉には，自分の能力を自分で低く評価してしまい，決めつけてしまうという考え方があります。日々の活動の中で，この考え方にとらわれてしまうと，自分の能力を低く評価することが習慣になってしまい，新しい挑戦へ一歩踏み出すことが難しくなってしまいます。このような考え方にとらわれていると，知識との関係の二元論において正解か不正解かにとらわれて知識との関係が広がっていかないのと同様に，新しい経験や他者との出会いに対して一歩踏み出していくことが難しくなります。

　経験したことがないことへと一歩踏み出すことの難しさについては，経験を積んでいく中で克服されていきます。それに対して，自分の能力を低く評価して決めつけてしまったり，自分と他人との比較にとらわれてしまって「一歩踏み出す」ことが難しいことについては，意識して考え方を変化させることが必要となります。そのような自分自身への評価や決めつけというとらわれから自由になることは簡単ではありませんが，本章を読んでいく中できっかけや手がかりをつかんでいってもらえたらと思います。

4. 「能力は変化するし，自分で成長させることができる」という考え方へ

　他者との関係の成長では，自分と他人を比較してしまったり，自分の能力を低く評価して決めつけてしまったりする考え方にとらわれないようにすることが大切です。そのために，能力について，「能力は変化するし，自分で成長させ

ることができる」という考え方に変えていきましょう[6]。

　この考え方に立てば，新しい経験は，能力を伸ばし，自分を成長させる機会と捉えることができます。うまくいかなかったことや失敗と思える経験は，今の自分と向き合う学びの機会です。今の自分の「できること」と「まだできないこと」を理解し，これから「できるようになりたいこと」を見つけていく機会でもあります。このように新しい経験を学びの機会と捉えていくことで，うまくいかなかった経験から何を学んでいくか，どう改善したり，工夫することができるかと前向きに考えていくことができます。

　「能力は自分で変化・成長させることができる」という考え方を持つようにしましょう。新しい経験と他者とのかかわりに前向きになって，自分のできる形で新しい一歩を踏み出していくことが大切です。そのような考え方で行動するよう挑戦するためには，例えば，大学の中で今まで話したことのない人と話すことや，今まで交流したことのなかった人と新たにかかわる機会に出かけることもいいでしょう。今まで実行に移すことができていなかった体験に挑戦してみることも新しい発見や気づきがあります。日々の大学生活の中で，他者との出会いや経験から感じたことや気づきを大切にしましょう。他者との関係の成長では，挑戦したいと思えることを大切にし，喜びや楽しいといったポジティブな感情，さらには誇りや感謝といったポジティブな感情とともに新しい行動や挑戦へと一歩踏み出していきましょう。

　ただし，一歩踏み出す時にはポジティブに考えるだけでうまくいくわけではありません[7]。ポジティブな楽観主義で長期的な計画や目標を考えると，それだけで満足してしまって現実の行動につながらないことがあります。同時に，ポジティブに展望を思い描くだけだと，現実から逃避してしまったり，すべきことから目を背けることになったりして，都合の良い現実だけを見てしまい，非現実的な楽観主義になってしまうという落とし穴があります[8]。目の前の困難や逆境を直視し，都合の良くない現実や結果にも目を向けることが必要です。楽観主義で長期の展望を広げ，そこで手にする未来にポジティブな想像を広げつつ，そこに至るまでの道のりや待ち構える障壁については徹底した現実主義で考えていくということが，困難な状況や課題を乗り越えて進むためには大切です[9]。

他者との関係の成長で「一歩踏み出す」ためには，その難しさについて理解した上で「能力は変化・成長させることができる」という考え方を持ち，新しい経験と他者との関係に向かって現実の行動に移すことが大切です。長期の展望を広げ，新しい挑戦にワクワクする気持ちと，現実に待ち構える困難や障壁を直視する姿勢で一つ一つ新たな経験と他者とのかかわりへと広げていきましょう。

2 他者との関係の「多元論から関係論」へ
他者との関係を深めるには？

 多様な経験や他者とのかかわりが広がっていく

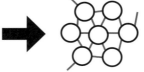 経験や他者との複数のかかわりを関係づけていく

多元論　　　　　　　　　関係論

　他者との関係の多元論から関係論への成長とは，新しい経験や多くの人とのかかわりへ一歩踏み出して関係が広がっていく状態（多元論）から，他者とのよりよい関係に向けて，経験を関係づけて，よりよいかかわり方を探究することができるようになる状態（関係論）への成長です。他者との関係の関係論への成長では，一歩踏み出したことで広がった経験を関係づけて省察（リフレクション）できるようになり，他者とのかかわり方について考え方が深まったり，他者との関係がつくられながら成長していきます。他者との関係における関係論への成長では，他者とのかかわり方を学びながら，自分から他者との関係をつくっていくという成長をします。本節では，他者との関係の多元論から関係論への成長を見ていきます。

　他者との関係の多元論から関係論への成長においては，経験をふりかえって考える省察（リフレクション）が重要な役割を果たします。省察は，リフレクションという概念として研究され，専門性を開発する重要な役割を果たす活動として注目されています[10]。リフレクションすることができるようになるという成長によって，大学生活の学びと成長とその先の仕事での活躍につなげていくことができるでしょう。ここからは，リフレクションという言葉を使っていきます。

　他者との関係の成長におけるリフレクションとは，他者とのかかわりや経験

をふりかえって，経験からの気づきを引き出し，そこで何が起きていたのかを考えたり，何がうまくいったのかや何がうまくいかなかったのか，そしてなぜうまくいったのかやなぜうまくいかなかったのかを掘り下げて考えていく活動を意味しています。

　他者との関係の関係論への成長では，他者とのかかわりをリフレクションできるようになることが重要です。他者とのかかわりの中でも，特にコミュニケーションとリーダーシップについて，経験を関係づけてリフレクションしていくことによって，他者との関係の関係論へと成長していくことが可能となります。

　本節では，まず，他者との関係の関係論への成長におけるコミュニケーションとリーダーシップについてのリフレクションを通じた成長を事例やワークを交えながら見ていきます。そして，リフレクションを実際に行なっていく際のポイントをまとめていきます。

■1 コミュニケーションについてのリフレクションを通じた成長

1. コミュニケーションの能力について

　大学生の学びと成長にとって，コミュニケーションの能力は重要な位置を占めています。大学生が身につける能力をまとめた社会人基礎力や学士力のリストの中には，コミュニケーションの能力が挙げられています[11]。

　実際に，卒業が近い学生たちに，大学時代に身についた力を尋ねると，多くの学生はコミュニケーション力が身についたと答えます。学生たちのいうコミュニケーションの能力の中身とは，自分の意見を言えるようになったことや効果的に議論を活性化できるようになったこと，そして相手の話を深く理解できるように聞くことができるようになったことや効果的な質問ができるようになったといったことです。

　コミュニケーションの能力は，多様な意味合いを持っています。コミュニケーションとは，情報の伝達を意味しています。そして，情報の伝達には，言語情報と非言語情報による伝達が含まれます。言語情報による伝達とは，文字

通り，言葉を用いた伝達のことで，非言語情報による伝達とは，身ぶりや表情によって情報を伝えることを示しています。

　日本の学校教育の文脈では，思考力・判断力・表現力の育成が目指されており，その中でコミュニケーションの能力を育成することが重視されています。大学生の学びと成長にとっても，自己表現やプレゼンテーションといった発信による情報のアウトプットを通じて，コミュニケーションの能力を育んでいくことが目指されています。

　コミュニケーションの能力の育成を考える時に重要なことは，コミュニケーションには必ず相手がいるということです。一方的に自分の考えていることを発信したり，自分の意見を主張したりするだけでは，よりよいコミュニケーションとはなりません。聴き手や受け手の相手のことを考慮したコミュニケーションをとることが必要です。

　そしてまた，コミュニケーションの能力には，話す・書くといった発信する側の能力だけでなく，聴く・読むといった受け取る側の能力も含まれています。受け取る力と発信する力をともに身につけていき，他者とのよりよい関係をつくっていくためのコミュニケーションの能力を伸ばしていきます。

　このように，コミュニケーションの能力には多様な要素が含まれていますが，大切なことはその能力の具体的な中身です。コミュニケーションの能力の成長には，サークル活動の中で，グループで企画を進める際に，自分の考えや意見を発言できるようになることや，相手の発言をしっかりと受けとめて聞き，深く理解できるようになることがあります。他にも，積極的に発言する人だけでなく，意見をうまく言葉にできない人にも配慮できるようになり，お互いの立場や考えにリスペクトを持ってコミュニケーションできることも重要なコミュニケーションの能力の成長です。

　また，正課のプロジェクト型の学びを進める時に，一人一人の意見に耳を傾け，チームのメンバーがそれぞれの意見を出しやすくなるような場づくりをすることも大切なコミュニケーションの能力の成長です。自分と異なる考えや意見であったとしても，その違いから学び，対話やコミュニケーションを続けてよりよい関係を模索していくことでコミュニケーションの能力を伸ばすことができます。コミュニケーションの能力の中でも，円滑に話し合いが進むよう一

人一人の意見を引き出したり，率直に意見を出し合えるように話し合いの場を
つくるスキルをファシリテーションといいます。ファシリテーションは，プロジェ
クトの成果を生み出し，チームワークを活性化するために重要なスキルです[12]。

　このように，コミュニケーションの能力には，多様な要素が含まれています。
いろいろな機会と経験を通じて，自分に合ったコミュニケーションの能力を伸
ばしていきましょう。他者とよりよい関係をつくることができるようなコミュ
ニケーションの能力を伸ばしていってほしいと思います。

2. コミュニケーションについてのリフレクションの方法
―聴き方ワークを事例として

　他者との関係の関係論では，コミュニケーションについてのリフレクション
を通じて成長します。そのリフレクションでは，自分のコミュニケーションの
複数の経験を関係づけて考え，自分の聞き方や話し方といったコミュニケー
ションの仕方のいいところや改善した方がよいところを理解していきます。こ
のようなリフレクションを通じて，自分にとってのよりよいコミュニケーショ
ンに向け，自分の考えを深めていくことができます。このようなコミュニケー
ションを通じた成長は，他者との関係の関係論にとって重要となってきます。

　コミュニケーションについてのリフレクションをどのように進めるかを紹介
するために，「聴き方ワーク」を例として説明していきます。すでに述べたよ
うに，コミュニケーションには，話すことだけでなく，聴くことが含まれてい
ます。ここでは，コミュニケーションの中でも，話すことよりも聴き方に注意
を向けていきます。「聴き方ワーク」の学びは，自分の聴き方をリフレクショ
ンし，より良い聴き方とはどのような聴き方なのかを探ることを目的としてい
ます[13]。

① 聴き方ワークの流れ

　「聴き方ワーク」では，4人でグループを組み，1人が話す役割を担当し，他
の3人は聞き役となります。話し手は，アルバイトや部活動，サークル，授業，
そのほかの日常生活で最近頑張っていることを2-3分間話します。聴き役は，
話している内容を受けとめて受容的に聴く役割，リアクションをできるだけせ

ずに無反応で聴く役割，スマートフォンを触るなどして注意散漫な様子で聞くという役割を分担します。聴き手の3人は，いずれかの役を担い，話し手が変わるたびに，聴き手の役割を交代しながら進めます。

　4人全員が話し終えたところで，お互いの聴き方について気づいたことやよかったところを伝えてフィードバックするようにします。この時には，「相手にうなずきや相槌があると話しやすい」といった話し手の立場からの気づきや，「目を合わせたり，相槌を打ったりすると興味を持って聴くことができ，話している内容がよく理解できる」といった聴き手の立場の気づきが出てきます。また，自分は普段通りに聞いていたつもりが，「いいところでうなずいてくれて，話しやすかった」といったフィードバックをもらい，自分の聴き方のいいところに気づくといったことも経験します。また，このワークを通じて自分自身の普段の聞き方について，真剣に聞いているつもりが「相手からは怖い」と言われるという悩みが出され，他の学生から「ちょっとしたうなずきや笑顔を交えると話しやすくなるよ」や「アイコンタクトを少し短めにするようにしてみては」といったアドバイスをもらうという交流が見られます。

　お互いへのフィードバックを終えた後，ワークの経験とこれまでの日常生活の経験を合わせて，「よりよい聴き方とはどのような聴き方か」を話し合い，考えてもらっています。話し合いからは，「頷くことや相槌，アイコンタクトが話し手にとって話しやすいこと」や「相手の話に興味を持って聞くことが大切」，「相手の立場に立つことが重要」といった考えが出されます。続けて，聴くというコミュニケーションについてのリフレクションをどう深めたらいいかを説明していきます。

② 「聴き方ワーク」から聴くことについて掘り下げて考えていく

　「聴き方ワーク」では，聴くというコミュニケーションについてリフレクションし，聴くとはどういうことかを理解できるよう学んでいきます。聴くことについて理解することは，コミュニケーションについて考える上で大切であり，コミュニケーションのリフレクションにとって必要です。聴くということには，相手の話を受け取って理解するということだけでなく，積極的な傾聴や会話の相手に問いかけるといった能動的な行為を含んでいます。聴くというこ

とは，受動的な行為というより，能動的な行為として理解しておくことが重要です。

コミュニケーションのリフレクションのためには，自分の経験を関係づけ，複数の問いを組み合わせて多角的に考えていくことが必要です。聴き方ワークの場合に即して見ていきましょう。

聴き方ワークでは，「どのように聴くとよいか」という問いによる話し合いを行ないます。学生たちの話し合いからは，うなずくことやアイコンタクトの重要性という聴く姿勢に関する意見が出され，「相手の立場に立つことが大切」という結論が導き出されます。この結論で考えることを終わりにするのではなく，さらに議論を促しています。

授業では，「どうすれば相手の立場に立つことができるか」と「相手の立場に立ったつもりになっていないか」という2つの問いを投げかけ，相手の立場に立つとはどのようなことかという議論を促していきます。

「相手の立場に立ったつもりになっていないか」という問いからは，相手の立場に立つことが難しいことを理解していきます。私たちは，相手の立場に立っているつもりになりやすいということを出発点として考える必要があります[14]。自分と異なる立場の人と同じ状況になることは難しい場合が多く，全く同じように考えることは難しいものです。自分が「相手の立場に立って聴く」ことを意識したとしても，自分の価値観に基づいて聴くことになり，無自覚のうちに偏った聴き方をしてしまう可能性があります。「相手の立場に立って聴く」ことを意識するだけでなく，自分自身の見方の偏りや思い込み，固定観念を問い直すことにも意識を向けましょう。そして相手の立場に立ったつもりになっていないかを批判的に吟味しながら，相手の価値観や考えに基づいた聴き方を目指していくことが大切です。

その上で，「どうすれば相手の立場に立つことができるか」という問いに立ち返って考えていきます。相手の立場に立つためには，エンパシーが重要です。共感の中でも，エンパシーと感情移入は異なります。エンパシーは，自分とは異なる立場の人，自分とは異なる考えの人に対して，その人の立場に立って感情を考える知的な作業を意味しています。単なる感情移入は，バランスの取れた議論や理解を妨げることすらあります[15]。感情移入ができればそれでいいと

いうものではありません。他者について，知識をもとに考え想像していくことが必要です。このようなエンパシーは，単に感情が動くということではなく，相手を思いやることや配慮することのように，実践を意味しており，鍛えることで伸ばすことができる力だと捉えられています[16]。そして，知識のないところでは想像力は働かないことから，エンパシーを働かせるためにも，世界で起きている出来事やその歴史・文化・科学についての知識が必要となってきます。日常のコミュニケーションを考える時も，社会問題について考える時でも，エンパシーを働かせて主体的に考えていくことが大切です。

③「聴き方ワーク」の学びを経験学習に照らし合わせて理解する

　この「聴き方ワーク」の学びは，経験学習となっています。経験学習とは，自分の経験をふりかえってリフレクションし，その経験について分析し，教訓を引き出し，次の経験に活かしていくというプロセスを通じて学んでいくものです[17]。コミュニケーションの仕方は変化・成長させることができるものです。このプロセスを学んでいくことは，コミュニケーションについてのリフレクションを深め，その仕方を変化・成長させていくために重要となります。ここでは，聴き方ワークの学びを経験学習の視点から説明していきます。

　経験学習でのリフレクションの際には，「何が起きたのか」「何をしたのか」「どのような人がかかわっているのか」「自分はどのような行動や発言をしたのか」「自分はどのような聴き方をしたのか」「かかわった人はどのような行動や発言をしたのか」「かかわった人はどのような聴き方をしたのか」と自分のコミュニケーションの経験を具体的に捉えます。

　次に，その場でのコミュニケーションが「なぜうまくいったのか」や「なぜうまくいかなかったのか」を分析し，どうすればうまくいくかについての教訓を導き出します。導き出した教訓は，その後のさまざまなコミュニケーションの実践の中で意識的に応用します。このような経験学習のプロセスを反復することは，よりよいコミュニケーションに向けた学びとなるでしょう。今後，みなさんが様々な経験を重ねていく中で，うまくコミュニケーションができなかったと感じるような場面も出てくるでしょう。そのように感じた時こそ，その経験をリフレクションし，次の実践に活かしていけるよう前向きに取り組ん

でいきましょう。また，うまくいった経験についてもリフレクションし，さらなる経験への自信としていきましょう。

　こうしたリフレクションは自分1人で行なうことで得られる気づきもありますが，他者と一緒に行なうことで得られる気づきもあります。聴き方ワークのように複数の人で行ない，お互いのいいところや改善できそうなところを伝え合うことも大切な学びとなります。私たちの普段の見方や振る舞いには，直観的で自動的に行なっているところがあります[18]。そのため，意識的にリフレクションの機会を設け，自分のコミュニケーションやかかわり方をゆっくりと見つめ直し，自分の思考や行動を客観的に捉えるようリフレクションする必要があります。ここで説明してきたようなリフレクションを習慣化できるよう，1つ1つの経験を考えていくようにしましょう。

　このように，日常の大学生活のコミュニケーションの中に他者とのかかわりを意識し，リフレクションする機会があります。コミュニケーションをリフレクションし，経験から学び，コミュニケーションを丁寧に思慮深く行なっていくことで，興味関心を広げ，他者への想像力を働かせたコミュニケーションができるよう少しずつ学んでいくことができます。日常のコミュニケーションの経験を具体的に捉え，他者とのかかわりを意識し，リフレクションできるようになることが他者とのよりよいかかわり方についての探究へつながり，他者との関係の関係論の成長となっていきます。

２ リーダーシップについてのリフレクションを通じた成長

1. リーダーシップの能力について

　リーダーシップの能力は，大学生が学び成長していく上で重要なものです。リーダーシップは，他者に働きかけることや影響を与えることといった意味合いで用いられます。リーダーシップの能力については，コミュニケーションの能力と同じく，社会人基礎力や学士力の中にも示されています。リーダーシップという言葉からは，サークルの代表や体育会の主将，ゼミのゼミ長といったリーダーの立場にある人が発揮できるものだというイメージを持っているかも

しれません。しかし，そのようなリーダーシップの解釈や捉え方は限定的なものです。リーダーシップの定義を広げて理解できるようにしていきましょう。

近年のリーダーシップ研究では，多様なリーダーシップの重要性が唱えられています。例えば，先陣をきって進む人を支えるリーダーシップ（サーバント・リーダーシップ），指示・命令するのではなく謙虚に問いかけるリーダーシップ，困難な課題に取り組む時に一人一人が力を発揮するリーダーシップ（適応的リーダーシップ），自己認識を深め，自分にも他者にも誠実に臨むという姿勢（オーセンティック・リーダーシップ），人々の間のよりよい関係性を育むこと（関係性リーダーシップ）といった多様なリーダーシップのあり方が認められてきています[19]。

大学生のリーダーシップの成長についての研究では，リーダーシップは，「人びとが共にポジティブな変化を成し遂げようとする，関係性と倫理性を持ったプロセス」を意味するものと定義されています[20]。二元論から多元論への成長のところで能力を自分で変化・成長できるものと捉えたのと同じように，リーダーシップについても，学習することができるものと捉えることが大切です[21]。

このような多様なリーダーシップについて，学生たちの具体的な活動に合わせて説明していきます。実際の学生生活の中では，体育会の部活動で選手の活動を支えるマネージャーやトレーナーの役割は，人を支えるサーバント・リーダーシップと捉えることができるでしょう。また，プロジェクトを進める学びにおいて，他者の話を丁寧に聞き，チームがプロジェクトを進める際にファシリテーションすることもサーバント・リーダーシップと見ることができるでしょう。アルバイトやピア・サポートで後輩に教える時には，的確に指示して教えることに加え，後輩の立場に立って支援する謙虚なリーダーシップが必要となります。相手の理解やできることを確認しながら，相手の立場に立ち，謙虚に問いかけながら相手を支えるという姿勢もリーダーシップの働きです。

サークルや部活動といった学生主体の活動を運営していくことは，マニュアル通りにやってうまくいくものではありません。マニュアル通りに取り組みうまく対処できる課題を技術的課題といい，複雑で予測困難な課題を適応的課題といいます。適応的課題に挑む時には，一人一人が適応的リーダーシップを発揮することが必要になります。同じように，プロジェクト型の学びで成果を上

げていくためには，一人一人の力を引き出す適応的リーダーシップが必要になります。

　また，リーダーシップは，人と人とのかかわりの中で互いに働きかけ影響を与え合う中で機能するものです。サークルや部活動，ボランティア活動，アルバイトといった学生たちがチームとなって取り組む活動では，一人一人のリーダーシップが相互に作用して進んでいきます。アイデアや意見を出してまわりを引っ張っていくことは大切なリーダーシップですが，自分のできることや与えられた役割と向き合って自己認識を深めるオーセンティック・リーダーシップや思いやりを持って他の仲間を気遣う関係性リーダーシップも同じくらい大切なリーダーシップだと捉えることができます。

　このようにリーダーシップは多面的な性格を持っています。他者との関係の成長では，他者との関係におけるリーダーシップをリフレクションできるようになるという成長が必要となってきます。いろいろな機会と経験を通じて，これまでリーダーシップとは思っていなかったことをリーダーシップとして捉え直し，自分なりのリーダーシップを探求していきましょう。自分はどのように他者に働きかけられてきたか，どのように他者に働きかけてきたかをふりかえり，自分なりのリーダーシップとはどのようなものかを考えながら，自分なりのリーダーシップをつくっていくことが大切です。

2. リーダーシップについてのリフレクションの方法
―「身についた力」を語り合うワークを事例として

　他者との関係論への成長ではまた，リーダーシップについてのリフレクションを通じた成長をします。そのリフレクションでは，自分のリーダーシップについて，これまでの複数の経験を関係づけて考えます。そこから自分のリーダーシップのあり方や他者への働きかけ方のいいところや改善した方がよいところを分析し，理解していきます。このようなリフレクションを通じて，自分なりのよりよいリーダーシップについて考えを深めていきます。

　ここでは，リーダーシップについての成長を理解していくために，「身についた力」を語り合うワークを紹介します。このワークでは，自分自身の経験に基づいて広く成長をふりかえり，「身につけてきた力」に気づき，言語化する

ことを目的としています。このワークを通じて学生は身についた力を言語化して語り合うことを通じて，自分がその力を身につけた経験や他者とのかかわり，多様な他者との関係を関係づけていきます。身についた力は，他者に働きかけていくことや他者との関係の変化に結びついており，先ほど説明したような多面的なリーダーシップとも結びついてくるものです。

「身についた力」を語り合うワークは，体育会やピア・サポート活動や学生団体で活動してきた３年生と４年生を対象に教職員チームの調査プロジェクトとして実施してきました。実際に行なった「身についた力」を語り合うワークショップには，異なる課外活動に取り組んできた３年生と４年生が参加し，飛行機研究会の会計担当の学生，将棋部の学生，ピア・サポート活動グループのサブリーダー，アメリカンフットボール部のマネージャーと学園祭を運営してきた学生といったように，幅広く課外活動に取り組む学生たちがのべ100名近く参加しました。

ここでは，これまでに実施してきた「身についた力」を語り合うワークでの経験をもとにし，実際の進め方や学生の反応を紹介し，リーダーシップのリフレクションを通じた成長について説明していきます。

①「身についた力」を語り合うワークの流れ

はじめに，２人から４人でグループをつくり，お互いの所属や活動について簡単に自己紹介します。お互いの状況を理解した上でワークに取りかかります。まず，語り合う前の準備として，学生はそれぞれ自分自身の大学生活をふりかえり，学生生活の中で特に印象深い他者とのかかわりやその経験からの成長を思い出し，その中で「どのような力が身についたのか」を書き出します。サークルや部活，アルバイトといった課外活動を通じて身についた力や交友関係の中で身についた力など，思い浮かんだものから順に書き出していきます。書き出す際には，付箋１つに１つの「身についた力」を書くようにし，マッピングして見やすいように紙に貼りつけます。身についた力は，「○○力」という表現になれば，どのような表現でもよいことにし，リーダーシップや主体性のように○○力という表現にならないものもよいことにしています。

その次に，自分が身についたと考える力がどのような力なのかを他の参加者

に向けて紹介します。1人が1つの力を30秒程度で話したら，次の学生の順番とし，話す順番を回しながら書き出した力を全て紹介するようにします。一通り紹介を終えたら，その中で自分にとって一番大事だと思う力を選び，身につけることができた経験やエピソードを語ります。お互いに感想を伝え，気になったことや疑問に思ったことについて質問して掘り下げていきます。

　この時大切なのは，他の学生が話をする際には，聴き手はうなずいたり，アイコンタクトをするなど，話し手に関心を持って聞いていることが伝わるように聴くことです。聴き方ワークでの学びを活かして取り組むようにしてください。また，他の学生の話を聴いて「いいな」と思ったことや「すごい」と感じたことを言葉にして伝えるようにしましょう[22]。できるだけ具体的にどんなことに「いいな」「すごい」と思ったのかを伝えるといいでしょう。話し手となる学生は，自分のことや自分の経験の価値に気づいていないことがあります。聴き手からの肯定的な反応をもらえることで，自分の経験や取り組んできたことの意味や価値を理解することができ，自信にしていくことができるでしょう。

　実際の「身についた力」を語り合うワークでは教職員がファシリテーター役を務めたり，学生同士がお互いにファシリテーターを担って進めるようにしていました。ワークに取り組む時には，お互いに他者の話に関心を持って聴くことができるよう交代でファシリテーターの役割を担うといいでしょう。そして，ファシリテーターとして他の学生の話を聴き，お互いの経験やエピソードを掘り下げていく際には，「どういった経験を通じてその力が身についたのか」「その力はどういう時に発揮されるのか」「身につく前と後でどこが違うのか」「これから，どんな場面でその力を発揮していきたいか」といった点について，エピソードをもとに具体的に質問していくようにしましょう。具体的に問いかけることで，相手の身についた力の言語化を促し，気づきをもたらすことができます。問いかけられる側にとっては，そのような問いかけは，問いかけられることで思考が動くきっかけとなり，考えていなかったことを考えるきっかけとなります。そしてまた，問いかける側にとっても，問いかけることによって，その問いから生まれるストーリーから学ぶことができます。謙虚な姿勢からいい問いかけができることは，相手の気づきを促すことであり，他者との関係にとって重要な成長です[23]。問いかけ合い，語り合うこと自体が，お互いの間の

関係をつくる大切なプロセスとなります。

② ワークでの学生の様子

　学生たちの「身についた力」とそれを身につけていくプロセスは一人一人に固有でオリジナルなものでした。「身についた力」とそのプロセスはそれ自体で価値があるものですが，そのことを言語化して自分の言葉で表現できることもまた重要な成長です。そして，実際の「身についた力」とその過程は多様なものでした。

　例えば，会計を務めた学生は，以前は Excel 等のソフトを用いてきちんと整理されていなかったところから，経費の管理をデータで行なう方法をつくりだしたことから，「仕組みづくりをする力」が身についたと語っていました。ワークの場で，本人は「地味な仕事」と謙遜してエピソードを語ってくれましたが，参加していた他の学生たちから「すごいこと」という称賛の声があり，認められたことによって喜んでいました。

　また，ピア・サポート団体でサブリーダーを務めていた学生は，「リーダーを補佐する力」の大切さを語っていました。リーダーが自分の想いや情熱で突っ走ってしまうような時，他の学生との方向性にギャップが生まれてチームが混乱してしまう時があります。そのような時，リーダーが孤立してもいけないし，他のメンバーの声をリーダーが聴かないこともよくないとして，リーダーと後輩をつないで調整することの大切さを強調していました。

　ラクロス部のトレーナーを務めていた学生は，大学に入学してから，テーピングの仕方を 1 から覚え，スポーツや栄養についての知識も学びながら，チームの勝利に向けて精一杯取り組んできたエピソードとともに，選手が試合にベストな状態で臨めるように準備する「段取り力」が身についたと語りました。学園祭の実行委員を務めた学生は，歴代最高の来場者数を目指して活動に取り組み，SNS の活用をはじめ新しい広報の仕方を工夫し，実際に来場者数が増加したエピソードを紹介し，広報で人を「魅きつける力」が身についたと語っていました。

　また，将棋部の学生は，地域の住民の方と接点を持ったことをきっかけに，地域の住民の方と交流する企画を立案し，実際に多くの参加者と和やかな交流

をできた経験を語りました。これまで行なったことのない企画を立案して実行し，多くの人を巻き込んだ交流を生み出し，「0から1を生み出す力」を身につけたと語っていました。

　ここで学生たちが「身についた力」と捉えていたこれらの力は，人を支えるという点ではサーバント・リーダーシップや謙虚なリーダーシップと結びついていますし，関係性を育む点では関係性リーダーシップと結びついています。また，困難な課題に取り組むために力を発揮する適応的リーダーシップや自己認識を深めていくオーセンティック・リーダーシップと結びつけて考えることもできるでしょう。リーダーシップは関係にかかわる多面的な性格があり，「身についた力」とそのプロセスのエピソードに結びつけて考えていくことができます。

　参加した学生からは，「お互いの活動と成長を知ることができてよかった」という感想が出ました。学生たちにとっては，同じ大学の同じキャンパスで活動していても，これまで他の課外活動とそこで活躍する学生がどのような活動をしているのかやどのように成長しているのかを詳しく知る機会はほとんどなかったため，他の学生の経験と成長を知ることができたこと自体が良かったと受けとめていました。また，「自分のエピソードを語った際に肯定的な反応をもらえたことが嬉しかったし，自信となった」という感想もありました。

　学生同士でお互いの活動とそこからの成長を言語化し，聴き合うことは，自分とは異なる課外活動の経験を聴くという学びになりました。自分のエピソードを語って言語化したことに肯定的なフィードバックを受けとると，これまでとは異なる視点で活動と成長を捉え直す機会となり，自信や活力，励みとなったのでしょう。実際，異なる課外活動に取り組んできた学生たちが，お互いの成長を語り合い，聴き合うワークショップは盛り上がり，「楽しかった」「元気になった」という感想も寄せられました。「身についた力」を語り合うワークは，参加して語り合ったこと自体が楽しく，語り合う学生同士の関係に活力をもたらし，自身の成長を引き出すポジティブな経験となっていました。

　「身についた力」を語り合うワークショップを通じて，学生は自分の「身についた力」とその成長を生み出した経験を言語化し，他の学生の経験から学ぶとともに，自分の「身についた力」の意義を認めて受け取ることができるよう

になっていきます[24]。自分の「身についた力」をリフレクションできるようになるという点で，他者との関係の関係論への重要な成長といえるでしょう。続けて，「身についた力」を語り合うワークをリーダーシップについてのリフレクションとして捉えていく視点を説明していきます。

③ 「身についた力」を語り合うワークをリーダーシップについてのリフレクションとして理解する

　「身についた力」を語り合うワークは，リーダーシップについてのリフレクションに結びつけて捉えることができます。リーダーシップは，リーダーの立場にある人だけのものではなく，全員が発揮することで機能するものです。先ほど，多様なリーダーシップの捉え方を説明し，「人びとが共にポジティブな変化を成し遂げようとする，関係性と倫理性を持ったプロセス」という定義を示しました。

　他者との関係の成長の多元論から関係論への成長では，他者との経験についてリフレクションできるようになることが重要です。リフレクションできるようになるとはどういうことかといえば，「身についた力」を語り合うワークの場合，身についた力について具体的な経験や他者とのかかわりを含めてエピソードとして言語化できるようになることを意味しています。そして，そのような「身についた力」を身につけてきたプロセスは自分なりのリーダーシップを育んできたプロセスと捉えることができます。そのようなプロセスに対して，本節で見てきたような多面的なリーダーシップの概念を用いて理解していくことが，自分の他者との関係のあり方を言語化してリフレクションしていくことができるようになる関係論への成長としての意義を持っています。

　課外活動を通じて「身についた力」を身につけてきたプロセスは，一緒に活動する仲間とかかわり合い，働きかけ合い，影響を与え合いながら，活動に取り組んできたものです。具体的な経験のエピソードを掘り下げる時には，「どのようなかかわりをしてきたのか」「どのように働きかけてきたのか」「どのような関係がつくられてきたのか」といったことを具体的に問いかけ，自分のリーダーシップの言語化と結びつけ，お互いの関係の中で成長につなげていきましょう。

自分のリーダーシップを言語化して捉えるには，自分の役割や働きの大切さを認め，後輩に何を残していけるのかという視点から考えるといいでしょう。自分の役割と同じ役割を引き継ぐ後輩に，その役割の大切さを伝えるには，自分がどのような思いで取り組んできたかとその役割の意義を考えることが必要になります。後輩に伝えることを意識することで，他者との関係に対する自分なりのリーダーシップを課外活動を通じてどう働かせてきたかを言語化していくようにしましょう。

　学生たちは，課外活動を通じて，多様な他者とかかわり，他者との関係に影響を与え，他者との関係に変化を生み出しています。そこには，それぞれの学生なりのリーダーシップが働いていると捉えることができます。どのようなリーダーシップなのかを自分なりの言葉で言語化し表現していくことが大切です。

　そのためにも，「なぜ」を用いて自分の経験を掘り下げて考えていくことが大切です。多様な他者とのかかわりについて，「なぜそのようにかかわったのか」や「なぜそのように働きかけたのか」を問いかけて考えていくようにしましょう。その問いへの答えが，自分の他者とのかかわり方を表しています。そして，そのような他者とのかかわり方が自分なりのリーダーシップとなっています。このように，複数の経験を関係づけ，自分なりのリーダーシップを言語化するようリフレクションして探究していくことを通じて他者との関係の関係論へと成長していきます。

　ここまで，他者との関係の関係論への成長にとって重要になるコミュニケーションとリーダーシップについてのリフレクションを通じた成長を見てきました。他者との関係の成長として，コミュニケーションやリーダーシップの能力を伸ばしていくためには，自分自身のコミュニケーションやリーダーシップに対して，経験に基づいてリフレクションを深めることが必要となります。以上を踏まえ，リフレクションの方法とポイントをまとめていきたいと思います。

❸ リフレクションの方法とポイント

　他者との関係におけるリフレクションでは，他者とのかかわりや経験をふり

かえります。リフレクションの目的は，経験の中の要素を関係づけ，経験の意味を理解することや，今後の自分の他者とのかかわりや日常生活に活かしていくことにあります。

1. リフレクションの2つの型

　他者との関係におけるリフレクションには，大きく分けると，1つ1つの経験の中の要素を関係づけていくリフレクションと複数の経験を横断して関係づけていくリフレクションという2つの方法があります（図3-1）。

　経験の中の要素を関係づけていく1つ目の型のリフレクションでは，1つの経験を掘り下げて意味を考えていきます。その時には，その経験の状況，かかわった人といった客観的状況から，自分の行動や発言，さらには自分の考え，感情や気づきといった主観的要素を素材として関係づけて考えていきます。

　経験を横断して関係づけていく2つの目の型のリフレクションでは，1つ1つの経験の中の要素だけでなく，複数の経験を対象に考えていきます。具体的には，サークル活動での経験の中の感情とアルバイトでの経験の中の感情と

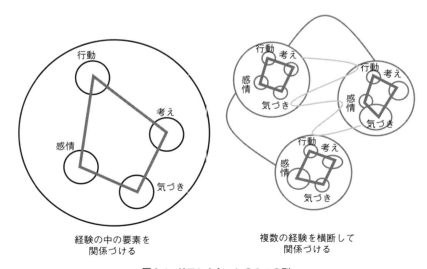

図3-1　リフレクションの2つの型

いったように，それぞれの経験の中の要素を関係づけます。また，ボランティア活動からの気づきと日常生活の中の自分の思考や行動を関係づけるといったように，複数の経験の中の異なる要素を結びつけて考えていくこともあります。さらに，自分自身の他者とのかかわり方のいいところについて，複数の経験を横断して共通しているところを統合的に考えるといった関係づけをすることもできるでしょう。

　続けて，それぞれのリフレクションを深めていく際のポイントを見ていくことにしましょう。1つの経験を掘り下げて関係づけるリフレクションのポイントには，①具体的に描写すること，②「なぜ」を掘り下げることという2つのポイントがあります。そして，横断して関係づけるリフレクションの時には，上の2つのポイントに加えて，③俯瞰することと，④かかわり方を探究することという2つのポイントがあります。

　では，どのようにリフレクションしたらいいか，ポイントを1つずつ見ていきましょう。

2. リフレクションの3つのポイント

① 具体的に描写する―どんな状況か，どんな経験か

　1つの経験をふりかえるリフレクションでは，経験を具体的に描き出すことがリフレクションを考えていくポイントになります。自分が経験したことを漠然と考えるのではなく，意識して言語化できるようになることが経験をもとにした成長にとって必要です[25]。

　経験を具体的に描写する際には，どのような状況だったか，いつ，どこで，誰がかかわっているかについて，客観的な状況から言語化するといいでしょう。次に，その状況における自分の行動（自分はどんなことをしたのか，どんな発言をしたのか，どんなことを聞いたのかなど）について，1つ1つ書き出していくようにしましょう。さらに具体的に描写するために，その状況での自分の感情や考えを思い出し，書き記すようにしてみましょう。自分の経験を具体的に描写する際には，自分自身がどう感じたかやふりかえった時にどのようなことに気づくかといったことを丁寧に記述しておくことが大切です。なぜなら，自分の感じたことや気づきを抜きにしてしまうと，表面的なリフレクションに

なってしまうからです[26]。

　また，他者とのかかわりについて具体的に描写するためには，自分の行動や考え，感情に加え，その場面でかかわっていた相手の行動や発言を書き出すようにします。実際の相手の行動や発言を思い返すだけでなく，相手の感情や考えを想像し考えるという想像力が必要となってきます。

　経験を具体的に捉えていくための問いには，次のような問いがあります。自分にとって重要な経験を思い出し，次の問いを考え，経験からの気づきを引き出していきましょう。

- 状況の描写：いつ，どこで，誰がかかわっていたか，どのような経緯があったか
- 人の言動：自分は何をしたか，何を発言したのか，相手は何をしたのか，どのような発言をしたのか
- 思考と感情：自分は何を考えたのか，何を感じたのか，（相手がいる場合）相手は何を感じていただろうか，何を考えていただろうか
- 結果：結果として何が起こったのか，良かったことと悪かったことは何か
- 気づき：この経験からどのような気づきが得られたか，どこからそう気づいたのか，今後，どうするか，何を変えるか[27]

②「なぜ」を掘り下げる

　1つの経験をふりかえるリフレクションの2つ目のポイントは，ポイント1で示したように，状況やそこにいる人や自分自身の行動や思考・感情という経験の要素を描き出したうえで，「なぜ」を用いた問いを考えていくことです。経験の要素に対して，「なぜ」を用いた問いを考えていくことによって，その経験が自分にとって持つ意味を理解し，経験の意味を豊かに引き出していくことができるようになります。

　経験の要素を具体的に描き出してから，「なぜ」を用いた問いを考えるという順序が重要です。経験の要素を十分に描き出すことをしないで，「なぜ」を用いた問いを考えても，十分に掘り下げることは難しいものです。「なぜ」を用いた問いとは，以下のようなものです。

- 状況の描写：なぜそのような状況になったのか
- 人の言動：なぜそのように行動したのか，なぜそのように発言したのか
- 思考と感情：なぜそのように考えたのか，なぜそのように感じたのか
- 結果：なぜそのような結果になったのか
- 気づき：そのような気づきが得られたのはなぜか

　このように「なぜ」を用いた問いを考える探究を通じて，自分の経験の意味を汲み取ることができるようになっていきます。自分の経験の大切な点に気づき，その経験の意味を発見し，リフレクションする前とは異なる新たな視点や考え方で自分の経験を捉えることができるようになっていきます。こうしたリフレクションによって，経験の意味を豊かに引き出していきます。

　「なぜ」を用いた問いを考えるリフレクションでは，「なぜ」を用いた問いを積み重ねていきながら，状況や結果，自分の行動や思考・感情と向き合って考えていきます。「なぜそのように行動したのか」という問いに対して，「それが正しいと考えたから」と答え，さらに「なぜそのことを正しいと考えたのか」と問うことができます。「なぜ」を用いた問いを積み重ねることで，自分の無自覚な思い込みや固定観念または価値観といった自分の言動や思考・感情の源泉を探していきます[28]。ただし，「なぜ」を用いた問いでは，「なぜできなかったのか」や「なぜあんなことをしてしまったのか」といったネガティブな方向性に引っ張られすぎないように注意してください。そのような時には，「何を変えたらうまくいったのか」や「どうしたらよかっただろうか」といった問いをリフレーミングして考えるようにするといいでしょう[29]。「なぜ」を用いた問いを考えることを通じて，自分の思い込みや固定観念，そして価値観から距離をとって向き合いながら，経験の意味を捉え直すようにしていきましょう。

　このように組み立てて考えていくリフレクションを通じて，自分の経験の意味を理解できるようになると，それまでとは異なる新たな見方や考え方に気づき，自分の思考や行動を変化させることができるようになってきます。「なぜ」を用いた問いを考えるリフレクションは，経験の意味を汲み取ることで，自分の思考や行動の変化につながるという意義があります。自分にとって重要な経

験をリフレクションする際には，自分の思考や行動の変化につながるところまで「なぜ」を用いた問いを重ねながらリフレクションするようにしていきましょう。1つ1つの経験をリフレクションし，経験からの気づきを引き出し，経験の意味を汲み取りながら，自分の成長につなげていきましょう[30]。

③ 俯瞰して関係づけること

　複数の経験を横断して関係づけるリフレクションを行なう際の3つ目のポイントは，複数の経験を俯瞰して関係づけることです。1つ1つの経験の中には，それぞれの状況に加え，自分自身の行動・考え・感情・気づき，そしてかかわる他者の行動・考え・感情・気づきといった様々な要素があることを見てきました。複数の経験を俯瞰し，横断して関係づけるということは，複数の経験の1つ1つについてそれらの要素を書き出した上で，それらの要素を関係づけて捉えることを意味しています。

　複数の経験を俯瞰して関係づける具体的な方法を見ていきましょう。まず，第2章の知識を関係づける際に用いた問いのフィールドで行なったように，それぞれの経験の要素を書き出してマッピングし，複数の経験の要素を一覧で見ることができるようにします。次に，複数の経験を横断して俯瞰し，経験の要素の共通点や違い，特徴的な点が何かを探り，自分自身の他者とのかかわりの傾向やパターンを理解していきます。そして，その共通点や違い，特徴的な点を分析しながら，自分のかかわりや経験のいいところや改善できそうなところについて言語化していきます。分析して言語化する際には，それぞれの共通点や違い，特徴的な点がどのように生じているのかやなぜ生じているのかを掘り下げて考え，自分のかかわりのいいところや改善できそうなところについて言語化していきます[31]。また，これまでの他者とのかかわりとその経験を俯瞰して分析する中で気づいたことや考えたこともあわせて，自分のかかわりのいいところや改善できそうなところについて考え，言語化してみましょう。

　このように複数の経験を横断し，俯瞰的に捉えて関係づけることで，自分自身の他者とのかかわりについて，少し距離をとって客観的に理解できるようになります。今後，他者とかかわっていく際に自信を持つことができるところや少し変えてみようと思うところが見えてくるでしょう。

④ かかわり方を探究すること

　複数の経験を横断して関係づける際の最後のポイントは，他者とのかかわり方について，どうありたいかを探究して考えることです。他者とのかかわり方とは，具体的な他者とのかかわりに共通して見られるパターンを生み出す姿勢や価値観を意味しています。この他者とのかかわり方の探究では，他者との個別のかかわり方についてのリフレクションを超えて，複数の経験を横断して，自分の他者とのかかわり方を考えていきます。

　他者とのかかわりやその経験をリフレクションしていくと，自分の他者とのかかわり方には，共通したパターンが見られることに気づきます。自分自身の他者とのかかわりに共通して見られるパターンは，自分が他者とのかかわり方でどうありたいかという姿勢や大事にしたい価値観から生み出されています。場合によっては，自分で意識的に選択したわけではない思い込みや固定観念，決めつけといったことが自分の他者とのかかわり方に影響していることもあります。したがって，自分自身の他者とのかかわり方がどのようなものか，どのような姿勢や価値観から生み出されているかを考えて探究することが大切です。

　自分の他者とのかかわり方を探究していく際には，「なぜ」を用いた問いによって掘り下げて考えていきます。自分のかかわり方のいいところや自信のあるところについて，なぜそのようなところをいいと思ったり，自信を持つことができるのかを考えてみましょう。また，うまくいかなかったかかわり方について，なぜ自分はそのようなかかわり方をしてしまったのかを考え，自分自身の思い込みや固定観念を探してみましょう。

　自分の他者とのかかわり方には，共通のパターンが見られることから，固定したパターンのように思われるかもしれません。確かに，自分はこうだからと決めつけたり，他人のせいにする他責思考や受け身で考えるだけでは，自分の他者とのかかわり方は変化しないでしょう。しかし，そのようなパターンは固定していて変化しないものではなく，自分が「いいな」と思うかかわり方をしている人を参考に自分の中でも試行錯誤していくことが必要です。他者とのかかわり方で繰り返し同じようなパターンでうまくいかなかった際にこそ，その結果に向き合い，自分自身のどのような姿勢や価値観からうまくいかなかったという結果が生み出されたかを考えていくことが必要です。

リフレクションの2つ目のポイントのところで，具体的な他者との個別のかかわりについて，「なぜ」を用いた問いから掘り下げて考えたように，複数の経験を横断した関係づけ，自分の他者とのかかわり方に対しての根拠を探究し，どうありたいかという姿勢や何を大事にしたいかという価値観を探していくことが大切です[32]。

4 他者との関係の「関係論への成長」で大切なこと

最後に，他者との関係の関係論への成長の中で大切なことをまとめたいと思います。他者との関係の関係論への成長では，他者とかかわる経験や他者との関係を関係づけて省察（リフレクション）できるようになり，他者とのよりよい関係に向けて，よりよいかかわり方を探究することができるようになるという成長をします。

他者との関係の関係論への成長では，第1に，他者との関係の多元論への成長のところで説明したように，「能力を成長させることができる」という考え方が引き続き重要となります。自分のコミュニケーションやリーダーシップの能力についても，固定して変わらないものではなく，学び成長させることができるという考え方で臨みましょう。自分のコミュニケーションやリーダーシップの能力を成長させることができるという考え方に立って，自分自身のコミュニケーションやリーダーシップについて考えていくことが大切です。

第2に，そのような考え方の変化のためにも，他者とのかかわりとその経験をリフレクションできるようになることが必要です。他者とのかかわりについてのリフレクションには，1つ1つの経験の中での行動や考え，感情や気づきといった要素を関係づけるリフレクションと複数の経験を横断して関係づけるリフレクションという2つの型があります。

2つの型のリフレクションは，リアクティブ型とプロアクティブ型という区別を用いて捉え直すことができます。この区別は，第2章では問いについての区別として見てきました。問いについてのリアクティブ型とは，知識や情報を受けて問いを立てる型であり，プロアクティブ型とは，自分から問いを立て，知識や情報を取り入れて探究していくという型でした。

同じように，リフレクションについてのリアクティブ型とプロアクティブ型
があります。リアクティブ型のリフレクションとは，新しい経験へと一歩踏み
出し，自分にとって重要だと思えるような経験をした時には，その経験を受け
たリアクションを起点として生じるリフレクションのことです。その経験の中
の思考や行動，感情や気づきといった要素を関係づけてリフレクションしてい
きます。その時には，自分にとって重要な経験をできるだけ具体的に描写し，
そこから「なぜ」を問うていくことがリフレクションのポイントです。

　プロアクティブ型のリフレクションは，複数の経験を横断し，自分から関係
づけていくリフレクションのことです。その際に，複数の経験を俯瞰して客観
視すること，そして自分の他者とのかかわり方のいいところや改善点を認識し，
自分なりのコミュニケーションと自分なりのリーダーシップをリフレクション
し，よりよいかかわり方を探究していくことがリフレクションのポイントです。

　リフレクションは，リフレクションしたからといって全てうまくいくという
ような万能薬ではありません。しかし，リフレクションなしでは，学ぶ機会を
見逃してしまいます。リアクティブ型とプロアクティブ型を組み合わせてリフ
レクションに取り組み，自分なりの他者とのかかわり方を学んでいくことが必
要です。他者との関係の関係論への成長においてリフレクションできるように
なる成長とは，自分のコミュニケーションやリーダーシップについて考えるこ
とに加えて，他者とのよりよい関係に向けた他者とのかかわり方を思慮深く探
究することができるようになることを含んでいます。他者とかかわる複数の経
験やその中の要素を関係づけてリフレクションし，他者とのよりよいかかわり
方を探究できるようになることが他者との関係の関係論への成長です。

　自分なりのよりよいかかわり方を探究することは，他者とのかかわりととも
に日々続けていくものです。他者とのよりよいかかわり方についての探究は，
卒業後の仕事や暮らしの中でも重要な課題となります。大学での学びと成長の
中で，他者との関係の関係論への成長へと進み，人生を通じてよりよい他者と
のかかわり方や働き方を摸索し，他者とよりよい関係をつくっていってほしい
と思います。

3 他者との関係の「関係論からコミットメント」へ
他者・社会との関係をつくる成長へ

経験や他者との複数のかかわりを関係づけていく

関係論

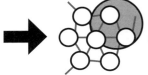
自分なりの他者とのかかわり方をつくる

コミットメント

　他者との関係の関係論への成長とは，積み重ねてきた経験や築いてきた関係を省察（リフレクション）し，他者とのよりよい関係に向けて，よりよいかかわり方を探究することができるようになる状態への成長でした。他者との関係のコミットメントへの成長は，リフレクションを深めることを通じて，他者との関係において自分が大事にしたいことを明確にし，他者とのかかわり方をつくりあげながら他者との関係をつくることができる状態への成長を意味します。ここでは，他者との関係における関係論からコミットメントへの成長を見ていきます。

　他者との関係の「関係論からコミットメント」への成長では，他者との関係において自分が大事にしたいことを明確にし，他者とのかかわり方をつくりあげていきます。コミットメントへの成長では，他者とのかかわり方をつくりあげること，チームや組織や社会との関係へと広げてリフレクションすること，そして関係をつくることという3つのポイントがあります。

　1つ目に，他者とのかかわり方をつくりあげるということは，他者とのかかわりの根本にある姿勢や価値観をリフレクションして考えていくことを必要とします。これまでの自分の他者とのかかわりをふりかえって，なぜそのようなかかわりをしたか，なぜそのようなコミュニケーションをしたか，なぜそのようなリーダーシップとなったのかを問いながら，自分が他者とかかわる際に何

を大事にしてきたかを考えます。また，これからの他者とのかかわり方として
どうありたいかや何を大事にしたいかを見通して考えていきます。

　２つ目に，他者との関係のコミットメントへの成長では，具体的な他者との
関係だけでなく，チームや組織や社会との関係へと広げてリフレクションする
ことが重要です。自分とチームや組織との関係，そして自分と社会との関係を
含めてリフレクションし，その関係において大事にしたいことを明確にしてい
きます。

　３つ目に，これまで示した２つのポイントを踏まえ，自分から他者との関係
をつくることがポイントとなります。自分から他者との関係をつくることは，
かかわる人々やチームや組織そして社会との関係において大事にしたいことを
明確にし，他者とのかかわり方を探究してつくりあげ，それとともに他者とか
かわっていくという自覚的で主体的な取り組みを意味しています。

　本節では，他者との関係のコミットメントへの成長において，①他者とのか
かわり方をつくりあげること，②チームや組織との関係，③社会との関係の成
長を見ていき，④他者との関係をつくることについての考察を掘り下げていく
ことにします。

　１　他者とのかかわり方をつくりあげること

　他者とのかかわり方は，自分が他者とかかわる際に共通して見られるパター
ンを意味しています。他者とのかかわり方をつくりあげるということがどうい
うことかを理解するために，ここではまず，「他者とのかかわり」，「経験」，「か
かわり方」，「関係をつくる」といった他者との関係の構成要素を整理し直して
おきたいと思います。

　本章の冒頭でこれらの構成要素の関係について説明したように，「他者との
かかわり」とは，自分と他者との間で行なわれるコミュニケーションや共に取
り組む共同的な活動などを含みます。そのような具体的な他者とのかかわりが
「経験」となっていきます。他者とのかかわりと経験が積み重なっていくことで，
「他者との関係」がつくられていくと捉えてきました。

　続けて，他者との関係のコミットメントの成長を理解する上で必要な「他者

とのかかわり方」と「他者と関係をつくる」ことについて説明していきます。「他者とのかかわり方」とは，他者との関係の関係論への成長のところで説明したように，自分が他者とかかわる際に共通して見られるパターンを生み出す姿勢を意味しています。「他者とのかかわり方」の姿勢は，他者とどのようにかかわりたいかや他者とのかかわりで何を大事にしたいかという価値観と結びついています。「他者とのかかわり方」は，自分が他者とかかわる際の姿勢や価値観を含むものと捉えていきます。

　最後に，「他者との関係をつくる」ことは，他者とかかわり，その経験が積み重なって関係がつくられるということに加えて，他者とのかかわり方をつくりあげ，それとともに他者とかかわっていくという持続的な営みを意味しています。他者との関係の関係論では，他者とのかかわり方を探究するという成長をし，コミットメントでは他者とのかかわり方についての姿勢や価値観を探究してつくりあげ，他者との関係をつくるという成長をしていきます。

　したがって，他者との関係のコミットメントの成長では，他者とのかかわり方とその根本にある姿勢や価値観をつくりあげることが大切になります。他者とのかかわり方についての姿勢や価値観をつくりあげるには，多元論から関係論の成長のところで見たように，これまでの他者とのかかわり，自分のコミュニケーションやリーダーシップをふりかえってリフレクションすることが必要となってきます。具体的な他者とのかかわりやコミュニケーション，リーダーシップの経験に共通して見られるパターンを生み出す根本にある姿勢を考えていきましょう。そして，これから自分がどのように他者とかかわり，コミュニケーションやリーダーシップで何を大切にしたいかを考えていきましょう。他者とのかかわり方について，自分なりのリーダーシップのあり方や自分らしいコミュニケーションの仕方がどういうものかを考え，自分が大事にしたいことを定めていくことが，他者とのかかわり方についての姿勢や価値観をつくりあげるということです。

2 チームや組織との関係を通じた成長

　他者との関係のコミットメントの成長では，具体的な他者との関係だけでな

く，チームや組織との関係から影響を受けており，その影響を成長へと結びつけ，チームや組織とのかかわり方をつくりあげるという成長をしていきます。チームや組織とのかかわりには，チームや組織からの影響を理解すること，目標や理念をつくること，組織をマネジメントすることといった３つのかかわりがあります。他者との関係のコミットメントの成長では，そのようなチームや組織とのかかわりを通じて，チームや組織への姿勢や価値観をつくりあげていくことになります。続けて，３つのかかわりについて，学生たちの課外活動を事例として説明していきます。

1. チームや組織からの影響を理解する

　チームや組織とのかかわりの１つ目は，チームや組織からどのような影響を受けているかを理解するというものです。私たちは，具体的な他者とのかかわりや一人一人との関係だけでなく，組織やチーム全体の雰囲気や文化から思考や行動，コミュニケーションに影響を受けています。

　課外活動を行なう学生たちの場合，所属するチームや組織から影響を受けています。学生たちは，サークルや体育会の部活動，ピア・サポート活動団体といったチームや組織に所属して活動しています。具体的な他者とのかかわりやコミュニケーションやリーダーシップには，その所属する組織の雰囲気や文化が影響を与えてきます。

　いくつかの例から，組織の雰囲気や文化からの影響の具体例を見ていきましょう。チームや組織の雰囲気や文化が自由に新しいことを実験することを重視していれば，具体的な他者とのかかわりやそこでのコミュニケーションやリーダーシップも開放的で変化を歓迎するものとなります。チームや組織が規律を重んじる雰囲気や文化であれば，これまでの伝統や手続きを重んじるかかわりとなり，コミュニケーションやリーダーシップのあり方もそれにあわせたものとなります。チームや組織の雰囲気や文化が落ち着いたものであれば，落ち着いたかかわりやコミュニケーション，リーダーシップがよく見られるでしょう。チームや組織が互いの率直な意見を安心して言い合える心理的安全性のある雰囲気や文化となっていれば，お互いのかかわりやコミュニケーションも安心感が生まれ，批判的な議論を建設的に行なうことができるでしょう[33]。

このように，課外活動のチームや組織は学生たちに影響を与えています。他者との関係のコミットメントへの成長では，チームや組織との関係をリフレクションし，自分自身がどのようにチームや組織から影響を受けているかに気づき理解していくことが必要です。自分自身のかかわり，そしてコミュニケーションやリーダーシップに組織の雰囲気や文化がどのような影響を与えているかをリフレクションして考えていきましょう。その際には，チームや組織からのポジティブな影響とネガティブな影響の両面を考えていくようにするといいでしょう。

2. 目標や理念をつくる

チームや組織とのかかわりの２つ目は，チームや組織の目標や理念をつくっていくというかかわりです。目標や理念をつくるというかかわりは，チームや組織へのより能動的なかかわりです。チームや組織との関係における成長では，自分が影響を受けるという受動的な関係だけでなく，影響を与えることができるという能動的な関係があります。チームや組織の目標や理念をつくることを通じて，チームや組織との関係で成長していきます。

学生たちの課外活動の場合で見ていきましょう。サークル活動やボランティア活動などの課外活動では，学生が主導する自主的な活動が行なわれています。そのような課外活動では，そのチームや組織で自分たちが目指す目標（何を達成したいのか）を自分たちでつくっていくことや，自分たちの活動の理念（何を大事にしていくのか）を自分たちで定めていくこともあります。また，高学年の学生が中心となって，目指す姿を考え，話し合い，目標を定めていくこともあります。低学年であっても，チームや組織の目標や理念を考えることに参画して成長していくこともできるでしょう。学生たちにとって，課外活動では，自分たちの目標や理念は与えられるものではなく，自分たちでつくっていくことができ，そうすることを通じて成長していくことができます。

また，大学が関与するピア・サポート団体や体育会部活動であっても，学生たちは自分たちで目標や理念をつくっていくことが重要となってきます。制度や伝統によって枠組みが決まっている中でも，自分たちの活動が何を目指し（目標），どういう価値を大事にしていくのか（理念）について話し合って，目

標と理念を決めていくことが必要です。例えば，私がかかわっている立命館大学の体育会剣道部では，剣道を通じて自らの未来を切り拓くという理念があり，競技面ではチームとしての日本一を目指しています。そのような理念と目標に基づいて，チームや組織の理念を自分たちで話し合い，「積極的な行動」や「仲間と尊敬し合うこと」，「他責思考をしないこと」を大事にすることを決めて部活動の運営に取り組んでいます。

　目標や理念は，自分たちがどのような活動をしていくのかという活動内容やルールを決めていく意思決定に不可欠なものであり，多様な選択肢の中から，なぜその活動をするのかを決めていく際の指針となります。学生たちは，どのような目標や理念を目指すのかやどのように活動していくかといったことをチームや組織のメンバーで話し合って決めていきます。話し合いの過程では，自分たちの活動をリフレクションし，自分たちの活動をよりよいものにしていくために知恵を絞って考えていきます。そのような話し合いとリフレクションを通じて，チームや組織についての理解を深め，チームや組織と自分たちとの関係についての理解を深め，自分たちの活動の意義を再認識するという成長をしていきます。

　また，目標や理念は，活動内容やルールを自分たちで決めて活動を進めていくために必要となるだけではありません。自分たちの活動を外部に向けて説明するためにも，目標や理念を言語化することが必要となってきます。外部に向けた説明の代表的な例は，新しいメンバーを募る時です。自分たちの活動の目標や理念，そして特色や魅力をわかりやすく伝えることが必要になります。目標や理念，特色や魅力を外部に向けて説明できるようになることを通じて，チームや組織への思いがいっそう強くなるでしょうし，チームとしての一体感が醸成されていくことでしょう。

　具体的な他者とのかかわりをよりよいものにすることを通じて他者との関係において成長するのと同じく，自分たちの活動の理念や目標をつくることを通じてチームや組織との関係も成長していきます。

3. 組織をマネジメントする

　チームや組織からの影響を成長に結びつける3つ目のかかわりは，組織をマ

ネジメントすることです。チームや組織は，理念や目的を定めればうまく機能するというものではなく，チームや組織をマネジメントし，よりよい組織にしていくという視点が必要になります。よりよい組織になっていくことが，一人一人の成長につながっていきます。チームや組織のマネジメントは，日々の活動というプロセスの中で自分たちの掲げた理念を大事にできているかについて定期的に確認し，自分たちで定めた目標の達成に向けたプロセスが順調に進んでいるかと，チームや組織における人間関係が健全に維持されているかという2つの側面で試行錯誤しながら取り組むことになります。

　学生たちの課外活動の具体例で見ていくことにしましょう。課外活動では，学生が自分たちで活動するチームや組織をマネジメントするので，チームや組織がどうすればうまく機能し，理念を大切にし，目標を達成できるのかは重要なマネジメントの課題です[34]。目標達成や成果を出すためには，時には他のメンバーに厳しいことを言う必要もあるでしょう。組織マネジメントや組織心理学の知識を学びながら，自分たちのチームや組織でどうすればいいのかと考え，日々の課題解決に奮闘しています[35]。

　また，チームや組織における人間関係もマネジメントの重要な課題です。チームや組織における人間関係は，頼り頼られ，助け助けられ，時間をかけて関係が深まっていきます。常にうまくいくわけではなく，うまくいかない時こそ，どのような関係をつくるかが問われます。その時，お互いに弱さを見せられずに関係を絶ってしまったり，チームや組織を機能不全にしてしまうこともあるかもしれません。人間関係は難しいものですが，弱さを見せることが互いを尊重し合う信頼関係につながり，チームや組織の力を引き出していくことにつながります[36]。

　一人一人が主体的に活動し，自分らしくリーダーシップを発揮できるようなチームや組織づくりというマネジメントに精一杯取り組むことによって，チームや組織がよりよくなっていくとともに，チームや組織との関係を通じて一人一人の構成員も成長していきます。

4. チームや組織とのかかわり方についての姿勢や価値観をつくりあげる

　学生たちは，課外活動を通じて，チームや組織の中で他者に働きかけられ，

他者に働きかけ，他者とかかわるとともに，自分と他者を含む集団としての
チームや組織ともかかわりながら活動に取り組んでいきます[37]。自分たちの
チームや組織の経験から学ぶだけでなく，知識からも学びます。他者とかかわ
り，リフレクションし，自分自身の固定観念も分析しながら，一緒に活動に取
り組む仲間とも真摯に向き合いながら，マネジメントを学びつつ実践し，チー
ムや組織を動かしていきます。

　チームや組織をうまく動かすことはとても難しいことです。一人ひとりが自
分の役割を理解し，チームや組織が効果的に機能するということは簡単ではあ
りません。目標を達成したいという思いや優れた成果をあげたいという思いや
情熱が，時には足かせになることもあります。同じチームの仲間とぶつかるこ
ともあるでしょう。ぶつかりながらも目標に向けてどうすればよいのかを真剣
に議論し，マネジメントに取り組んでいきます。

　このように，他者との関係のコミットメントへの成長では，自分が所属して
活動しているチームや組織の動きにも影響を受けつつ，チームや組織との関係
をリフレクションし，自分がどのようなかかわり方をしていくかという姿勢や
価値観をつくりあげていきます。学生たちは，チームや組織の理念や目標をつ
くり，活動に取り組むことを通じて，チームや組織のあり方をつくっています。
それとともに，そのチームや組織の中で自分が個人としてどうありたいかや何
を大事にしたいかということも考えていきます。さらには，活動の引退や卒業
といった節目にチームや組織から離れることになりますが，どのようなチーム
や組織に入っていきたいか，自分が所属するチームや組織をどうしたいか，所
属するチームや組織の中でどのように貢献していきたいかといった価値観にも
考えをめぐらせていきます。そして，他者との関係において大事にしたいこと
を定めて他者とのかかわり方についての姿勢や価値観をつくりあげたのと同じ
ように，チームや組織との関係において，自分が何を大事にしたいかを探究し，
チームや組織との関係についての姿勢や価値観をつくりあげていくよう成長し
ます。

　このように，他者との関係のコミットメントへの成長では，チームや組織の
マネジメントを学び実践することを通じて，チームや組織とどうかかわるかと
いうかかわり方についても学びながら，チームや組織との関係についての姿勢

や価値観をつくりあげて成長していきます。

3 社会との関係を通じた成長

　他者との関係のコミットメントの成長では，具体的な他者，チームや組織との関係だけでなく，社会から影響を受けていることを理解し，その影響を自分自身の成長へと結びつけ，自分と社会とのかかわり方をつくりあげていきます。社会とのかかわりには，社会からの影響を理解すること，社会について批判的に考えていくこと，社会について考え行動することという3つのかかわりがあります。このような社会とのかかわりを通じて，社会との関係に向けた姿勢や価値観をつくりあげていくことができます。

1. 社会からの影響と社会とのかかわり

　他者との関係では，具体的な他者とのかかわり，チームや組織とのかかわりに加えて，社会とのかかわりを通じて成長していきます。社会は，具体的な他者や組織より大きな集合体として影響を与えてきます。社会はチームや組織の活動の文脈となっており，チームや組織の雰囲気や文化が具体的な他者とのかかわりに影響を与えたのと同じように，社会もまた具体的な他者とのかかわりに影響を及ぼしてきます。他者との関係のコミットメントへの成長では，社会からの影響についてもリフレクションの対象を広げ，社会とのかかわりを通じて成長していきます。

　社会全体を広い視野で見れば，社会からの影響が見えてきます。社会は個人に直接的に影響を与えるとともに，チームや組織にも影響を与えており，チームや組織を介して間接的にも個々人に影響を与えてきます。ここでは，社会からの直接的な影響と間接的な影響について，人々とのかかわりを見ていきます。

　社会は，法律や政策，経済，メディア，テクノロジーやコミュニケーション，規範や理念，時代の潮流などを通じて影響を人々に与えてきます。いくつかの具体例を見ていくことにしましょう。法律や政策による影響には，選挙での投票権が20歳から18歳に引き下がったことがあります。大学キャンパス内で選挙投票ができる支援が行なわれるなど，大学生の身の回りからも影響を見るこ

とができるでしょう。経済については，税や契約があります。日々の暮らしで触れる消費税だけでなく，アルバイトで働くことで所得税についても触れることになります。18歳以上が成人となったことで未成年者取消権の行使ができなくなっており，若者をターゲットとした契約トラブルや消費者問題が発生しています。

　他にも，メディアを通じて時代の流行を伝えるといった影響もあります。テクノロジーの変化が社会全体で流通することで，携帯電話が登場し，LINE でのコミュニケーションがあたりまえのようになっていくというようにコミュニケーションの様式が変化するという影響もあります。

　さらには，社会は理念を通じて影響を与えてきます。SDGs のように国際的に掲げられる理念について，キャンパスで目にすることもあるでしょう。ダイバーシティ，エクイティ，インクルージョンという理念を扱う講演会の情報を目にすることもあるでしょう。そして，社会は，実現するばかりではなく，禁止もします。例えば，日本社会では，夫婦別姓が法律で認められていません（2025 年 3 月現在）。社会はまた，男らしさや女らしさ，若者らしさという規範をつくり，規範に適合した思考や言動を奨励し（「男だろ」「真の男だ」），規範に適合しない思考や言動を抑えます（「男らしくない」）。

　また，社会は個人への直接的な影響だけでなく，社会がチームや組織に影響を及ぼし，そこから個人へと間接的にも影響を与えてきます。チームや組織の理念や目標を考える際には，時代の潮流やトレンドを見ながら，価値ある理念を探し求めていきます。自分の所属する大学の理念やビジョンから学ぶこともあるでしょうし，企業の理念やビジョンから学ぶこともできるでしょう。官公庁のレポートから知識と情報を得ることもできますし，SDGs のように国際組織の打ち出した理念や政策に触発されることもあるでしょう。それぞれの知識が生み出される過程では，相互に学び合ってネットワークをなしています。自分たちのチームや組織の理念を生み出す際にも，そのような知識のネットワークに拠って立ち，理念をつくるようにするといいでしょう。

　このように，意識して広く見ていけば社会からの直接・間接の影響を見てとることができるはずです。そして，チームや組織の活動にかかわっても，社会が文脈として影響していることを見てとることもできるでしょう。それでは次

に，社会からの影響をどのように成長に結びつけていくかを見ていくことにします。

2. 社会からの影響を自分自身の成長に結びつける

　社会からの影響を成長に結びつけるには，社会からの影響に気づき，その影響について理解していくという方法があります。そのためには，社会からどのような影響を受けているかをリフレクションして考えることがスタートとなります。

　リフレクションの際には，自分自身の他者とのかかわりや重要な経験，自分で大事にしたいと思っている他者とのかかわり方に対して，法律や政策，経済，メディア，テクノロジーやコミュニケーション，規範，時代の潮流などを通じ，社会がどのような影響を与えているかを考えてみてください。また，自分の活動しているチームや組織の理念や目標，雰囲気や文化に社会がどのような影響を与えているかを考えてみてください。社会は何を奨励し，抑制しているかを意識して考え，社会からの影響に気づくことが大切です。

　社会からの影響を理解するためにさらに考える際には，3つのポイントがあります。まず，1つ目のポイントとして，知識や情報を調べながら考えることが大切です。これまで社会の働きを意識して考えてこなかった場合には，社会からの影響を考えようとしても，どこから手をつけていいのか困るかもしれません。まずは，自分たちの活動にかかわるニュースといった情報を手がかりに，社会の動きや世界の潮流について調べることから始めてみるといいでしょう。自分たちの活動に近い活動を展開している組織や企業を調べることで考えるヒントを見つけることができるかもしれません。

　また，社会の働きについての広い知識を学ぶための入門書を読んでみましょう。書籍の知識を手がかりとし，自分たちのいる社会がどのような社会かを知ることは，その社会で生きていく上で大切な知識となります[38]。社会について知ることや関心を持って気づくことが，一歩踏み出すきっかけとなり，社会との関係をつくっていく成長となります。社会や身の回りのことへ問題意識を持ち，問題意識を育んでいくことも社会との関係における大切な成長です[39]。問題意識を持って，知識や情報をもとに，社会からどのような影響を受けている

かを捉えていくことが大切です。

　社会からの影響を考える際の2つ目のポイントは，第2章の知識との関係の「多元論から関係論」への成長のところで言及した批判的思考を働かせることです。社会からの影響は，さりげなく私たちのとらわれとなっていることがしばしばあります。ここまでに取り上げた具体例でいえば，問題に正解を出すことが重要だとする価値観や，自分と他人を比較して自分の能力を決めつけてしまうというとらわれがあったことを思い出してください。「知らない」うちに「知ったつもり」や「わかったつもり」になってしまうところが怖いところです。

　批判的に考えるためには，社会からの影響を捉えた上で，なぜ私たちがそのような影響を受けるのかやなぜ社会がそのような影響を及ぼしてくるのかという「なぜ」を用いた問いを立てて考えていきます。その際には，自分たちが「良い」と思って取り組んだことや「主体的」に取り組んだことが，社会が「良い」としていることに順応してしまっているだけではないだろうか，自分たちが「良い」と思ったことは他者に対する押しつけになってしまっていなかっただろうか，そのような順応を超えて本当に「良い」ことや価値を生み出したのだろうかといった視点で考え直すようにしてみるといいでしょう。自分で選択して決めてきたと思ったことが，自分が知らないうちに授けられていた特権によって実現できていることに気づくということも大切な成長です[40]。自分自身の暗黙の規範や価値観を問い直し，とらわれに気づくことは，それらとは異なる規範や価値観に開かれて自由になっていくという点で解放の学びとなります。

　批判的に考える方法には，現在の社会とは異なる社会と比較して考えるという方法もあります。異なる文化や社会を知り，その視点から現在の社会を考えることで，当たり前だと思っていることがそうではないと気づくという学びがあります。さらに，実際に自分とは異なる文化や社会を背景に持つ留学生と交流したり，自分から異なる文化や社会に身を置いたりして見えてくることはたくさんあります。1つの社会や文化の枠組みで考えるのではなく，複数の社会や文化の視点から考え行動することで，可能性が広がっていきます。社会からの影響を批判的に考え，社会とどのようにかかわっていきたいかを探究していきましょう。

　社会からの影響を考える際の3つ目のポイントは，社会について考え，問題

意識を持って行動することです。社会に向けた行動には，選挙の際に投票することや地域での活動に参加したり，ボランティア活動をすること，さらにはデモに参加したり，社会的起業をすることなどがあるでしょう。地域や近隣社会とのかかわりについても，大学に入学するまではサービスを受ける側だったところから，地域や近隣社会の活動を担う側に回って活動することもあるでしょう。批判的意識を持ちつつ，よりよい社会をどうしたらつくることができるかという問題意識を持って行動していくことで，社会のあり方や課題に気づいたり，社会のよいところや可能性が見えてきます。社会に向けて行動するという社会とのかかわりから，その気づきをもとに社会との関係を考えていくことが大切です。

3. 社会とのかかわり方についての姿勢や価値観をつくりあげる

　他者との関係のコミットメントへの成長では，他者とのかかわり方やチーム・組織との関係に対する姿勢や価値観をつくって成長するのと同様に，社会とのかかわり方という社会に対する姿勢や価値観をつくりあげて成長していきます。「社会との関係において大事にしたいことは何か」や「社会とどのようにかかわっていきたいか」を探究し，自分なりの社会とのかかわり方つくりあげていきます。

　社会との関係では，社会とのかかわり方という社会に対する姿勢や価値観を自分自身の経験をリフレクションして探究していきます。その時，社会から受けた影響を考えて理解することに加え，自分たちがどのような影響を社会に与えたかを批判的に考えることも重要です。

　大学生の学びと成長，そして大学生のチームや組織の活動には，社会から影響を受けるという受動的な側面ばかりでなく，社会に影響やインパクトを与える側面があります。社会に変化を生み出すという大きな影響やインパクトだけが重要なわけではなく，他者とのかかわりやかかわり方といった自分自身の変化を含む身の回りの変化もまた重要です。自分自身や身の回りにどのような変化を生み出したかを考えることから始めてみましょう。

　社会への影響やインパクト，変化を考えるには，これまで取り組んできた活動やそこでの経験とそこからの成長をゆっくりとふりかえってリフレクション

し，少しずつ考えていくようにしましょう。これまでに私が研究してきた「大学生の学びと成長」についてのインタビューから，社会とのかかわり方についての姿勢や価値観を紹介したいと思います。

　1つ目の事例は，早稲田大学平山郁夫記念ボランティアセンター（WAVOC）でボランティア活動する学生たちへのインタビューからです。WAVOCは，2002年に設立された組織で，正課の「学術の知」と課外の「現場体験の知」の往還を理念とし，国内外のボランティア活動を展開していきます。授業ではなく課外活動として展開されるボランティア・プロジェクトには，農山村で農作業の手伝いや山の手入れに取り組むプロジェクト，被災地での祭りの手伝いなどの復興支援に取り組むプロジェクト，ボルネオやカンボジアやラオスといった途上国でゴミ拾いや教育支援を行なうプロジェクトがあります。

　課外活動のプロジェクトに取り組む学生たちへのインタビューでは，教職員からの働きかけを受け，かかわる他者と向き合うだけでなく，社会にも目を向けていく姿が見えてきました[41]。インタビューの場では，現場での他者とのかかわりの様子やその人たちに影響を及ぼす社会の構造的な力を批判的に考えたことが明らかになりました。そして，支援やサポート，ケアという実践に取り組みながら「自分たちの活動が独りよがりになっていないか」や「そもそも支援とは何か，人を支えるとはどういうことか」といった批判的な問いに向き合って考え，「どうすれば今ある社会のかたちとは異なる形が可能になるか」を考えたこと，そしてその上で，「考えるだけでなく，行動していくことが大切」という思いを聴くことができました。

　インタビューの場で「どのような社会にしていきたいか」という問いを投げかけたところ，「多様な価値観のなかで考える社会に」「みんなが楽しみをもつ社会に」「人に寄り添う社会に」「多様な人々の声を届けられる社会に」といった社会のあり方の展望が述べられました。ボランティア・プロジェクト活動に取り組む学生たちは，ボランティア活動という人を支えケアする活動を通じて，人を支えるとはどういうことかやケアするとはどういうことかを批判的に考え，社会のあり方を力強く展望して言語化していくことができました。学生たちは，学問で得た知識による社会のあり方への展望ではなく，それらの「学術の知」を活かしつつも，現場で活動し，実際に現地の人々とかかわる中で生まれた気

づきをもとに，社会とのかかわり方についての姿勢や価値観をつくりあげ，社会に目を向けて成長していきます。

　もう1つの事例は，多元論から関係論への成長のところでも紹介した，立命館大学の課外活動に取り組む学生を対象に行なった「身についた力を語り合うワークショップ」を受けたインタビュー調査からのものです。立命館大学で体育会部活動やサークル活動，学生自治会といった課外活動に取り組む学生たちも，インタビューで社会とのかかわりを語ってくれました。

　インタビューでは，自分がかかわるチームや組織を考え，そのチームや組織がどういった影響をまわりに及ぼすことができるかへと話題を広げていました。社会にインパクトや価値を生み出せましたかという問いかけに対し，自分たちなりの考えを聴くことができました。

　「応援してくれる人たちに喜んでもらうということでまわりの人たちという社会に元気をもたらすことにつながっている」，「今までなかったピア・サポート活動をつくり出したことには社会的な意義があったと思う」，「自分たちの活動に関心のある地域の人たちと交流する企画という新しい実践を生み出すことで，新しい価値を生み出すことができた」といったことが言語化されました[42]。学生たちは，自分たちの活動を通じて社会とかかわり，このようなインパクトや影響，変化を社会にもたらすことができます。自分たちの活動の成果や意義を社会とのかかわりの視点から捉え直し，社会との関係に向けた姿勢や価値観をつくることへとつなげていくことが大切です。

　社会とのかかわり方という姿勢や価値観は，社会との関係についてのリフレクションからつくられます。そのリフレクションでは，これまでの大学生活と活動で受けてきた社会からの影響を考え，過去を掘り下げて考えるとともに，未来を展望して考えていきます。他者との関係の可能性だけでなく，社会との関係の可能性や社会それ自体の可能性へと想像を広げていくことができます。社会から受けてきた影響を考えることから自分が社会とどういう関係をつくっていきたいか，そしてどういう社会にしていきたいか，どういう社会を生きたいか，そのためにどのように思考し行動するかといったことをリフレクションし，社会とのかかわり方という姿勢や価値観をつくりあげていきます[43]。

　さらには，学生たちの活動の実践を通じて，社会に価値を生み出し，変化を

生み出すことができます。目の前の他者に真剣に向き合い，活動にのめり込み，そして自身が学び成長するだけでなく，社会に変化を生み出すという可能性を学生たちの姿に教えられてきました。大学での学びと成長は，社会とかかわり，社会に力や影響を与え，社会に変化を生み出すことができるものだということを強調しておきたいと思います。

4 他者との関係をつくることへ─関係の成長，そして相互性へ

　他者との関係の成長の最後に，他者との関係をつくるとはどういうことかについて考えていきたいと思います。他者との関係のコミットメントへの成長では，関係の成長という考え方，そして相互性という考え方に立って，自分がこれまでにどのような他者との関係を生きてきたのかをふりかえり，これからどのようなかかわり方をしていきたいのかとそこで何を大事にしたいのかを展望してリフレクションし，自分の他者とのかかわり方をつくりあげ，他者との関係をつくるという成長をしていきます。ここでは，関係の成長という考え方を説明し，関係の相互性という考え方を見ていきます。

1. 「関係の成長」という考え方について

　よりよい関係をつくるという成長のためには，関係の成長という考え方が必要となります。他者との関係の二元論から多元論への成長のところでは，自分と他人を比較してしまい，自分の能力を低く評価して決めつけてしまうというとらわれから自由になることが大切だと説明してきました。そのような能力を固定的に見る捉え方から，能力を自分で変化・成長させることができるという捉え方への変化が必要になることを見てきました。

　そして，他者との関係の成長において，よりよい関係をつくるという成長のために，関係の成長という考え方へと広げていきましょう。関係の成長という考え方とは，「個人が一人で能力を獲得していく」という捉え方ではなく，「能力が関係の中で成長し，関係が成長していく」と捉えるようにしていくことです[44]。

　「個人が一人で能力を獲得していく」という捉え方は，自立した個人がいて，その一人一人が集まって関係をつくるという考え方に結びついています。この

ような考え方から，自分と他人を比較して他人より優れていないといけないという不安と競争が生じてきます[45]。しかし，実際には，私たちは互いに関係の中を生きています。バラバラに分断された個人が能力を獲得するというより，関係の中で能力が成長していくという見方が現実に即しているでしょう。

　このような関係の成長は，ピア・サポート活動やボランティア活動に取り組む学生の姿に見出すことができます。2年生が1年生をサポートするピア・サポート活動では，学生の自主活動として，学習相談や学生生活の相談，ワード・エクセル・パワーポイントの使い方，レポートの書き方やプレゼンテーションの仕方を教える活動，計画力を伸ばす企画などを実施しています。このようなピア・サポート活動では，2年生が1年生を一方通行でサポートするのではなく，1年生がサポーターとしての2年生を育てるというように，1年生と2年生の間には双方向で支え合う関係があります。サポートする2年生は，サポート活動が進むにつれて，この双方向の関係を理解し，1年生への感謝や敬意を語る学生が多くいます。サポート活動が終わる節目の時には，2年生と1年生がお互いへ感謝のメッセージを贈り合う光景を目にします。このように，ピア・サポート活動では，1年生と2年生の間の関係が育まれ，成長していきます。互いにリスペクトを持って信頼し合う関係は，その後の大学生活そして卒業後も続いていくことがしばしばあります。そのような関係は，大学時代のかけがえのない財産だと思います。

　双方向の関係は，ボランティア活動に取り組む学生の成長の姿にも見られました。WAVOCの課外活動であるボランティア・プロジェクトを通じた活動では，学生たちは「困っている人の力になりたい」と被災地から過疎地，開発途上国へと向かいます。活動に打ち込む中では，活動が思い通りにうまくいかないことばかりではなく，自己満足や欺瞞に陥りかねない難しさにも直面します。自分たちの活動が良い支援になっているかを考え，「支援とは何か」を話し合い，自己満足の独りよがりな活動になっていないかを批判的に考え，話し合いながら活動に取り組んでいきます[46]。活動先の人々と懸命にかかわり，相手との関係を生き，学び，活動に打ち込んでいきます。活動にのめり込んだ学生たちが共通して語ってくれた内容の1つに，「支援しに行ったのだけど，支えられたのは自分たちだ」という気づきがありました。自分たちがどう成長し

たかを語る以上の熱量で，どう支えられたか，どう育てられたかを語る姿に出会ってきました。活動を通じて，学生と学生の活動を支える教職員，そしてかかわる人々との互いに支え合う関係が育まれ，成長していきます。このような関係は，課外活動の経験が正課の学びにつながったり，進路を考える際の指針になり，「他者とのかかわりを通じて人生を紡ぐ」という学びと成長が生み出されていきます[47]。

　このように，他者との関係の成長は，双方向性を持った関係の成長として理解することができます。私たちの能力も成長も，私たち自身も，他者・組織・社会と多様な関係が関係し合うプロセスの中に織り合わされて存在しています[48]。「個人の中で成長が生じる」という捉え方や「個人がコミュニケーションやリーダーシップの能力を獲得する」という捉え方ではなく，関係が成長するという捉え方で他者との関係の成長を理解し，他者との関係の成長を生み出していくことが大切です。能力・成長をめぐっては「それは，どのような関係の成長なのか」と問い直すようにするとよいでしょう。

　関係の成長という捉え方を理解して生み出していくためにも，自分が能動的に働きかけるという側面だけでなく，働きかけられるという側面や働きかけられて応答するという側面にも目を向けてリフレクションするようにしましょう。「どんな能力が身についたか」を問うて考えるだけでなく，「どんな関係を生き，どんな関係を通じて成長したのか」や「その関係はどう変化していったか」を問い，関係の成長について考えていきましょう。

　自分から「一歩踏み出す」挑戦や行動は他者との関係の成長の重要な柱ですが，関係の成長のためには，自分のアクションとまわりの他者との関係から働きかけられることが相互に関係し合っているプロセスに視野を広げ，自分が関係から受けとっていることへと目を向け，自分の行動や考え，気づきや感情を謙虚に問い直すことが必要です。同様に，自分たちの活動が良い支援だったのかと勇気を持って批判的に考えるように，自分たちの活動の意義を考え，自分たちの活動の価値は何かを真摯に問うていくことが重要になってきます[49]。

2. 関係の相互性へ

　続けて，関係の持つ双方向性を相互性という学術概念に依拠して捉え直し，

その意味をさらに考えていきたいと思います。相互性は，人を育てるという営みに即して理解することができます。ここで依拠する相互性の概念は，「人は人から育てられることを通じてのみ，人を育てることができる」という考え方として定義されています[50]。

　相互性の概念の意味するところは，まず，人から育てられることなしには，人を育てることはできないということにあります。教育や支援の場合，働きかける相手がいます。この考え方は，働きかける相手から育てられることなしに，一方通行で人を育てることはできないと解釈することができます。そして，そのような一方通行で人を育てることができるという考え方は問題のあるものだと解釈できます。ここから広げて考えれば，全てのかかわりとその中でのコミュニケーションには働きかける相手がいるので，その相手から受けとることなしに何かを伝えることはできません。相互性の意味するところは，かかわりから意味を受けとることなしには，かかわり合うものの間での関係の成長は生み出されないというところにあります。

　このような相互性に基づく他者との関係についての捉え方は，ボランティア活動やピア・サポート活動を行なう学生たちの姿にも見ることができます。ボランティア活動を通じて，「支援する相手に支えられて活動を進めることができた」と語る学生の認識には，このような相互性の考え方が見られます。ピア・サポート活動においても，自分たちがサポートする学生から自分たち自身がサポートされていることに気づき，それによって成長していく学生の姿に相互性を見て取ることができます。

　関係の成長を相互性の概念に結びつけ，自分たちがしているかかわりだけでなく，そのかかわりを通じて受けとっていることに目を向けていく必要があります[51]。支援やサポートといったケアの実践であっても，相手を一方的にケアしているわけではありません。相手からも支えやサポートといったケアを受けとっていることに気づき，理解していくことが必要です。このような相互性への気づきに開かれている姿勢によってこそ，よりよい実践とよりよい関係をつくっていくことが可能になります。相互性の視点から自らのかかわりを考え，そして実践していくことを大切にしていきましょう。

3. 他者との関係をつくることについて

　関係をつくるということは，友人やパートナーといった具体的な他者とだけにとどまることではなく，チームや組織，社会との関係をつくることへと広がっていきます。本節で見てきたように，他者との関係は，具体的な他者，チームや組織，社会との関係を含むものと捉えることができます。関係の成長と相互性という考え方から，具体的な他者とのかかわり方をつくりあげるのと同じように，チームや組織そして社会とのかかわり方をつくりあげていきます。

　チームや組織との関係もまた，一方通行で影響を受けるという関係ではなく，双方向で影響を与え合うことができる関係です。相互性の定義をあてはめて表現すると，チームや組織は，構成メンバーから活力を受けとることを通じてのみ，活動し，価値を生み出すことができるものです。チームや組織とのこれまでの関係をふりかえるとともに，チームや組織とのこれからの関係についてもリフレクションし，チームや組織とのかかわり方をつくりあげましょう。これからの関係を考える際には，どのようなチームや組織に所属したいかを考えるだけでなく，自分が所属するチームや組織をどうしていきたいか，自分のチームや組織の活動によってどのような価値を生み出していきたいかを展望してリフレクションし，チームや組織とのかかわり方をつくりあげていきましょう。

　社会との関係もまた，一方通行で影響を受けるという関係ではなく，双方向で影響を与え合うことができる関係です。社会に影響を与えるということを考える出発点として，身近な人やまわりの人とのかかわりから考え始めましょう。自分が社会からどのような影響を受けてきたかをふりかえるとともに，社会とのこれからの関係についてもリフレクションして考えていきましょう。

　社会とのこれからの関係を考える問いには，どのような社会にしていきたいかという問いを考えることが大切です。自分が社会をつくる主体として，どのような社会にしていきたいかという願いを具体化し，社会とのかかわり方をつくりあげることへとつなげていきましょう。

　そして，社会とのこれからの関係を考える際には，人と人との多様なかかわりを考えていくようにしましょう。人と人とのかかわりには，働きかけて影響を与える能動的な側面ばかりではなく，頼ることやケアされることも含まれて

います。人と人とは，頼り頼られ，ケアし，ケアされて生きています[52]。社会とのこれからの関係を考えるためにも．どのように頼り頼られる社会となればいいかや，どのようにケアし，どのようにケアされたいかという問いを考えることが大切です。社会という広いかかわりには，これまでかかわってこなかった人が含まれており，その人たちともかかわり，知り，考え，想像しながら，社会とのかかわり方をつくっていくことが必要となります[53]。また，今はまだかかわりのない未来の世代のことも考え，想像しながら，社会とのかかわり方をつくりあげることも重要です。

　社会とどのようなかかわり方をしていきたいかが見えてくれば，続けてどうすればそのような社会をつくることができるかというアクションについても考えていきましょう。どうすれば，互いを尊重してケアし合って支え合うような優しさのある社会をつくることができるかをぜひ考えてもらいたいと思います。そして，仲間を巻き込んでアクションへの一歩を踏み出していきましょう。

　このように，他者との関係のコミットメントへの成長では，自分がこれまでにどのような関係性を生きてきたのかをふりかえり，そしてこれからどのようなかかわり方をしていきたいのかを展望してリフレクションを深め，自分の他者とのかかわり方，チームや組織とのかかわり方，そして社会とのかかわり方をつくりあげていくところへと成長の可能性が広がっています。

　そのかかわり方は，一度つくりあげて終わりというものではありません。新しい世界へ「一歩踏み出し」，新たな他者と出会い，新たなかかわりの機会ごとにさらに学び成長していきます。そのかかわり方をつくりなおし，他者との関係性をさらに価値を生み出す豊かなものへとしていくことが必要です。

　さらに，かかわり方をつくりあげるとともに，関係をつくることへと向かうことが大切です。他者，チームや組織．そして社会とのかかわり方について，何を大事にしたいかという価値を見出し，価値観をつくり，それとともに持続的にかかわっていくことが必要です。そのようにかかわり続ける中で，よりよい関係をつくることへの挑戦が大学時代と卒業後に続いていきます。よりよい関係がどのようなものかを問い続けながら，互いに優しさと思いやりとリスペクトを持って，よりよい関係をつくるよう挑戦し，ケアし合い，支え合うことで，よりよい関係の成長が生み出される可能性が開かれていきます[54]。

■ 注

1) ストレッチゾーンを超えて，自分の許容範囲を大きく超えると，パニック・ゾーンと呼ばれる領域があります。コンフォート・ゾーンからは一歩踏み出し，パニック・ゾーンに踏み込まないようバランスをとりながら，ストレッチ・ゾーンへと挑戦することが重要となります。3つのゾーンについては，以下の文献に説明があります。中原淳（2017）『はじめてのリーダーのための実践！フィードバック：耳の痛いことを伝えて部下と職場を立て直す「全技術」』PHP研究所，A・C・エドモンドソン（2021）『恐れのない組織：「心理的安全性」が学習・イノベーション・成長をもたらす』（野津智子訳）ダイヤモンド社

2) S・エイカー（2011）『幸福優位7つの法則—仕事も人生も充実させるハーバード式最新成功理論』（高橋由紀子訳）徳間書店，A・グラント（2022）『THINK AGAIN—発想を変える，思い込みを手放す』（楠木健監訳）三笠書房。組織にとっても，現在の習慣を変えることは難しいものです。C・クリステンセン（2001）『イノベーションのジレンマ 増補改訂版：技術革新が巨大企業を滅ぼすとき』（伊豆原弓訳）翔泳社

3) Knowing-doing gap という名前で研究が行なわれているぐらい，広く見られる現象です。J・フェファー，R・I・サットン（2014）『なぜ，わかっていても実行できないのか—知識を行動に変えるマネジメント』（長谷川喜一郎監訳）日本経済新聞出版社。フェファーとサットンには次のような面白い著作がたくさんあります。J・フェファー（2014）『「権力」を握る人の法則』（村井章子訳）日本経済新聞社，J・フェファー（2016）『悪いヤツほど出世する』（村井章子訳）日本経済新聞社，J・フェファー（2019）『ブラック職場があなたを殺す』（村井章子訳）日本経済新聞社，R・I・サットン（2018）『スタンフォードの教授が教える—職場のアホと戦わない技術』（坂田雪子訳）SBクリエイティブ

4) 溝上慎一（2018）『大学生白書2018—いまの大学教育では学生は変えられない』東信堂。2019年の調査結果も公開されています。https://www.dentsu-ikueikai.or.jp/transmission/investigation/about-2/

5) 自分と他人を比較することは社会比較と呼ばれています。A・ガリンスキー，M・シュヴァイツァー（2018）『競争と協調のレッスン—コロンビア×ウォートン流組織を生き抜く行動心理学』（岩崎比呂美訳）TAC出版，W・ストー（2022）『ステータス・ゲームの心理学：なぜ人は他者より優位に立ちたいのか』（風早さとみ訳）原書房，M・サンデル（2023）『実力も運のうち—能力主義は正義か？』（鬼澤忍訳）ハヤカワ文庫。あまりにまわりを気にしていると，学ぶための心理的安全性が脅かされていきます。エドモンドソン（2021）前掲書

6) 能力を固定したものと捉える考え方と変化・成長すると捉える考え方については，以下の研究があります。C・S・ドゥエック（2016）『マインドセット：「やればできる！」の研究』（今西康子訳）草思社，J・ボアラー（2020）『「無敵」のマインドセット—心のブレーキを外せば，「苦手」が「得意」に変わる』（鹿田昌美訳）ハーパーコ

リンズ・ジャパン，A・ブロック，H・ハンドレー（2019）『マインドセット学級経営』（佐伯葉子訳）東洋館出版社。これらの研究では，脳の構造や能力が可塑的で変化・成長するものであるという科学的なエビデンスを読んで理解することで，考え方がシフトすることが示されています。また，フィードバックの仕方で考え方が変化する研究も紹介されています。

7) ポジティブ心理学という研究領域があります。M・セリグマン（2021）『ポジティブ心理学が教えてくれる「ほんものの幸せ」の見つけ方——とっておきの強みを生かす』（小林裕子）パンローリング，M・セリグマン（2013）『オプティミストはなぜ成功するか（新装版）』（山村宜子訳）パンローリング，M・セリグマン（2014）『ポジティブ心理学の挑戦—“幸福”から“持続的幸福”へ』（宇野カオリ訳）ディスカヴァー・トゥエンティワン，B・フレデリクソン（2010）『ポジティブな人だけがうまくいく3：1の法則』（高橋由紀子訳）日本実業出版社，R・G・エモンズ（2021）『「感謝」の心理学〜心理学者がすすめる「感謝する自分」を育む21日間プログラム』（中村浩史訳）産業能率大学出版部

8) 自尊感情，自己肯定感は複雑に絡み合った感情です。単純にいい感じ（Feel good）という表層的なものではかえって成長を妨げかねません。中間玲子編（2016）『自尊感情の心理学—理解を深める「取扱説明書」』金子書房

9) 目標達成の科学，現実的楽観主義については，以下の文献があります。H・G・ハルバーソン（2019）『やってのける〜意志力を使わずに自分を動かす〜』（児島修訳）大和書房，H・G・ハルバーソン（2018）『やる気が上がる8つのスイッチ—コロンビア大学のモチベーションの科学』（林田レジリ浩文訳）ディスカヴァー・トゥエンティワン，H・G・ハルバーソン（2017）『やり抜く人の9つの習慣—コロンビア大学の成功の科学』（林田レジリ浩文訳）ディスカヴァー・トゥエンティワン，G・エッティンゲン（2015）『成功するには ポジティブ思考を捨てなさい—願望を実行計画に変えるWOOPの法則』（大田直子訳）講談社，G・エッティンゲン，T・セヴィンサー，P・ゴールヴィッツァー（2021）『未来思考の心理学：予測・計画・達成する心のメカニズム』（後藤崇志・日道俊之・小宮あすか・楠見孝監訳）北大路書房

10) 中原淳・金井壽宏（2009）『リフレクティブ・マネジャー——一流はつねに内省する』光文社新書，学び続ける教育者のための協会編（REFLECT）（2019）『リフレクション入門』学文社，三輪健二（2023）『わかりやすい省察的実践—実践・学び・研究をつなぐために』医学書院

11) 社会人基礎力は経済産業省によってまとめられ，学士力は文部科学省によってまとめられたものです。

12) 堀公俊（2018）『ファシリテーション入門〈第2版〉』日経文庫，津村俊充・石田裕久編（2011）『ファシリテーター・トレーニング 第2版：自己実現を促す教育ファシリテーションへのアプローチ』ナカニシヤ出版，土屋耕治・楠本和彦・中村和彦編（2024）『人間関係の学び方—人間性豊かな関係を育む「ラボラトリー方式の体験学習」の理論と実際』ナカニシヤ出版，津村俊充（2019）『改訂新版 プロセス・エデュケーション：学びを支援するファシリテーションの理論と実際』金子書房，安斎勇樹

（2021）『問いかけの作法―チームの魅力と才能を引き出す技術』ディスカヴァー・トゥエンティワン

13）聴き方を学ぶワークと相手の立場に立つことを学ぶ経験については，以下の論稿で解説しました。河井亨（2020）「ピア・サポートのためのコミュニケーションを深く掘り下げて学ぶ」『看護教育』61(2)，1094-1101。話す力については，以下の書籍があります。竹内明日香（2022）『すべての子どもに「話す力」を――1人ひとりの未来をひらく「イイタイコト」の見つけ方』英治出版

14）重要なことは，相手の立場に立っているつもりの言動によって，どのように安全が脅かされているのかを学び続けることです。ダイバーシティやインクルージョンという理念を具現化するためにも，学生と教職員が学ぶ場が必要です。D・ウィン・スー（2020）『日常生活に埋め込まれたマイクロアグレッション――人種，ジェンダー，性的指向：マイノリティに向けられる無意識の差別』（マイクロアグレッション研究会）明石書店，J・エバーハート（2021）『無意識のバイアス――人はなぜ人種差別をするのか』（山岡希美訳）明石書店，C・スティール（2020）『ステレオタイプの科学――「社会の刷り込み」は成果にどう影響し，わたしたちは何ができるのか』（藤原朝子訳）英治出版，D・J・グッドマン（2017）『真のダイバーシティをめざして―特権に無自覚なマジョリティのための社会的公正教育』（出口真紀子監訳・田辺希久子訳）上智大学出版

15）P・ブルーム（2018）『反共感論―社会はいかに判断を誤るか』（高橋洋訳）白揚社

16）共感を遅筋と捉え鍛えることができるという考え方があります。J・ザキ（2021）『スタンフォード大学の共感の授業 人生を変える「思いやる力」の研究』（上原裕美子）ダイヤモンド社。感情とうまく付き合っていく上で，思いやりの実践や感謝の実践が重要になります。D・デステノ（2020）『なぜ「やる気」は長続きしないのか―心理学が教える感情と成功の意外な関係』（住友進訳）白揚社。以下の文献からも，共感について考えることができるでしょう。ブレイディみかこ（2021）『ぼくはイエローでホワイトで，ちょっとブルー』新潮文庫

17）経験学習については，以下を参照。松尾睦（2011）『職場が生きる―人が育つ「経験学習」入門』ダイヤモンド社，松尾睦（2019）『部下の強みを引き出す―経験学習リーダーシップ』ダイヤモンド社，D・コルブ，K・ピーターソン（2018）『最強の経験学習』（中野眞由美訳）辰巳出版

18）人間の思考の基本メカニズムについては，以下の文献を参照。K・E・スタノヴィッチ（2008）『心は遺伝子の論理で決まるのか―二重過程モデルで見るヒトの合理性』（椋田直子訳）みすず書房，D・カーネマン（2014）『ファスト＆スロー―あなたの意思はどのように決まるか（上・下）』（村井章子訳）早川文庫，D・カーネマン，O・シボニー，C・R・サンスティーン（2021）『NOISE ―組織はなぜ判断を誤るのか（上下）』（村井章子訳）早川書房。他方，直感が機能することもあるので，やはり人間の思考と行動はとても複雑です。G・ギーゲレンツァー（2010）『なぜ直感のほうが上手くいくのか？―「無意識の知性」が決めている』（小松淳子訳）インターシフト，G・ギーゲレンツァー（2015）『賢く決めるリスク思考：ビジネス・投資から，恋愛・

健康・買い物まで』（田沢恭子訳）インターシフト，G・クライン（1998）『決断の法則―人はどのようにして意思決定するのか?』（佐藤洋一訳）トッパン，ゲイリー・クライン（2015）『「洞察力」があらゆる問題を解決する』（奈良潤訳）フォレスト出版

19）ここで取り上げたリーダーシップの事例は，以下の文献から採っています。J・オーウェン（2023）『リーダーシップはみんなのもの―フェミニズムから考える女性とリーダーシップ』（和栗百恵・泉谷道子・河井亨訳）ナカニシヤ出版。それぞれのリーダーシップについては，以下の文献を読んで学びを深めるといいでしょう。サーバント・リーダーシップ：R・K・グリーンリーフ（2008）『サーバントリーダーシップ』（金井壽宏監訳）英治出版，オーセンティック・リーダーシップ：ハーバード・ビジネス・レビュー編集部編（2019）『オーセンティック・リーダーシップ』（DIAMONDハーバード・ビジネス・レビュー編集部訳）ダイヤモンド社，R・ゴーフィー，G・ジョーンズ（2017）『なぜ，あなたがリーダーなのか[新版]――本物は「自分らしさ」を武器にする』（アーサー・ディ・リトル・ジャパン訳）英治出版，適応的リーダーシップ：R・A・ハイフェッツ，マーティ・リンスキー（2018）『［新訳］最前線のリーダーシップ――何が生死を分けるのか』（野津智子訳）英治出版，関係性リーダーシップ：S・R・コミベズ，N・ルーカス，T・R・マクマホン（2017）『リーダーシップの探求　変化をもたらす理論と実践』日向野幹也監訳）早稲田大学出版部。あわせて，以下の文献も参照。石川淳（2016）『シェアド・リーダーシップ―チーム全員の影響力が職場を強くする』中央経済社

20）コミベズ他（2017）前掲書，P.95。また，オーウェン（2024）前掲書も参照

21）ハイフェッツ，リンスキー（2018）前掲書，オーウェン（2024）前掲書，R・A・ハイフェッツ，M・リンスキー，A・グラショウ（2017）『最難関のリーダーシップ――変革をやり遂げる意志とスキル』（水上雅人訳）英治出版，S・D・パークス（2007）『リーダーシップは教えられる（Harvard business school press）』（中瀬英樹訳）武田ランダムハウスジャパン，C・D・マッコーレイ，D・Sデリュ，P・R・ヨスト，S・テイラー（2016）『経験学習によるリーダーシップ開発　米国CCL：Center for Creative Leadershipによる次世代リーダー育成のための実践事例』（漆嶋稔訳）日本能率協会マネジメントセンター

22）祝福行動という意味があります。B・J・フォッグ（2021）『習慣超大全――スタンフォード行動デザイン研究所の自分を変える方法』（須川綾子訳）ダイヤモンド社

23）E・H・シャイン（2009）『謙虚なコンサルティング―クライアントにとって「本当の支援」とは何か』（金井壽宏監訳・野津智子訳）英治出版，E・H・シャイン（2014）『問いかける技術―確かな人間関係と優れた組織をつくる』（金井壽宏監訳・原賀真紀子訳）英治出版，E・H・シャイン，P・A・シャイン（2020）『謙虚なリーダーシップ―1人に依存しない組織をつくる』（野津智子訳）英治出版

24）課外活動を通じた成長は，挑戦を軸として成長を梯子のようにモデル化できました。そこでは，一歩踏み出せないところから新しい経験に挑戦し，チームで課題解決や目標達成に向けて困難や障壁を乗り越えるよう取り組み，チームの外の環境や社会に価値を生み出していくような成長としてまとめられました。河井亨（2022）「課外活動を

通じた成長を捉える成長ラダーの開発― 2018 年度立命館大学成長調査プロジェクト
を通じて―」『立命館高等教育研究』22，145-163

25）具体的な経験の記述が経験学習サイクルの出発点となります。経験学習サイクルは，
具体的経験（Concrete Experience），省察的観察（Reflective Observation），抽象的
概念化（Abstract Conceptualization），能動的実験（Active Experiment）からなり
ます。3 章注 17 の文献を参照。経験を具体的に記述するためには，エピソード記述
という方法論があります。鯨岡峻（2005）『エピソード記述入門：実践と質的研究のた
めに』東京大学出版会。また，体験の言語化については以下を参照。早稲田大学平山
郁夫記念ボランティアセンター（2016）『体験の言語化』成文堂，早稲田大学平山郁夫
記念ボランティアセンター（2018）『体験の言語化実践ガイドブック』成文堂

26）リフレクションの中で感情に着目する考え方が ORJI モデルです。ORJI モデルは，
観察し（Observation），観察したことについての感情をともなう反応（Reaction）を
ふまえ，分析して判断し（Judgement），変化を起こすためまたは行動に移すために
介入する（Intervation）という ORJI モデルです。シャイン（2012）『プロセス・コン
サルテーション：援助関係を築くこと』(稲葉元吉・尾川丈一訳) 白桃書房，シャイン
（2014）『問いかける技術：確かな人間関係と優れた組織をつくる』(金井壽宏監訳) 英
治出版。以下の文献では経験学習モデルと ORJI モデルがアクションリサーチへと統
合されています。D・コフラン，T・ブラニック（2021）『実践アクションリサーチ―
自分自身の組織を変える』(永田素彦・高瀬進・川村尚也監訳) 碩学舎

27）REFLECT 編（2019）前掲書，F・A・J・コルトハーヘン（2012）『教師教育学：理
論と実践をつなぐリアリスティック・アプローチ』(武田信子監訳) 学文社。自分自身
の経験を対象とし，「どこからそう思ったの？」や「どこからそう気づいたの？」を問
い，対話型鑑賞のアプローチで考えていくと捉えることもできるでしょう。対話型鑑
賞のアプローチについては，2 章注 17 の文献を参照。

28）思い込みや固定観念については，A・グラント（2022）前掲書の中に知見がまとめ
られています。また，固定観念が社会からやってくる場合があります。その点につい
ては，次節「**3** 社会との関係を通じた成長」で扱います。

29）K・クキエ，V・マイヤー＝ショーンベルガー，F・ド＝ベリクール（2023）『意思
決定の質を高める「フレーミング」の力―― 3 つの認知モデルで新しい現実を作り出
す』(樋口武志訳) 英治出版

30）リフレクションすることは，教師や看護師，カウンセラー，建築デザイナーといっ
たプロフェッショナルをはじめ，部下を指導するマネジャーにも求められています。
熟達したプロフェッショナルは，省察的実践者（リフレクティブ・プラクティショ
ナー）とも呼ばれ，深くリフレクションできることが，広く仕事を進める上で大切な
力です。第 3 章注 10 の文献参照。

31）シングルループ学習が型を用いて問題解決する学習と捉えられるのに対し，ダブル
ループ学習は型自体を問い直し，つくり直す学習を意味します。C・アージリス
（2016）『組織の罠：人間行動の現実』(河野昭三訳)，コフラン，ブラニック（2021）
前掲書

32) リフレクションのポイントでは、「目標—現実の行動—固定観念—別の目標」というフレームワークにあわせて例を示しました。ここでは、個人の例に置き換えて分析しましたが、本来は組織の目標、組織の現実の行動、組織の固定観念、組織の別の目標を分析するためのフレームワークです。自分のチームや組織についても分析してみてください。自分と組織を変革するために、現状を免疫モデルで分析するフレームワーク「免疫マップ」を応用しています。以下の文献では、権限委譲の問題は、上司と部下の関係の問題として提示されています。大学時代に限らず、仕事を通じても、うまく権限委譲をすることは難しい問題です。R・キーガン、L・L・レイヒー（2013）『なぜ人と組織は変われないのか——ハーバード流 自己変革の理論と実践』（池村千秋訳）英治出版、R・キーガン、L・L・レイヒー（2017）『なぜ弱さを見せあえる組織が強いのか—すべての人が自己変革に取り組む「発達指向型組織」をつくる』（池村千秋訳）英治出版

33) エドモンドソン（2021）前掲書

34) 組織開発 Organizational Development という分野があります。G・R・ブッシュ、R・J・マーシャク編（2018）『対話型組織開発——その理論的系譜と実践』（中村和彦訳）英治出版、G・R・ブッシュ（2025）『実践 対話型組織開発—生成的変革のプロセス』（永石信訳）ディスカヴァー・トゥエンティワン、R・カルッチ（2023）『誠実な組織：信頼と推進力で満ちた場のつくり方』（弘瀬友稀訳）ディスカヴァー・トゥエンティワン

35) 山浦一保（2021）『武器としての組織心理学 人を動かすビジネスパーソン必須の心理学』ダイヤモンド社、山浦一保（2022）『チームのパフォーマンスを最大化する！組織心理学見るだけノート』宝島社。安斎勇樹（2025）『冒険する組織のつくりかた：「軍事的世界観」を抜け出す５つの思考法』テオリア

36) 信頼関係・協力関係を深く考える文献として以下を参照。E・H・シャイン（2009）『人を助けるとはどういうことか——本当の「協力関係」をつくる７つの原則』（金井壽宏監訳・金井真弓訳）英治出版、D・デステノ（2015）『信頼はなぜ裏切られるのか—無意識の科学が明かす真実』（寺町朋子訳）白揚社。他者と関係を築くという点で、次の文献も参考になります。宇田川元一（2019）『他者と働く——「わかりあえなさ」から始める組織論』NewsPicks パブリッシング、宇田川元一（2021）『組織が変わる——行き詰まりから一歩抜け出す対話の方法２on２』ダイヤモンド社

37) D・コイル（2018）『THE CULTURE CODE—カルチャーコード—最強チームをつくる方法』（桜田直美訳）ダイヤモンド社、M・A・ウェスト（2015）『チームワークの心理学：エビデンスに基づいた実践へのヒント』（高橋美保訳）東京大学出版会、A・C・エドモンドソン（2014）『チームが機能するとはどういうことか——「学習力」と「実行力」を高める実践アプローチ』（野津智子訳）英治出版

38) 本田由紀（2021）『「日本」ってどんな国？——国際比較データで社会が見えてくる』ちくまプリマー新書、筒井淳也（2020）『社会を知るためには』ちくまプリマー新書

39) 自分の身の回りの日常生活の気づきから問題意識を育み成長していくことができます。問題意識を育むことの成長については、以下の文献に示されています。村上紗央

里・新川達郎（2023）『公共政策学教育の現状分析：ポリシー，カリキュラム，授業実践』明石書店

40）上野千鶴子（2019）「平成 31 年度東京大学学部入学式　祝辞」https://www.u-tokyo.ac.jp/ja/about/president/b_message31_03.html（2024 年 12 月 3 日アクセス），上野千鶴子（2024）『こんな世の中に誰がした？―ごめんなさいと言わなくてもすむ社会を手渡すために』光文社

41）早稲田大学平山郁夫記念ボランティアセンター編（2016）『体験の言語化』成文堂，早稲田大学平山郁夫記念ボランティアセンター編（2019）『ボランティアで学生は変わるのか：「体験の言語化」からの挑戦』ナカニシヤ出版

42）河井（2022）前掲

43）ソーシャル・イノベーションという理論と実践では，そこへ行きたいと思う未来を描き，つくりだすことができるという力の感覚を活性化することが目指されています。G・マルガン（2022）『ソーシャル・イノベーション：「社会を変える」力を見つけるには』（青尾謙訳）ミネルヴァ書房

44）厳密には，コミットメントにならないとこのような考え方のシフトが起きないというわけではないと考えられます。また，人が関係からつくられるという発想は，以下の文献から学ぶことができます。鯨岡峻（2016）『関係の中で人は生きる：「接面」の人間学に向けて』ミネルヴァ書房，佐伯胖（2014）『幼児教育への誘い［増補新版］：円熟した保育者になるために』東京大学出版会，K・J・ガーゲン（2004）『あなたへの社会構成主義』（東村知子訳）ナカニシヤ出版，K・J・ガーゲン（2020）『関係からはじまる―社会構成主義がひらく人間観』（鮫島輝美・東村知子訳）ナカニシヤ出版，K・J・ガーゲン（2023）『関係の世界へ』（東村知子・鮫島輝美・久保田賢一訳）ナカニシヤ出版

45）研究では，社会的比較と呼ばれています。ガーゲン（2020）前掲書，ガーゲン（2023）前掲書，アルフィ・コーン（1994）『競争社会をこえて：ノー・コンテストの時代』（山本啓・真水康樹訳）法政大学出版局，外山美樹（2020）『勉強する気はなぜ起こらないのか』ちくまプリマー新書，村上靖彦（2023）『客観性の落とし穴』ちくまプリマー新書

46）支援が持つ奥深さを考えさせてくれるのが，以下の文献です。E・H・シャイン（2009）『人を助けるとはどういうことか――本当の「協力関係」をつくる 7 つの原則』（金井壽宏監訳・金井真弓訳）英治出版。「独りよがり」や「助けにならない」は，unhelpful の日本語訳です。

47）このフレーズは WAVOC が 2007 年に掲げた育成する能力の表現をもとにしています。早稲田大学平山郁夫記念ボランティアセンター（2010）『世界をちょっとでもよくしたい』早稲田大学出版部，早稲田大学平山郁夫記念ボランティアセンター編（2022）『学生の心に火を灯す：早稲田大学平山郁夫記念ボランティアセンター 20 年の挑戦』成文堂。箕曲在弘・二文字屋脩・小西公大編（2021）『人類学者たちのフィールド教育：自己変容に向けた学びのデザイン』ナカニシヤ出版

48）このような関係性の考え方からすると，自立や自律ということは，つながりやかか

わりといった関係性に支えられて，ようやく実現するものです。関係性なしの自立や自律は成立しません。C・ギリガン（2014）『もうひとつの声で：心理学の理論とケアの倫理』（川本隆史・山辺恵理子・米典子訳）風行社。自律から共生へ考えを進める文献，共生について考える文献です。岡田敬司（2014）『共生社会への教育学：自律・異文化葛藤・共生』世織書房，Aju・永浜明子（2022）『発達障がいを生きない："ちょっと変わった"学生とせんせい，一つ屋根の下に暮らして』ミネルヴァ書房

49）グラント（2022）前掲書

50）先の関係発達という考え方と同じ考え方が，アイデンティティの理論から引き出されています。「家族の構成員は，乳児の存在に順応するように自らを新しく方向づけねばならないので，彼らは諸個人としてもグループとしても成長しなければならない。家族が乳児をコントロールし育てると言うことが正しいのと同様，乳児が家族をコントロールし育てると言うことも正しい。つまり，家族は，乳児に育てられることによってのみ，乳児を育てることができるのだ（Erikson 1968：96）」筆者訳，Erikson, E. H. (1968). *Identity: Youth and Crisis*, New York: Norton. E・H・エリクソン（2017）『アイデンティティ：青年期と危機』（中島由恵訳）新曜社

51）再帰性・反省性と訳されるリフレクシビティの概念によって研究されています。質的研究の方法論としての議論があります。N・K・デンジン，Y・S・リンカン（2006）『質的研究ハンドブック（全三巻）』（平山満義監訳）北大路書房，S・R・ジョーンズ，V・トーレス，J・アルミニオ（印刷中）『大学教育の質的研究法』（山田嘉徳・河井亨・新見有紀子訳）東信堂

52）岡野八代（2021）『ケアの倫理』岩波書店，J・C・トロント（2024）『ケアリング・デモクラシー：市場，平等，正義』（岡野八代監訳）勁草書房。村上靖彦（2021）『ケアとは何か―看護・福祉で大事なこと』中公新書，戸谷洋志（2023）『生きることは頼ること：「自己責任」から「弱い責任」へ』講談社現代新書，上野千鶴子（2011）『ケアの社会学―当事者主権の福祉社会へ』太田出版

53）この社会にある依存を考慮しない社会の構想は全て不十分であるという批判を依存批判といいます。E・F・キテイ（2023）『愛の労働あるいは依存とケアの正義論 新装版』（岡野八代，牟田和恵監訳）現代書館

54）そのようなよりよい関係と関係の成長はまた，一人一人の自己実現やウェルビーイング，関係の成長を生み出すことへとつながるものでしょう。関係のウェルビーイングについては，以下の文献を参照。ガーゲン（2023）前掲書

第4章

自分との関係の成長

　大学生の学びと成長では，自分との関係においても成長していきます。自分との関係の成長とはどのようなものだと思いますか。

　大学生活を通じて，知識と人間関係の面で成長するだけでなく，自分と向き合い，自分自身を理解し，自分の新たな一面に気づいていくというように，自分との関係でも成長していきます。

　自分との関係の成長にはどのような成長があるでしょうか。自分と向き合うということや自分について考えるということは，どのように取り組むとよいでしょうか。自分自身についての気づきを自分との関係の成長へとつなぐにはどうしたらよいでしょうか。本章を読み進め，自分との関係の成長を理解し，自分との関係の成長を自分のものにしていきましょう。

大学生という時期は，18歳頃に大学に進学する日本の場合，青年期と呼ばれる時期にあたり，学校から仕事へ移行（トランジション）する時期にあたります。青年期とは，子どもと大人の中間の時期であり，どのような大人になるかを模索し決定するための準備期間として人生を形成していく時期を意味しています[1]。子どもから大人への移行には，親からの経済的・社会的自立，友人や家族やパートナーとよりよい関係を築くことといったことがかかわってきます。また，コミュニティや社会とのかかわりを通じて，他者，組織，社会との関係が広がり，関係がつくられていきます。その中で，ジェンダー，人種，エスニシティ，階級など，様々な属性についての自己イメージを模索していきます。ジェンダーについてであれば，女らしさや男らしさ，性別やジェンダー不平等について考えることがあります。大学生という時期は青年期という移行の時期にあり，自分の進路やキャリア，自己イメージについて揺らいだり，悩んだり，理想と現実の間で葛藤したりします。

　大学生という時期はまた，学校から仕事への移行（トランジション）の時期であり，進路を中心に多数の選択を自分で決定していく時期となります。大学での授業や課外活動で選択の機会に出会い，自分のことを意識して考えることになります。特に，志望する進路の決定，将来の仕事を考える機会，就職活動といったキャリアを考える時には，自分のことを深く考えるようになります。

　キャリアとは，長い目で見た仕事生活のパターンを意味しています[2]。将来，社会に出てからどういう仕事をしていきたいか，どういう暮らしをしたいか，どういう人生を生きたいか，何を大事にして自分の人生をつくりたいかといった自分のキャリアについても考えることになります。そしてまた，大学では，「自分は何がしたいのか」や「自分は何者なのだろうか」といった自分のアイデンティティにかかわる問いについて考え，自分自身と向き合って自分について考えます。

　このように，大学生という時期は，選択の機会に出会い，その中で悩みや葛藤とともに自分のことを考え，自分の考え方をつくる時期となります。サークルやアルバイトを選ぶ際にも，どのようなサークルやアルバイトが向いているかを考え，自分の向いていることや不向きなこと，得意なことや苦手なことを考えたり，好きなことや嫌いなことを考えたりします。大学生は現在の自分の

ことを考えることに加え，将来を展望して自分がどうなりたいか，社会や世界の中で自分のできることは何か，社会・世界に向かって自分がどんな存在となりたいかや自分がどうありたいかといったことについて，自分自身のことを考えていきます。

このように自分のことを考え，そこからこの先の人生を通じて培っていく自分の考え方や思考の習慣を育んでいきます。大学生という時期は，自分自身のあり方を模索や探求，実験し，将来に向けて自分がどうありたいかという軸や姿勢，そして何を大事にしたいかという価値観をつくりあげていくという意味において大切な時期となってきます。

大学での学びと成長には，2章や3章で見てきた知識との関係や他者との関係の成長と同様に，自分との関係の成長があります。「自分」とは，学術概念としては自己と呼ばれるものです[3]。自己は，主体と客体という2つの側面をあわせ持っており，自己は学びと成長の主体でもありますが，社会や他者から影響を受ける客体でもあります。自己の特徴的な性質は，主体と客体が循環して関係をなすところにあり，自分で自分に働きかけることができるところにあります。自己の特徴的な性質から，自分を対象として客観的に見つめるとともに，自分が主体となって働きかけることもできます。自分との関係においては，自分に対して対象すなわち客体としての面と主体としての面の両面の働きを活かして成長に結びつけていくことができます。大学での学びと成長では，自分との関係の成長について理解し，客体としての自分と主体としての自分とともに，自分との関係の成長を生み出していきます。

自分との関係の成長には，状況ごとに異なる自分がいるといった自分の複数性に気づいたり，新たな自分に気づいたり，新たな自分を発見したりしながら，複数の自分との関係を広げていくという成長や，自分自身について考え，自分のいいところや直した方がよいところ，得意なことや苦手なこと，合うことや合わないことを多面的に理解していくという成長が含まれています。さらには，自分が大切にしたい考え方や価値観を探し，自分の価値観や進路を決める軸を自分自身の中につくっていくという自分の人生にかかわるような成長も自分との関係の成長といえるでしょう。自分との関係の成長では，自分自身とのよりよいかかわり方やよりよい関係を模索しながら，自分との関係をつくっていく

ことも自分との関係の成長に含まれます。

　自分との関係の成長は，知識との関係や他者との関係の成長と同様に，「二元論から多元論」，「多元論から関係論」，「関係論からコミットメント」という３つの局面で整理することができます。大学での学びと成長では，知識との関係や他者との関係の成長とともに，自分自身との関係をめぐって３つの局面で成長していきます。

　自分との関係の二元論からコミットメントまでの成長がどのようなものかを簡単に説明します。まず，二元論から多元論への成長では，自分のことを意識して考えることができていない状態から，学業と課外活動のように異なる活動の経験を重ねていく中で，それぞれの活動における自分というものに気づいたり，新たな自分に気づいたり，自分のいいところ，直した方がよいところや自分に合うことや合わないことなどに気づくことができるようになっていきます。多元論から関係論への成長では，様々な場面における複数の自分自身の間を関係づけて考えることができるようになっていきます。そして，関係論からコミットメントへの成長では，複数の自分を関係づけた上で，これからの自分の人生において自分がどうありたいかや，これからどういう生き方をしたいかを自分でつくっていくようになります。

　このように，大学での学びと成長を通じて，知識との関係や他者との関係と同様に，自分との関係もまた成長していきます。「二元論から多元論」，「多元論から関係論」，「関係論からコミットメント」という３つの局面に分けて見ていきましょう。本章では，それぞれの成長局面がどのようなものかを説明し，それぞれの成長局面の自分との関係の成長に向かうワークを紹介していきます。これらのワークを実践し，自分との関係の成長に向けて自分についての理解をつくっていきましょう。そして，ワークの解説と照らし合わせて学び，自分との関係の成長を自分でつくりだしていってほしいと思います。

1 自分との関係の「二元論から多元論」へ
自分についての気づきのために

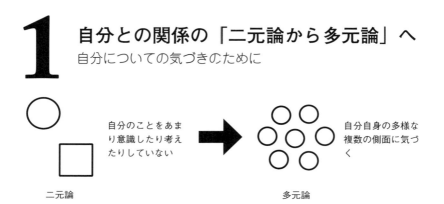

　自分との関係における二元論から多元論への成長とは，自分自身のことについてあまり意識できていない状態（二元論）から，多様な経験や他者とのかかわりを通じて，自分の複数性に気づき，新たな自分に気づくという状態（多元論）への成長を意味します。本節では，自分との関係の二元論から多元論への成長を見ていきます。

　自分との関係の二元論から多元論への成長は，複数の自分に気づくという成長であり，自分についての気づきとその言語化が重要となってきます。自分についての気づきとは，自分がどんな自分かを認識したり，自分のいいところや直した方がよいところ，合うことや合わないこと，好きなものや嫌いなもの，自分の個性や感性といったことに気づくということを意味しています。自分についての気づきを持つためには，自分に関心を持ち，自分がどんな自分かを理解することに取り組み，自分を対象として意識的に外側から眺めることが必要となります。その際には，自分を大切にするというセルフ・コンパッションが必要となります。自分を大切にすることは，自分との関係の成長全体の土台となっていきます。自分との関係の成長では，自分を大切にするという土台の上で，自分のキャリアやあり方，生き方の軸となる価値観を自分でつくりあげ，自分の人生の著者となるというセルフ・オーサーシップの成長を生み出していきます。

第4章 自分との関係の成長　159

　ここでは，複数の自分について気づくという成長を見ていくことから始め，自分についての気づきがどのようなものかを説明し，自分についての気づきと言語化の難しさを説明します。そして，そのような難しさを超えて，自分との関係の成長をどのように生み出していくのかについて，セルフ・コンパッションとセルフ・オーサーシップの概念を紹介していきます。

1 いろいろな自分に気づくという成長

　大学生としての自分には，図4-1のように，時期や活動ごとに複数の自分があり，場面ごとに複数の自分があるというように，自分というものには複数性があります。このような複数の自分について，学生たちは「いろいろな自分」と表現します。複数の自分のそれぞれがまわりの環境や状況から影響を受け，

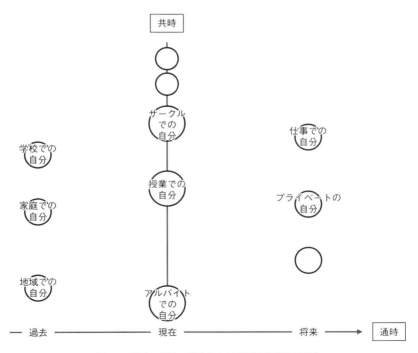

図4-1　過去・現在・将来における活動と複数の自分

複数の自分の間でも相互作用しながら，自分の全体がつくられていきます。

　自分というものを時間の流れから見ると，現在の大学生としての自分があり，過去の自分（例えば，高校時代，中学時代，小学校時代，幼少期といった時期と環境ごとに自分があります）があり，将来の自分（例えば，1年後や5年後，10年後の自分のように将来の自分にも時間幅があります）があります。1つの状況という短い時間幅においても，自分というものは変動します。時間の流れや時間幅から見ると，自分というものには，複数の自分があり，そこには複数性が見られます。

　図4-1に示しているように，自分というものには，時間の流れや時間幅のように，通時的な側面から見ることに加えて，ある1つの時点という共時的な側面から見ることができます。共時的な側面から自分を見ると，図4-1の中の垂直に並んだ丸のように，大学生としての自分には，大学で学業に取り組む自分，サークルや部活動に参加する自分，アルバイトをする自分といったように活動ごとに複数の自分が存在します。このように，自分というものには，多様な自分があり，それぞれの自分を分けて捉えることができるのです[4]。自分自身を分けて捉えていくことが，自分との関係の二元論から多元論への成長にとって重要となってきます。

「Who am I ?」（自分はどんな自分か／あなたはどんな人か）

　このような自分の複数性を捉えるための方法として，「Who am I ?」（自分はどんな自分か／あなたはどんな人か）という問いかけで考える方法を紹介します[5]。この方法は，「自分はどんな自分か」と自分で自分に問いかけて，複数の自分を分けて考え，自分自身で自分の複数性を捉えていくという方法です。「Who am I ?」（自分はどんな自分か／あなたはどんな人か）と，自分に問いかけ，客観的な情報や個人的な自分のこと，そして自分の性格や個性といった自分のあり方を書き出していきます。

　例えば，「○○大学の学生」「○○学部の学生」「○○サークルで活動する学生」「○○でアルバイトする学生」といった所属や「○○県出身です」や「○○に住んでいます」といった出身や住まいなどといった客観的な情報を書き出すといいでしょう。また，「友達とスイーツを食べにいくことが好き」「体を動か

すことが好き」「カフェで1人で読書をすることが好き」というような趣味や趣向，「料理をすることが得意」「絵を描くことが得意」「パソコン作業が得意」といった得意なこと，「友人と遊びに出かけることが好き」「楽器を演奏することが好き」「1人でぼーっとするのが好き」といった好きなことのように個人的な自分のことも書き出してみましょう。さらに「物事を地道に取り組むことができる」「他の人に喜んでもらえることが好き」「新しい物事に挑戦することにワクワクする」といった自分の性格や個性も書き出しましょう。このように自分自身に向けて問いかけ，自分の複数性を分けて捉え，自分自身を理解していきます。自分の複数性を分けて自分について理解していくことを通じて自分との関係を広げていくことが自分との関係の多元論への成長となります。

　「Who am I?」（自分はどんな自分か／あなたはどんな人か）を考えるように，自分について意識を向けて考え，いろいろな自分に気づき，そして新たな自分に気づいていくことが，自分との関係を広げる多元論への成長です。そのためにも，自分についての気づきを意識して捉え，言語化できるようになっていくことが重要となってきます。自分はどんな自分かと自分自身に問いかけて考え，自分の複数性を分けて捉え，自分のあり方を把握し，その上で自分にはどういう新たな一面があるか，自分についての見方の変化はどう変わったのかと考えながら，自分自身についての気づきを言語化していくようにしましょう。自分についての気づきを言語化することによって，そこからさらに自分についての気づきが生まれることもあるでしょう。自分について言語化することによって，現実の自分を把握し，理解することへとつながり，また自分の新たな一面に気づいたり，自分自身について客観的に見ることができるようになっていきます。

　自分との関係の成長として，自分自身について言語化し，自分についての気づきを言語化し，複数の自分を分けて捉えること，現実の自分を把握して理解すること，いろいろな自分に気づくことや自分の新たな一面に気づくことは，自分との関係の成長全体にとって大切な成長です。大学生活の慌ただしさに流されず，自分についての気づきと言語化に取り組み，自分との関係の成長を大切にするようにしてほしいと思います。

2 自分についての気づきとその言語化の大切さ

　自分との関係の成長にとって自分についての気づきとそれを言語化すること
が重要となります。本節では，自分について気づきとその言語化とはどのよう
なものかを説明し，その難しさと大切さを見ていくことにします。

1. 自分についての気づきとその言語化とは

　自分についての気づきとは何かを理解するために，まずは「気づき」とはど
のようなものかを説明していきます。気づきとは，それまで見えていなかった
ことが見えてきたり，感じていなかったことが感じられるようになり，その新
しさや変化，理想と現実のギャップといった違いを受けとり，その違いがある
ことを自覚することであると本書では捉えています。気づきが生まれると，嬉
しい驚きや感嘆，喜び，納得，好奇心やワクワクする気持ちといったポジティ
ブな感情が生まれることもあれば，困惑や戸惑い，悲しさや虚しさ，後悔や怒
りといったネガティブな感情が喚起されることもあるでしょう。気づきによっ
て，自分の経験の新たな理解や別の見方ができたり，人生に新たな選択肢が見
えてきたり，自分自身の新たな理解が生まれたり，自分についての認識が変化
したりします。

　気づきにはまた，深さと幅があります。気づきは，自分とかかわりのないよ
うに感じられる出来事をめぐって生じることもありますが，その気づきが自分
と結びついていくことで深い気づきとなっていくこともあります。例えば，環
境破壊についてのニュースを聞いた時，自分の現在の暮らしや身の回りの出来
事やこれからの人生と結びついた時，その出来事は自分ごととなり，深い気づ
きが生まれることもあるでしょう。またリーダーシップやチームワークをテー
マとする授業で学んでいる知識が自分のサークル活動での運営に活かせると気
づくと，知識の理解が深まり，サークル活動への取り組みの意欲が湧いてくる
こともあるでしょう。気づきが生じてから，気づきについて考えをめぐらせた
り，他の気づきと結びつけたりすることで，さらに新たな気づきや異なる気づ
きが生まれ，気づきが深まっていくこともあります。また，経験からの気づき

が他の気づきと結びつくと，その経験の意味への理解が深まり，自分自身についての気づきが自分と結びつくと自分自身への理解が深くなり，知識について複数の気づきを生み出していくと知識の理解が深まるといったように，気づきは深くなっていきます。

　気づきの幅とは，気づきの多様性を意味しています。気づきには，日々の暮らしの中での気づき，経験からの気づき，社会問題への気づき，授業の知識についての気づきや友人関係の気づきといった多様性が含まれています。ここでは，気づきには多様性があること，その中に自分についての気づきがあることを順に見ていき，自分との関係の成長と気づきとの結びつきについて考えていきます。

　気づきの多様性とは，多様な気づきがあることを意味しています。例えば，日々の暮らしの中で「いいな」「素敵だな」と気づくこと，新しい知識を学んで「なるほど」と気づくこと，他者とのかかわりの中で「いいな」と思えるものやことに出会って気づくといったことがあります。また，日々の暮らしの中で「これはおかしい」と気づいたり，ニュースを聞いて問題に気づくといった気づきもあります。気づきには自分の感性が働いており，「これはいいな」と思ったり，「これはよくないな」と思ったり，「これは嫌だな」や「心地よくないな」と感じたり，「これは好きだな」や「心地いいな」と感じたりします。このように，多様な気づきがあり，その1つ1つの感じ方の中に自分が表れています。

　多様な気づきの中には，自分についての気づきが含まれています。自分についての気づきとは，自分のいいところや直した方がよいところに気づいたり，自分の好きなものやこと，嫌いなものやこと，自分の個性や感性や感じ方に気づくことを意味しています。そのような自分についての気づきを積み重ねていくことで，自分がどういう自分かを理解していくことができます。

　自分との関係の二元論から多元論への成長のためには，多様な気づきと自分についての気づきをもとに自分との関係を広げていきます。自分についての気づきから自分との関係を広げていくために，まずは自分のいいところについての気づきを受けとめるようにしましょう[6]。自分については，自分の直したいところやよくないところが気になってしまうかもしれません。しかし，まずは

自分で「自分のいいところ」と思えるところに目を向け，受けとめ，認めていくといいでしょう。その上で，自分のあり方の理解のためには，自分のいいところにばかり目を向けるのではなく，自分自身についての気づきを受けとることが必要です。自分については，いいところばかりでなく，見えていないこと，見たくないことや短所や弱いところがあります。そのような多様な気づきと自分についての気づきから，自分についての理解が生まれ，自分との関係がつくられていきます。自分との関係の成長のためには，自分についての気づきを受けとめて気づきを持つことができるよう開かれた姿勢を持って自分と深く向き合うことが必要となってきます[7]。

2. 自分についての気づきとその言語化を阻む 3 つの難しさ

　自分との関係の成長にとって自分についての気づきとそれを言語化していくことが重要となってきます。その一方で，そこには 3 つの難しさが存在します。

　1 つ目の難しさは，「自分のことはわかっている」という思い込みです。自分自身のことほど，「わかったつもり」になっていることはありません[8]。「自分のことは自分が一番わかっている」と思い込んでしまっていたとすると，自分自身のことについて深く考えようとしなかったり，自分はこうだと決めつけてしまったり，他者からの自分への意見や助言を受けとめられなかったりして，自分と向き合うことのできないまま過ごしてしまうことになります[9]。自分というものは，日々の暮らしの中で感情，意識や思考，身体が渾然一体となっていてつかみにくいものです。自分についての「わかったつもり」という思い込みから距離をとるようにしましょう。

　2 つ目の難しさは，自分を否定してしまう思考です[10]。この思考は，他人と自分を比べてしまったり，何度も同じ失敗を繰り返してしまったりした時に，「なんで自分はできないんだ」といったように，自分を責めてしまう思考を意味しています。自分を否定するように考えてしまうと，視野が狭くなったり，自分の行動の全てがネガティブに見えてきてしまいます[11]。自分を否定してしまう思考を止め，自分自身についてゆっくりと広く考えていけるようにしましょう。

　3 つ目の難しさは，自分と他人を比較してしまうことです。自分と他人の比

較は，成績，持ち物，経験，お金，容姿，交友関係など，様々な要因を他人と比べてしまうことになりますし，その比較は際限なく行なってしまう可能性があります[12]。近年では，SNSのようなテクノロジーやコミュニケーションの進化とともに，自分と他人の比較に注意を奪われる傾向が高まっています。このような社会環境では，他人とつながりすぎてしまって，自分と深く向き合って過ごすことが疎かになってしまうおそれがあります[13]。自分と他人の比較を続けたところで，そこからはいい考えやアイデアは生み出されません。そのような比較から距離をとって，自分自身について向き合うようにしましょう[14]。

　ここまで，自分についての気づきと言語化に対する3つの難しさを見てきました。自分についてあまり意識できていない二元論の状態では，これら3つの難しさに阻まれてしまいます。自分についてあまり意識できていないということは，自分の外側にある価値を基準に考えたり，判断したり，意思決定したり，行動したりしてしまうところからきます。自分について考える時，特にこれからのキャリアを考える時に，成績の向上や志望する進路の合否や志望する就職先への内定といった自分の外側にある価値を基準に考えてしまうと，自分と向き合うことが難しくなってしまいます[15]。親からの期待や社会で正解とされていることが気づかないうちに自分の思考・判断・行動のための軸となり，無自覚のうちにとらわれとなってしまうこともあります。外側から与えられた価値を基準としてしまい，自分と深く向き合うことをせず，自分で考えるということをしないと「自分がない」ままに時間を過ごすことになってしまい，自分との関係の成長が生まれていきません。

　自分と他人を比較してしまい，自分のことについての「わかったつもり」から抜け出せず，うまくいかない時には自分を否定するような思考になってしまうといった悪循環に陥ります。お金や地位，名誉といった外側にある基準だけを追い求め，外側にある表面的な基準だけがいくら満たされたとしても，主観的な幸福感もウェルビーイングも高まらないことが研究によって示されています[16]。外側の価値観によりかかるだけでは，「今の自分自身に満足する」ことは難しいでしょう[17]。

　自分との関係で成長していくためには，自分でも無自覚のうちに自分の外側にある価値観を基準としていないかと，その価値観にとらわれていないかに気

をつけていきましょう。自分の外側にある価値観への無自覚なとらわれがない
かを批判的に考え，そのようなとらわれがある場合には抗っていかなくてはな
りません。自分との関係で成長していくためには，自分の外側にある価値を基
準に思考・行動するのではなく，自分の内側に自分の軸となる価値観をつくり，
自分の軸となる価値観を基準として自分自身を受容し認め，その価値観をもと
に思考・行動していくことが必要となります。続けて，自分の内側に自分の軸
となる価値観をつくるために必要なことを見ていくことにします。

3 自分の内側に軸となる価値観をつくる成長に向けて

　自分との関係の成長では，自分の内側に軸となる価値観をつくるという成長
が中核となります。自分の内側に軸となる価値観をつくるためには，自分自身
を大切にするセルフ・コンパッションと，自分の価値観を自分でつくり自分の
人生の著者となるセルフ・オーサーシップが重要となります。

1. 自分自身を大切にするセルフ・コンパッション
　　―自分についての気づきを大切に

　自分の軸となる価値観を内側にもって思考・行動していくためには，自分自
身に思いやりを持ち自分自身を大切にするというセルフ・コンパッションが重
要となってきます[18]。セルフ・コンパッションとは，自分に対して思いやりを
持つことであり，「自分は自分」と今ここの自分を受けとめ，自分そのものを
受けとめて安心し，自分自身を大切にできるようになることを意味しています。
　自分についての気づきのところで見てきたように，自分には複数性があり，
いいところもあれば，直したほうがよいところもあります。自分のいいところ
を自分で認めることから自分のことを大切にすることにつながっていきます。
また，自分の短所や弱点についても，直した方がよいところを直すことができ
るのであれば直した方がよいのですが，時には「自分にはこういうところがあ
る」と受容することが自分のことを大切にすることにつながっていきます。自
分を大切にするために，まわりの他者に思いやりや優しさを向けるのと同様に，
自分自身にも思いやりや優しさをもって自分に接していくようにしましょう。

第4章　自分との関係の成長　　*167*

　自分との関係の成長や自分で自分の軸となる価値観をつくっていくためには，自分に思いやりを向け，自分のことを大切にできるようになるというセルフ・コンパッションが土台となります。しかし，それは意識しないとできるようにはなりません。自分のことを大切にできるようになるためには，ここまで見てきたように，自分が気づいていくことと自分についての気づきを言語化していくこと，そしてそれらの気づきを自分との関係を広げていく成長へとつなげていく必要があります[19]。自分自身を大切にすることと，多様な気づきとその中の自分についての気づきを言語化して自分との関係を広げていくことは互いに支え合って，自分との関係の成長の土台となっていきます。

　自分との関係の二元論から多元論への成長では，自分との関係が広がり，自分との関係がつくられていくよう，自分についての気づきと言語化，そして自分自身を大切にすることが重要です。

2.　自分との関係の成長全体にとって重要なセルフ・オーサーシップの成長

　続けて，自分との関係の二元論から多元論への成長と自分との関係の成長全体にとって重要となるセルフ・オーサーシップの成長について説明します[20]。セルフとは自己を意味し，オーサーシップは著者になることを意味していることから，セルフ・オーサーシップは自分の人生の著者になるということを意味しています[21]。セルフ・オーサーシップの成長によって，自分の外側の価値を基準に思考したり行動するのではなく，自分の内側に自分で大事にしたい価値観をつくりあげ，その価値観に基づいて自分の思考や行動を決めていくことができるようになります。自分との関係の成長では，自分自身を大切にするセルフ・コンパッションを土台とし，自分の人生の著者となっていくセルフ・オーサーシップに向けて成長していきます。

　セルフ・オーサーシップの成長が意味するのは，自分との関係は自分でつくっていくことができるということです。自分との関係をつくるということは，自分で自分に働きかけて考え，自分について気づき，言語化していき，自分自身を理解し，自分にとって何が大切かという価値観を自分でつくりあげて自分とかかわっていくことを意味しています。自分自身のことを大切にするとともに，多様な気づきとその中の自分についての気づきを大切にし，それらを土台

に自分の大事にしたい価値観を探究していくことを通じて自分との関係の成長が生まれていきます。

　自分との関係の成長というものは，意識的な取り組みなしでできるものではなく，自分で自分に働きかけることでつくられていくものです。第3章で見てきた他者との関係において他者とのかかわりがあったように，自分との関係においても，自分と向き合って自分を分けて捉えながら自分に働きかけるといった自分とのかかわりがあります。そして，他者との関係において他者とのかかわり方をつくりあげることが重要であったように，自分との関係においても自分とのかかわり方，すなわち自分についての理解や自分の大切にしたい軸をつくり，自分が大事にしたい価値観をつくりあげることが重要となります。

　自分との関係を自分でつくり，自分が大事にしたい価値観をつくりあげていくためには，自分との関係の二元論から多元論への成長で見てきたように，多様な気づきやその中の自分についての気づきを大切にすることが土台となります。自分との関係の成長全体を通じて，多様な気づきや自分についての気づきをもとにして自分の価値観を探究してつくりあげるよう成長していきます。

　セルフ・オーサーシップの成長は，そのようにして自分の内側に自分でつくりあげた価値観を基準として，自分の人生の選択や判断を自分で行ないながら自分の人生を進めていくことを意味しています[22]。自分の外側にあって，自分で選んだわけではない基準をもとに行動したり，思考しているようでは，自分との関係を自分でつくることにはなっていきません。自分の価値観を自分でつくり，自分の人生の舵取りを自分で握って選択していくという自己決定の積み重ねを通じて，自分の人生への主体性やモチベーションがもたらされます[23]。自分の価値観をつくりあげるとともに，自分の人生の選択や判断をしながら，自分との関係がつくられていきます。

　このように自分の価値観をつくりあげていくセルフ・オーサーシップの成長は，自分との関係の二元論から多元論への成長で到達するというより，自分との関係の成長全体を通じて生み出していくものです。自分との関係の成長全体を通じたセルフ・オーサーシップの成長によって，自分の中にあるとらわれから自由になっていきます。知識との関係では自分の考えが正解であることへのとらわれがあり，他者との関係では自分と他人を比較してしまうとらわれがあ

りました。自分との関係では自分のことをわかったつもりになったり，理想の自分と現実の自分のギャップを見ないようにしてしまったり，自分を大切にしなかったりするという難しさに直面することがあります。このようなとらわれは，一度とらわれを自覚したとしても日々過ごす中で再びとらわれに陥ってしまうこともあるというやっかいなものです。大学での学びと成長では，自分との関係の成長全体にわたり，自分の内側に自分で大事にしたい価値観をつくりあげていくセルフ・オーサーシップの成長を通じて，このようなとらわれと向き合い，とらわれから自由になっていくよう成長していくことに向かっていきます[24]。

　また，自分との関係の成長全体を通じて生み出していくセルフ・オーサーシップの成長によって，自分で自分の学びと成長をつくる力をつけ，その主体となり，その責任を果たしていくよう成長することができます。大学での学びと成長では，第1章でも紹介してきたように，自分で自分の学びと成長をつくっていくことが求められます。知識・他者・自分との関係での学びと成長を自分でつくっていくことを通じて，自分の学びと成長への責任をもち，そのための力をつけ，自分の学びと成長の主体となっていくことができます。セルフ・オーサーシップの成長を通じて，自分の学びと成長に対して，主体としての力と責任を持つよう成長していきましょう。

　自分との関係の成長全体を通じて生み出していくセルフ・オーサーシップの成長は，大学時代で完結するものではなく，人生という長い旅の道のりを通じてつくっていく成長でもあるでしょう[25]。これからの人生の中で，複数のステージを移行し，道のりをふりかえり，方向転換をすることも生じるでしょう[26]。そのような時に自分の内側に自分で大事にしたい価値観をつくり直し，自分の思考や行動を自分でコントロールし，自分の進路を自己決定していくことが必要になります。大学での学びと成長において，自分の内側に自分で大事にしたい価値観をつくりあげていくセルフ・オーサーシップの成長は重要なものです。

　自分との関係の成長の全体を通じて，「自分との関係を自分でつくっていくことができる」という考え方で，自分自身と自分についての気づきを大切にし，自分のいいところを自分で受けとめて認め，自分自身を大切にできるようにな

り，セルフ・オーサーシップの成長への旅路を進んでいきましょう。大学での学びと成長に対して，自分を大切にできるようになるということは，学びと成長を目指す自分や，自分の学びと成長を願う自分，そして自分の学びと成長に責任を持とうとする自分を受けとめ，認め，さらにはそのような自分に自信を持っていくことへとつながっていきます。自分について落ち着いて考え，自分についての気づきを大切に受けとめ，自分の学びと成長に責任を持って自分との関係を広げ，自分との関係の多元論への成長を進めていってほしいと思います。

2 自分との関係の「多元論から関係論」へ
自分についての気づきから，自分を理解するには

　自分との関係における多元論から関係論への成長とは，複数の自分に気づく状態（多元論）から，自分の将来に向けて複数の自分を関係づけて考えることができるようになる状態（関係論）への成長を意味します。ここでは，自分との関係の多元論から関係論への成長を見ていきます。

　複数の自分を関係づけていくということは，自分に関することを広く関係づけることを意味しています。自分に関することとは，複数の自分や自分の感情や気づき，考え，行動，そして自分のいいところや直したほうがよいところ，自分の得意なこと，好きなこと，苦手なこと，自分に合うことや合わないことといったことを広く包含する意味で捉えていきます。

　自分との関係の二元論から多元論への成長では，現在の自分について，複数の自分に気づくという成長に対して，多元論から関係論への成長では，現在の自分と将来の自分の両方について考え，理解を深めていきます。多元論から関係論への成長では，現在と将来の両方の自分についてリフレクションし，自分の将来と自分自身に関することを関係づけながら，自分の大事にしたいこととは何なのかを探究していきます。

1 現在と将来の自分についてリフレクションする方法について —ズームアウトとズームイン

　本節では，自分との関係の「多元論から関係論」への成長を促すための方法として，現在の自分と将来の自分についてのリフレクションの方法を紹介します。現在の自分と将来の自分を理解するには，ズームアウトとズームインという2つのアプローチによるリフレクションによって可能となります[27]。リフレクションについては，3章の他者との関係の「多元論から関係論」へと行き来しながら理解を深めてください。

　ズームアウトとは，写真を撮る際に広く全体を見渡すように引いて撮ることを意味しています。自分についてのリフレクションにおけるズームアウトは，自分自身について，鳥の目を通して全体像を捉えるよう，外側から客観的に眺めるように自分に関することを俯瞰していくアプローチです。ズームアウトでは，自分についての多様な気づきを並べ，将来の自分と現在の自分とを並べて俯瞰し，自分に関することを広く並べて見渡します。

　ズームインは，写真を撮る際に，被写体に近づいて，被写体の細かい状態を捉えられるよう迫ることです。自分についてのリフレクションのズームインは，主観的視点から自分自身を見ていき，虫の目となって自分の感覚・感情といった細部を捉えていくアプローチです。ズームインでは，複数の自分を広く見るのではなく，1つの自分に照準を絞り，その自分について自分の視点や感覚・感情を見ていきます。

　また，自分についてのリフレクションでは，現在の自分と将来の自分，活動ごとの自分といった複数の自分を分け，自分について考えるステップを細かく分けて考える必要があります。本節における自分についてのリフレクションでは，ズームアウトとズームインのステップを1つずつ分けて丁寧に見ていくことにします。

1. ズームアウトのリフレクション

　ズームアウトのアプローチによるリフレクションは，自分に関することを広

く関係づけながら自分の価値観を探究することができるようになることを目的に行ないます。そのために，自分に関することを広く俯瞰して関係づけ，自分自身を広く探索していきます。

　ズームアウトのリフレクションでは，次の5つのステップで進めていきます。①現在の自分について言語化して自分に関することを書き出し，②将来の自分について言語化して自分に関することを書き出します。そして，③ここまでに書き出された現在の自分に関することと将来の自分に関することを俯瞰して広く関係づけます。さらに④現在の自分と将来の自分を俯瞰して関係づけたことから得られた気づきを言語化します。以上のステップを踏まえて，⑤自分の軸となる価値観とは何かを考え，探究していきます。

① **ステップ1：現在の自分について具体的に言語化する**

　現在の自分についてのリフレクションは，現在の自分を広く俯瞰して捉えるために行ないます。

　ステップ1では，現在の自分について，客観的な情報，個人的なこと，自分の性格や特徴といったことを書き出します。実際に書き出す際には，自分との関係の二元論から多元論への成長で紹介した「Who am I ?」（自分はどんな自分か／あなたはどんなひとですか？）をもとに考えていきます。

　図4-1（p.159）の現在の自分について，それぞれの活動での自分について，「Who am I ?」（自分はどんな自分か／あなたはどんなひとですか？）と問いかけて考えます。例えば「サークル活動での自分はどんな自分か」や「授業に取り組む自分はどんな自分か」と問いかけ，その活動の中での自分の役割や行なっていることといった客観的情報，その活動や授業での自分の取り組み方や向き合う姿勢，他者との接し方，気持ちや参加する際の思いといったことを書き出していきましょう。

　そして，現在の自分について具体的に言語化することで，自分のいいところや直したほうがよいところ，自分に合っていることや苦手なことを見つけたり，自分を活かすことができる環境や状況についての気づきが生まれます。また，自分がどんな時に楽しいと感じ，逆に楽しくないと感じているのか，自分はどんな時に居心地の良さを感じたり，逆に居心地の悪さを感じたりしているのか，

気づくこともあるでしょう。どんな状況で自分の持っている力を発揮できるか，また逆に萎縮して力を発揮できずにいるのかといったことに気づくこともあるでしょう。さらに，他者との関係がうまくいくのはどんな時なのか，他者とちょうどいい距離感でいられるのはどのような時かについて気づくこともあるでしょう。そのような現在の自分についての気づきを言語化して書き出すようにしましょう。

② ステップ2：将来の自分について具体的に言語化する

　将来の自分についてのリフレクションは，将来について考え，その時点での将来の自分を思い描いて言語化することが目的です。将来の自分についてのリフレクションでは，「将来の自分がどうしていたいか」や「将来の自分がどうなっていたいか」を問いかけ，将来の自分についてどうありたいかやどういう生き方をしていきたいかを深く考えていきます。

　ステップ1で現在の自分を考えるときにそれぞれの活動での自分について分けて自分のことを捉えたように，将来の自分についても分けて考えます。具体的な問いかけとしては，「どんな仕事をしていたいか」や「仕事ではどんなふうに働いていたいか」，そして「プライベートではどんなふうに過ごしていたいか」といったことを考えていきます。

　自分について考え，「仕事では，新しいことに挑戦して成長していきたい」や「プライベートでは，趣味の旅行に十分に時間を割きたい」といった挑戦したいことややってみたいことを言語化して書き出しましょう。

　将来の自分について具体的に言語化することで，将来についての自分の思いや理想，将来の可能性についての気づきが生まれます。自分がこれから挑戦したいこと，今後楽しみにしていること，達成したいことや実現したいこと，成長したいことやできるようになりたいことについて気づきが生まれることもあるでしょう。そのような将来の自分についての気づきも言語化していくようにしましょう[28]。

③ ステップ3：現在の自分と将来の自分を俯瞰して関係づける

　ステップ3は，ステップ1とステップ2で書き出した現在の自分と将来の自

分を並べて把握し，俯瞰して関係づけることを目的に行ないます。ステップ 1 とステップ 2 で書き出した現在の自分と将来の自分については，付箋などを用いて書き出し，並べていきます。その際には，第 2 章で紹介したマッピングという方法（p. 37）を参考にしてください。マッピングを行なうときは，現在の自分と将来の自分を分けて，それぞれをまとめて並べながら，把握していきます。次に，似ている特徴を結びつけたり，関係していると思うことを矢印でつないだり，複数の自分の間の違いを区別したりして整理していきます。現在の自分と将来の自分を並べて俯瞰して把握し，関係づけて考えていきます。現在の自分と将来の自分を分けてマッピングし，一覧できるようにすることで，現在の自分と将来の自分について抜けていることに気づいたり，新たに気づいたりした時には，その気づきも書き足すようにしましょう。

④ **ステップ 4：現在と将来の自分を俯瞰して関係づけることから得られる気づきを言語化する**

　ステップ 4 は，現在の自分と将来の自分を並べて俯瞰して関係づけることで気づくことを言語化していきます。ステップ 3 をもとに，現在の自分と将来の自分をそれぞれまとめて並べ，現在の自分と将来の自分を俯瞰して関係づけることで得られる気づきを書き出しましょう。この場合の関係づけには，現在の複数の自分の間の関係づけ，将来の複数の自分の間の関係づけ，現在の自分と将来の自分の間の関係づけがあります。

　現在の複数の自分の間を関係づけたり，将来の複数の自分を関係づけたりしてあらためて気づくことがあれば書き出しましょう。そして，将来の自分と現在の自分を関係づけ，将来の自分を見通した上で，現在の自分についての気づきを引き出したり，現在の自分を理解することによって，将来の自分についての気づきを引き出していきましょう。「将来の自分がどうしていたいか」や「仕事ではどんなふうに働いていたいか」を考えることで今取り組まないといけないことへの気づきが生まれます。また，今後進みたいと思っている方向や将来の理想を思い描いた上で，現在の自分を見つめ直すと，その間の乖離に気づくこともあるでしょう。現在の自分について将来に向けて活かしていきたい自分のいいところや特徴についての気づきが生まれることもあります。将来の

自分と現在の自分を関係づけることで生まれる気づきを書き出していきましょう。

⑤ ステップ5：自分の軸となる価値観を言語化する

　ステップ5は，ステップ1からステップ4を踏まえて，自分の軸となる価値観とは何かを考え言語化していきます。ここでの自分の軸となる価値観とは，自分の大事にしたいことを意味しています。

　自分の価値観を言葉で表現するために，価値観についてのすでにある言葉を手がかりにしていきます。価値観についての研究によれば，次のようなカテゴリーがあることが明らかにされています[29]。このような言葉の中から，自分が大事にしたい価値観の言葉を複数（少なくとも3-5つ程度）選んでみましょう。

創造性	好奇心・興味	向学心	知的柔軟性	大局観
知識・知恵	探究心・冒険	賢さ・賢明さ	自由	楽しさ
勇敢さ・勇気	忍耐力・勤勉	誠実さ	熱意	やり抜く
愛情・ロマンス	親切心	社会的知性	温かさ	思いやり
利他	気遣う	激励	チームワーク	公平さ・平等
リーダーシップ	協調・貢献	つながり	責任感	市民性
正義	前向き	挑戦	寛容さ	慎み深さ・謙虚
思慮深さ・慎重	自律・規律	受容	優しさ	信頼
審美眼	感謝	希望	ユーモア	本物
崇高	楽観	未来志向	遊び心	楽天的
想像	スピリチュアリティ			

　このリストから，自分の価値観に近い言葉を見つけたら，そこから自分なりの表現を探していきましょう[30]。例えば，自分の大事にしたい価値観として「思慮深さ」を選んだとしましょう。そこからさらに「自分の大事にしたいと思う思慮深さとはどのようなものだろうか」「自分の価値観の『思慮深さ』はこれまでどう培われてきたのか」「どんなところで，その『思慮深さ』が活かされただろうか」「これから『思慮深さ』をどう活かしていけるだろうか」といった問いを考えていくといいでしょう。自分なりの表現を探していくためには，複数の言葉を組み合わせていくといいでしょう。

　このように，現在の自分と将来の自分についてのズームアウトによるリフレ

クションは，自分自身について，何を大事にしたいのかという軸となる価値観を自分の言葉で表現していくことへとつながっていきます。自分の軸となる価値観を言語化することは，自分の価値観を探究できるようになるという自分との関係の関係論の成長にとって大切です。

2. ズームインのリフレクション

　ズームインのアプローチによるリフレクションでは，自分に関することを深く掘り下げて関係づけながら自己理解を深め，自分の価値観を探究できるようになることを目的に行ないます。そのために，自分の経験の中の自分に関することを関係づけ，自分の感情に意識を向けながら，経験に根ざして自分自身のことを深く理解していきます。

　ズームインのリフレクションでは，自分自身を捉えるために，次の3つのステップで進めていきます。①大学生活の中で，特に印象に残っている経験を具体的に言語化します。次に，②その経験の中での感情を手がかりに自分自身を理解し，③自分の経験や感情に即して，自分の軸となる価値観とは何かを考え，探究していきます。

① ステップ1：大学生活の中で，特に印象に残っている経験を具体的に言語化する

　ステップ1は，自分にとって特に印象に残っている経験を言語化していきます。ステップ1は，ズームアウトのリフレクションのステップ1「現在の自分について具体的に言語化する」を手がかりに取り組んでいきます。

　具体的な進め方として，まず，大学生活をふりかえり，特に印象に残っている経験を1つ取り上げます。そして，経験の内容や状況や背景，なぜその経験をしたのかという動機，関係する人や自分の発言や行動，その時に自分が感じていたことや考えていたこと，その時の感情を書き出します。その際には経験を具体的に描写することを意識するといいでしょう。さらに，その経験をふりかえる中で気づいたことについて書き出すようにしましょう。また，なぜその経験が自分にとって印象に残っているかについても記すといいでしょう。このリフレクションでは1つの経験について掘り下げていきますが，印象に残って

いる経験が複数ある場合は，それぞれについて書き出して掘り下げていくといいでしょう。

② ステップ2：その経験の中の感情から自分自身を理解していく

　ステップ2は，ステップ1の経験の言語化をもとに，その経験の中における自分の感情を特定していきます。「その経験の中でどういう感情があったか」や「その経験の中心となっている場面での感情はどのような感情だったか」を考え，経験の中の感情について書き出していきます。経験の中心となる感情を選び，その感情がどのような感情だったかを掘り下げて考えていきます。例えば，その経験の中心となる感情が「嬉しい」という感情だった場合，「どんな嬉しさか」と問いかけて言語化するようにしましょう。

　このステップ2で感情に焦点を当てる理由は，感情とその動きには自分自身がかかわってくるため，感情を手がかりとすることで自分自身を深く理解することができるようになるためです。以下では，まず，感情の役割や働きについて理解し，その上で，その感情がどこからどんなふうにやってくるのかを掘り下げて考え，自分自身との結びつきを考えていく方法を説明していきます。

　感情については，かつては，感情は思い通りにならないもので，理性を働かせる上での邪魔なものと考えられたこともありましたが，感情の働きについて再評価が進み，ポジティブ感情とネガティブ感情の役割が明らかにされてきています。

　ポジティブ感情について，研究が明らかにしているメリットは多岐にわたっています[31]。ポジティブ感情によって，創造力を要する課題や知性を用いる課題をうまくこなすことができ，認知処理がうまく働きます。ポジティブ感情は，健康や長生きと結びついていて，仕事の生産性の高さとも結びついています。そして，ポジティブ感情は，辛い経験からの立ち直りにも寄与していて，社会性のある行動ともつながっています[32]。

　ポジティブ感情には，思っているよりも多様なものが含まれています。典型的なポジティブ感情の例として，喜び（Joy），感謝（Gratitude），安らぎ（Serenity），興味（Interest），希望（Hope），誇り（Pride），愉快（Amusement），鼓舞（Inspiration），畏敬（Awe），愛（Love）といった感情が挙げられていま

す[33]。

　ポジティブ感情によって，思考と行動が広がって前向きになり，探索や実験といった新しい一歩を踏み出すことにつながっていきます。

　ネガティブ感情についての研究からも，興味深い知見が明らかにされています[34]。ポジティブ感情が善で，ネガティブ感情が悪という二分法ではありません。ここでは，ネガティブ感情の働きについて見ていきましょう。

　不安の感情には，視野や考え方が狭くなり，一歩踏み出せなくなる一方で，危険を警戒し，脅威に集中するような姿勢を取ることができるという働きがあります。悲しみという感情には，まわりの人に助けを求めるという行動を促したり，まわりの人の共感や協力を呼び込むという働きがあります。そして，後悔という感情には，次の一歩を思いとどまらせることもありますが，自分自身の行ないに意識を絞り，自身の行ないを省みることを促し，すでに犯した罪や過ちから学ぶ機会を開き，将来望ましい行動をとることにつながるという働きがあります。最もネガティブな感情の１つである怒りには，考えられる可能性の限界まで広く探る気持ちを生み，他の人と違う思考や行動を試したり，独創的な着眼点に目を向けたりして，創造性や生産性を高めるという働きがあり，状況に変化を生み出すにはどうしたらいいかを懸命に考えていく推進力となります[35]。このように，ネガティブな感情にも役割があります。ネガティブな感情を持たないようにしようとすることには無理があります。ネガティブな感情をとにかく抑え込もうとすることもうまくいきません。ネガティブな感情を受けとめ，どのような行動につなげていくかが重要です。

　ズームインのアプローチのステップ２では，以上のような感情の役割と働きを理解した上で，経験の中の感情に即して自分自身について考えていきます。特に印象に残っている経験の中で中心となっている感情に対して，なぜその感情が生じたのかを考えます。そして，「その感情を抱いた自分はどんな自分か」や「その感情に反応した自分にはどういったところがあるのか」といったことを考えることを通じて，経験に根ざした自分自身について理解していくようにします[36]。特に印象に残っている経験の中の感情にかかわる自分について，「その自分はどのような自分か」を考え，経験に根ざした自分を見定めていきます。

③ ステップ3：自分の軸となる価値観を言語化する

　ステップ3では，ステップ1とステップ2をもとに自分の価値観の言語化に取り組みます。ズームアウトによるリフレクションのステップ5「自分の軸となる価値観を言語化する」（p.176）で示した価値観のリストを手がかりとし，自分の軸となる価値観を言葉にしていきます。

　具体的な進め方として，まず，ステップ2をもとに経験の中の感情にかかわる自分と結びついた価値観はどんな価値観かを考え，価値観のリストから最も近いと思う言葉を選びます。その上で，その価値観について自分の言葉で表現するようにしましょう。例えば，「思いやり」という価値観を選んだ場合，「自分の大事にしたい思いやりはどんな思いやりか」を言葉にしていきましょう。また，「その経験の中でどのように思いやりという価値観が働いていたか」や「その経験の中でなぜ思いやりという価値観を大事にしていたのか」を考えたり，「これからどのような思いやりを大事にしていきたいか」を探究し，自分の経験をもとに自分の価値観を言葉で表現していきましょう。

　以上のプロセスを通じて，経験に根ざした自分を理解することに取り組みます。経験に根ざした自分は，自分の思う自分と異なるところがあることがあります。もし自分の思っている自分が新しいことに挑戦できないと思っていたとしても，実際の経験に即して考えると，新しい経験に一歩踏み出していたり，新しい経験にワクワクする感情を抱いていたりする自分に気づいたりします。もし自分の思っている自分が人と話すことがそれほど得意ではないと思っていたとしても，経験に即して考えてみると，たくさん話すわけではなくても，人の話をしっかり聞いた上で自分の意見や考えを話すことができていたり，人と話す時間を楽しむことができていたりすることに気づくこともあります。

　ズームインのアプローチを通じて，その経験の中に表れる自分やその経験の中の感情にかかわる自分を捉え，経験に根ざした自分をより深く理解していきます。そして，そのような自己理解を踏まえ，そのような自分と結びついた価値観は何かを考え探究していきます。

2 自分との関係の「関係論への成長」にとって大切なこと

　最後に，自分との関係の関係論への成長の中で大切なことをまとめておきたいと思います。自分との関係の関係論への成長では，自分についてのリフレクションを深め，自分に関することを関係づけて自己理解し，自己認識を深めるよう成長していきます。

　自分との関係の関係論への成長では，二元論から多元論への成長のところで見てきた「自分との関係を自分でつくることができる」という考え方から，自分についてリフレクションして考えていくことが重要です。自分は固定して変化しないものではないですし，まわりからの影響によってつくられる面だけでなく，自分でつくっていく面があります。自分との関係における関係論への成長では，自分で自分との関係をつくることができるという考え方で，実際に自分を対象とし，自分自身に働きかけ，自分についてリフレクションし自分と対話しながら考えていくことによって成長していきます。

　他者との関係の関係論において，他者とのかかわりや他者への働きかけをリフレクションしていったように，自分との関係において，自分を対象に自分とかかわり，自分に働きかけ，自分と対話するようにリフレクションを進めていく必要があります。自分との関係の関係論への成長で取り組む自分についてのリフレクションでは，二元論から多元論への成長で見たように，自分についての気づきを受けとって考えることも大切ですし，多元論から関係論への成長で見てきたように，自分から自分に関することを関係づけて考えていくことも大切です[37]。

　自分との関係の関係論への成長において自分についてのリフレクションを進めるためには，自分を対象に自分と対話することが必要です。そしてその際には，自分について考えるリフレクションのステップを細かく分け，複数の自分と自分に関することを分けて考えていくことが助けとなります。なぜなら，自分について考える時，考える主体としての自分と考える対象としての自分が互いに影響を与え合い，そして複数の自分や自分に関する様々な要素は絡まり合いやすく，自分について考えるリフレクションは混線してしまやすいからです。

自分についての理解を深めていくためには，複数の自分や自分に関することを分け，1つ1つ思考のステップを分けてリフレクションしていくことが必要となってきます。

　実際に自分についてのリフレクションを進める方法には，ここまで見てきたように，ズームアウトとズームインという2つのアプローチによるリフレクションがあります[38]。ズームアウトのリフレクションでは，自分から距離をとって自分を外側から眺めて考えることが重要となります。複数の自分や自分に関することを頭の中で考えると，それぞれが緊密に結びついているため，うまく捉えられません。自分を外側から眺め，1つ1つ分けて考え，考えたことを実際に書き出し，それらを並べて俯瞰することで自分から距離を取りながら自分に関することを関係づけて考えることができるでしょう[39]。そして自分から距離をとって，現在の自分と将来の自分を並べ，広く関係づけて自分自身について理解していきます。複数の自分や，自分の感情や気づき，好きなことや苦手なこと，自分に合うことや合わないことといった自分に関することを広く見渡して，自分自身を探索しながら関係づけて考えていくようにしましょう[40]。

　ズームインのリフレクションでは，自分のエピソードから見える自分の感情の動きや感情の源泉を掘り下げて考えることが重要となります。感情は，複数の感情が混ざっていたり，矛盾した感情が共存していたり，次々に移ろっていったりして捉えることが難しいものですが，その感情の動きが自分のあり方を考える手がかりとなります。現在の自分と将来の自分の両方を深く理解する上で，自分の感情の機微に気づき，自分の感情について「なぜ」を用いた問いで掘り下げて考え，自分自身のあり方を掘り下げて考えていくようにしましょう[41]。

　自分との関係の関係論への成長では，ズームアウトのリフレクションとズームインのリフレクションを組み合わせ，現在の自分と将来の自分とその間の関係についての気づきを引き出し，さらに自分の価値観の探究へとつなげていくことが重要となります。

　自分との関係の関係論における自分自身を関係づけていく際には，現在の自分と将来の自分を関係づけていきます。現在の自分を踏まえて将来の自分を考えたり，将来の自分を展望してから現在の自分について考えたり，現在の自分

と将来の自分の関係からの気づきをもとに自分の価値観を考えていきます。また，現実の自分と理想の自分を関係づけていきます。理想の自分だけを考えて現実の自分を直視しなかったり，馴染みのある現実の自分にあわせて現状維持してしまったりして，現実の自分と理想の自分のギャップを直視しないということがしばしばあります[42]。現在の自分の課題を問い，理想の自分がどうなりたいかや何を実現したいかを問うことで自分についてのリフレクションを進める必要があります。さらに，ズームインのリフレクションから見えてくる自分とズームアウトのリフレクションから見えてくる自分を関係づけることも自分自身を関係づけていくことに含まれています。ズームアウトで見えてくる自分自身や自分が大事にしたい価値観とズームインで見えてくる自分自身を突き合わせた時に齟齬が生まれたり，矛盾をきたすことも少なくありません。そのように関係づけて自分自身について考えていくことが重要であって，矛盾や齟齬を即座に解消しなければならないわけではありません。無理をせずに，自分を大切にし，自分の人生をかけて自分なりの形で新たな関係をつくっていくことが重要となるでしょう。

　そして，このように自分自身を関係づけて自分の価値観を探究することによって，二元論から多元論への成長の最後のところで触れた，セルフ・オーサーシップの成長へと向かうことができます。自分自身を関係づけて自分の価値観を探究することは，自分の外側の価値観にとらわれたり，依存したりするところから脱して，自分の価値観をつくりあげる道のりを進むことを意味しています。その道のりでは，ズームアウトで自分と距離をとって向き合う中で，自分の思い込みや固定観念への気づきを受けとってリフレクションへ活かしたり，ズームインで自分のエピソードに表れてくる自分自身のとらわれについても気づき，そのとらわれと向き合っていきます。そのような自分自身を関係づけていくリフレクションを通じて，自分の思い込みや固定観念やとらわれに気づいたり，これまでとは違う思考や行動を選択できるようになれば，とらわれから自由になり，自分自身に変化が生まれる成長となっていきます[43]。

　自分の価値観の探究は，自分の価値観に合う表現を探していく道のりです。大学時代に見つからなかったけれども，仕事をしていく中で自分の言葉で表現できるようになるということもあります。自分の大事にしたい軸となる価値観

が何かはなかなか見えてこなかったり，見つからなかったりすることもあります。しかしながら，自分の軸となる価値観を探してみることに意味があります。その時点での自分の価値観を言葉にしておきましょう。自分に関することを関係づけて言語化しておくことで，その後の価値観の探究の助けとなります。

　自分の価値観の探究では，二元論から多元論への成長のところで紹介したセルフ・コンパッションの考え方から，自分のいいところに目を向け，自分のいいところとはいえないところについても受容し（直せるようなら直し），自分のことを大切にして臨みましょう。また，自分とは距離をとって自分を対象として考える際に，自分自身を突き放して他人事のように考えるのではなく，第3章で紹介した，他者の思考や感情に対して知的な作業とともに共感していくエンパシーを働かせるようにするようにしましょう。さらに，自分自身を客観的に見るには，信頼できる他者からのフィードバックを受け取るようにするといいでしょう。他者からのフィードバックは，全てを受け入れる必要があるわけではないものの，自分の気づけていない自分に気づくきっかけとなるものです[44]。

　自分自身に関することを関係づけ，自分についてリフレクションし，自分の価値観を探究していく際には，謙虚さと勇気を両立させていくことが大切です。現実の自分に謙虚に問いかけ，自分の弱さや課題を直視し，場合によっては受け入れていくようにしましょう。また，自分の将来の可能性について勇気を持って問いかけ，自分に広がっている可能性を見渡すようにしましょう。現実の自分と理想の自分が矛盾していたり，離齬をきたしている時にも，理想をあきらめて現状維持に戻ったり，理想だけを見て現実逃避に向かったりするのではなく，難しい道ではあっても，その矛盾や離齬を抱えながら両立させていく道を探っていくことが大切です[45]。

3 自分との関係の「関係論からコミットメント」へ
自分との関係をつくる成長へ

複数の自分を関係づけていく

関係論

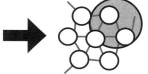
自分のあり方や生き方を自分でつくっていく

コミットメント

　自分との関係における関係論からコミットメントへの成長とは，自分に関することを関係づけて考え，自己理解できる状態（関係論）から自分の価値観をつくりあげ，その価値観を持って自分との関係をつくっていくよう成長すること（コミットメント）を意味します。本節では，自分との関係の関係論からコミットメントへの成長を見ていきます。

　自分との関係の「二元論から多元論」への成長においてセルフ・オーサーシップの成長について説明してきたように，自分との関係をつくるということは，自分についての理解をつくり，自分が大切にしたい軸となる価値観をつくりあげていくことを含んでいます。自分の価値観を持って自分との関係をつくるということは，自分の内側に大事にしたい価値観をつくりあげ，その価値観に基づいて自分の思考や行動を決めていくということです。

　価値観は，ここまで自分の大事にしたいことを意味するものと捉えてきましたが，コミットメントへの成長においては，大事にしたいことを含め，自分がどうなりたいか，どういう自分でいたいか，どういう生き方をしたいかという意味を含むものとして捉えていきます。コミットメントへの成長における価値観は，自分の人生や生き方と結びつけて自分が大事にしたいことを意味すると捉えます。

　自分との関係のコミットメントの成長では，時間軸を広く捉え，過去・現

在・将来の自分と向き合い，自分自身の生き方と人生について自分と対話して考えていきます。自分との関係のコミットメントへの成長に向けて，過去・現在・将来の自分と向き合い，これからの自分の人生を前向きに考えていくための方法として3つのワークを紹介していきます。

1 自分との関係をつくるワーク

本節では，自分との関係のコミットメントへの成長のためのワークとして，以下の3つのワークを紹介します。
①過去の自分の人生のグラフ化
②現在の自分と向き合う CAN-WILL-MUST を考える
③将来の自分を展望する目標のツリー化
自分との関係をつくる3つのワークは，過去・現在・将来と関連しています。ここでは，一人で取り組むことを想定して説明していきます。これらのワークを通じて過去・現在・将来の自分と向き合い，それぞれの自分についてリフレクションしていきます。まず，過去の自分の人生へのリフレクションから，自分がこれまでどんなことに熱中したり，夢中になって取り組んできたかをふりかえり，現在の自分について把握していきます。次に，現在の自分についてのリフレクションから自分自身を理解し，自分のできることやしたいことを見定めていきます。そして，将来の自分の目標を展望するリフレクションから，自分がこれからの人生において大事にしたいことや生き方としての価値観をつくりあげるように取り組んでいきます。3つのワークは，過去の自分の人生をふりかえり，現在の自分を理解し，将来の自分の人生を展望できるよう，過去・現在・将来という順に配置しています。3つのワークを結びつけ，自分の価値観の探究を続け，自分なりの言葉で自分の価値観を表現できるよう取り組んでください。

1. 過去の自分の人生のグラフ化

① ワークの概要

人生のグラフ化のワークは，自分のこれまでの人生という過去をグラフにし

て表します。このワークでは，これまでの人生をふりかえり，自分の人生をグラフとして表し，自分のやる気や意欲，充実感といったことがどういった時に高いか，どういった状況で低いかを把握していきます。さらに，自分の人生のグラフに対して，「なぜ」高いのかや「なぜ」低い状態から脱したのかというように「なぜ」を用いた問いについて考え，自分の人生を進めていく推進力や意欲の源泉がどこにあるのかを探ります。それらを通じて，自分が大事にしてきた価値観を見定めていきます。

② ワークの進め方
ステップ1：これまでの人生をグラフで表す
　1つ目のステップでは，自分のこれまでの人生をふりかえり，人生をグラフで表します。人生のグラフ化は，図4-2のように，横軸に幼少期から小中高を経て現在の大学までを分けた時間軸とし，縦軸に自分の状態を示します。縦軸の自分の状態は，それぞれの時期において，何に取り組んでいたかをふりかえり，熱中していたことや夢中になっていたこと，充実感ややりがいを感じていたことを思い出し，その時の充実感や意欲ややる気といったモチベーションの

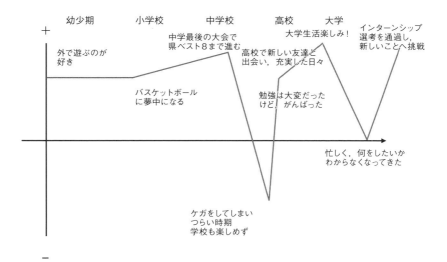

図 4-2　これまでの人生のグラフ化

高低を縦軸として，グラフ化していきます[46]。

　人生のグラフ化を作成する時には，それぞれの時期に特に印象に残っている出来事や経験，その時に感じたことや考えたことを書き出します。また過去を思い返し，その当時の自分の感情などについても記すようにしましょう。特に，グラフが上昇した時や，高い状態の時期については，その時点や時期に「どういったことへやる気や意欲を持って取り組んでいたか」や「何にワクワクしたのか」，「何から充実感を感じていたか」といったことについても具体的に示すことができるといいでしょう。喜びや嬉しい気持ち，希望，誇りといったポジティブ感情が生まれた時を思い返しながらグラフ化していきましょう。

　また，反対にグラフが下がった出来事や経験については，可能な時には，困難な状況をどう乗り越えたのかについて書き出すようにしましょう。そうすることで，意欲ややる気の低下といったモチベーションの低下からどのように向きあったり，立ち直ったかに目を向けたり，困難を乗り越えてきた自分自身にも気づくこともあるでしょう[47]。自分の経験の中にある困難を乗り越える力を自分で認めるようにしていきましょう。

　特定の時期や活動について掘り下げて考えたい場合は，時期や活動を絞って詳しくふりかえってもいいでしょう。例えば，高校時代の自分，大学生になった自分にしぼって掘り下げて深く考えたり，大学生の自分の中でも，アルバイトをする自分，学業面での自分，部活やサークルでの自分というようにそれぞれの活動の中での自分自身がどうだったかをふりかえりグラフをつくっていきます。

ステップ2：自分の人生のグラフに対して「なぜ」を用いて考える

　2つ目のステップは，描き出された自分の人生のグラフに対して「なぜ」を用いた問いについて考えていきます。それぞれの時点や時期に自分自身のワクワクした対象について，なぜワクワクしたのかを考えたり，自分のモチベーションがなぜ高まったのか，どのような要因に影響を受けているのかを考え，書き出していきます。モチベーションが高まった要因については，自分の内側にある要因とまわりの環境にあった要因の両方を考えていきます。また，意欲やモチベーションの低下についても，なぜ低下したのか，そこからどのように立ち直ることができたのか，立ち直るきっかけや支えといった要因は何だった

のかを考え，分析するようにしましょう。低下した要因についても，自分の内
側にある要因とまわりの環境にあった要因の両方を考えていきます。
　そこから，さらに，その当時の自分が大事にしてきたことは何だったかとい
う問いへと進み，自分のこれまでの人生の中で自分にとって大切なことを見定
め，自分にとって大事な価値観をつくりあげていきます。このワークを通じて，
これまでの自分の人生と向き合い，自分の価値観や信念を明確にする機会とし
ていきましょう。

③ 過去の自分の人生のグラフ化のワークのポイント

　1つ目のポイントは，これまでの人生について距離をとって考えることです。
このワークでは，これまでの人生という過去をふりかえってきました。その中
では，印象に残っていることやその中での感情を見つめつつ，経験に根ざした
自分を理解することに取り組んできました。過去を広く捉えてふりかえるとと
もに，過去の自分から適切に距離を取るために，人生という長い時間幅を俯瞰
し，過去の人生の経験に表れる自分を対象とし，これまでの自分の人生に共通
していることや通底していること，自分の人生の推進力は何だったのかを理解
していくとともに，自分自身と距離をとって自分を対象に考えていくというバ
ランスが重要となります。
　2つ目のポイントは，これまでの人生を踏まえつつ現在の自分やこれからの
人生を前向きに展望することです。これまでの自分の人生という過去をふりか
えることによって，過去の自分の人生から意味や力を引き出すようにしましょ
う[48]。過去の自分の人生に影響を受けすぎないようにしつつ，過去の自分の人
生から意味や力を受け取ることができるといいでしょう。これからの人生とい
う未来は自分の意志で変えられるところがありますし，自分という対象は自分
の意志で変化させることができるものです。人生のグラフ化をもとにあらため
て考え直し，現在の自分やこれからの人生を前向きに考えていけるようにしま
しょう。

2. CAN-WILL-MUST のワーク

① ワークの概要

　CAN-WILL-MUST のワークは，自分のできること（CAN），自分のしたいこと（WILL），自分のしなければならないこと（MUST）について考え，現在の自分をリフレクションしていくワークです。このワークでは，自分のできること，したいこと，しなければならないことを分けて考え，現在の自分を理解するよう取り組みます。そして，自分への理解をもとに，もう一度これから自分が何をしたいのかを考え直していきます。

　現在の自分を理解すること，そして自分が何をしたいのかを考えることは，自分のキャリアをつくっていくというキャリア形成の重要な柱です[49]。キャリアという概念は，仕事の履歴のように捉えることもできますが，人生そのものをつくるというように広く捉えることもできます[50]。キャリア形成とは，自分の人生の意味を探したり，気づいたり，自らつくったりしながら，自分が生きる人生全体を構成していくことを意味しています。そのようなキャリア形成の意味からすれば，現在の自分を理解することと，自分が何をしたいかを考えることは，キャリアを前向きにつくっていくためにも重要となってきます。

② ワークの進め方

　このワークでは，現在の自分を理解し，自分のキャリア形成に向けて，CAN-WILL-MUST に分けて現在の自分について考えていきます。ここでは「現在の自分のできることは何か（CAN）」，「現在の自分がしたいことは何か（WILL）」，「現在の自分のしなければならないことは何か（MUST）」という順序で考えていきます。その上で３つの問いを組み合わせて考えを深め，自分を理解し，自分が何をしたいのかを言葉にしていきます。

　このワークでは，図4-3のように，「自分は何ができるか」「自分は何をしたいか」「自分は何をしなければならないか」といった問いを３つの円からなる図で表し，その円の中に３つの問いへの自分の回答を書き出しながら，考えていきます。このワークでは，現在の自分を理解するワークとして取り組むため，大学生活でできるようになったこと，大学生活でしたいこと，大学生活でしな

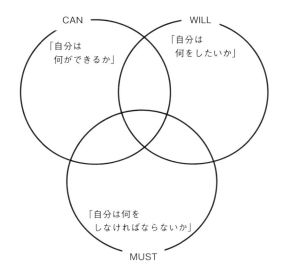

図 4-3　CAN-WILL-MUST で考える

ければならないことを考え，書き出していきましょう。

ステップ 1：「自分には何ができるか（CAN）」を考える

　1つ目のステップでは，「自分は何ができるか（CAN）」について考え，自分ができると思うことを書き出していきます。自分ができると思うことについて重く考えすぎずに，思い浮かんだことを書き出していきましょう。

　「できること」には，学部で学んだ知識や身につけたデータ分析のスキル，PC スキル，接客のアルバイトで身につけたコミュニケーションのスキル，車の運転や一人暮らしのための生活スキル，積極的に行動できることや他者の話を丁寧に聴くことができる態度などが含まれます。

　「何ができるか」と問いかけられると，できることが思い浮かばなかったり，自信を持てなかったりしますが，上の例で挙げたような身近なことから考えたり，大学に入学した直後や高校時代と比べて，「できるようになったこと」から考えるようにしましょう。また，他の学生と比べてしまうというとらわれや高い理想によって「自信を持ってできることがない」という考えに陥ってしまうこともあるかもしれませんが，そのようなとらわれや考えから距離をとり，

自分の中で「これはできる」と思えることを見つけて書いていくようにしましょう。

ステップ2：「自分は何をしたいのか（WILL）」を考える

　2つ目のステップでは，「自分は何をしたいのか（WILL）」について考え，やってみたいことや挑戦したいことを書き出します。「したいこと」には，なんとなくしてみたいことから本気で挑戦したいことまで幅があることから，分けて考えるようにするといいでしょう。

　学生の「したいこと」には，「暮らしやプライベート」「学業」「課外活動」「アルバイト」にかかわることが出てきます。「暮らしやプライベート」に関することには，旅行に行きたい，美味しいものを食べたい，ライブを見に行きたい，お金を貯めたいといったことが挙がります。「学業」に関することには，「学びたいテーマのゼミに入りたい」や「海外留学したい」，「4年間で単位を取得して卒業したい」といったことが含まれています。「アルバイト」に関しては，「アルバイトのリーダーになりたい」や「接客のスキルを伸ばしたい」といったこと，「課外活動」に関しては「サークルのイベントを成功させたい」や「サークルの活動に来てくれる子どもたちに喜んでもらいたい」といったことが挙げられます。

ステップ3：「自分は何をしなければならないのか（MUST）」を考える

　3つ目のステップでは，「自分は何をしなければならないか（MUST）」について考え，今の大学生活の中で必要なことやしておかなければならないことを書き出していきます。

　「しなければならないこと」には，大学生の場合，レポートや課題の提出といった学生生活において「しなければならないこと」や生活や趣味や遊びといったプライベートのために「しなければならないこと」，資格取得や就職活動といった将来のキャリアのために「しなければならないこと」が含まれます。「しなければならないこと」を考える際には，「学生生活」，「プライベート」，「キャリア」のように分けて書き出すといいでしょう。

　「しなければならないこと」を具体的に書き出すことは，そのことの必要性を自覚し，「しなければならないこと」という対象が何かをはっきりと認識することへとつながります[51]。それにより，なぜ，そのことを「しなければなら

ない」かを理解することができますし，そのことに取り組むための意欲が向上することにもなるでしょう。「しなければならないこと」を考える際には，義務や必要なことだけを考えるのではなく，ステップ2で考えた「したいこと」を実現するためにしなければならないことを前向きに考えていきましょう。

ステップ4：自分がやりがいや意義，充実感を感じる源泉を探る

4つ目のステップでは，ステップ1からステップ3で見えてきた現在の自分に対して，自分がやりがいや意義，充実感を感じる源泉を探ります[52]。

まず，自分が何にやりがいや意義，充実感を感じるのかを考え，書き出していきます。そのためには，これまでの人生をふりかえり，ワクワクしてきたことや情熱を持って取り組んできたことを思い出していきます。例えば，仲間と共に目標を達成した時や自分の競技パフォーマンスを極限まで出そうと挑戦している時に感じられる充実感があります。また，人のサポートをしている時やものづくりをしている時，ものごとを企画している時に感じられるやりがいがあります。他にも，芸術や資源の美しさに触れた時に心惹かれる感覚が自分にとって大切ということもあるでしょう[53]。

次に，自分のやりがいや意義，充実感の源泉とは何かを探っていきます。自分のやりがいや意義，充実感はどこから来るのかを考え，さらになぜそれらにやりがいや意義，充実感を抱くのかについて考え，言葉にしていきましょう。例えば，目標を達成することの何にやりがいや意義を感じるのか，そしてなぜそう感じるのかを掘り下げて考えます。また，人のサポートやものづくりのどういったところにやりがいを感じるのか，なぜそう感じるのか，芸術や自然に心惹かれる自分はどんな自分かといったことを掘り下げて考えていきます。

ステップ5：「これからの人生でやりがいや意義，充実感を持って何をしたいか」を考える

5つ目のステップでは，これからの人生でやりがいや意義，充実感を感じながら何をしたいかを考え，言葉にしていきます。「自分は何をしたいのか（WILL）」については，ステップ2で書き出しました。ここでは，ステップ1からステップ3による現在の自分への理解を踏まえて，ステップ4で探求した自分のやりがいや意義，充実感と結びつけ，自分がこれからしたいことを探っていきます。このワークでは，「自分のできること（CAN）」「自分のしたいこ

と（WILL）」「自分のしなければならないこと（MUST）」を一度書き出すことにとどまらず，現在の自分への理解に基づき，現在から将来に向けてもう一度「自分がこれからしたいこと」を考えていきます。

「自分のしたいこと」はいろいろと思い浮かぶかもしれませんが，やりがいや意義，充実感と結びつく「したいこと」を見出していくことは簡単なことではありません。実際，大学に入学して1年ほど経った学生たちから「自分が何をしたいかがよくわからなくなってきた」という話を聞くことがあります。そうした学生たちの「何が本当にしたいかがわからない」という悩みは，「やりがいや意義，充実感を持てるような『したいこと』がわからない」という面があると解釈できるでしょう。自分のやりがいや意義，充実感と結びつけて，「自分のしたいこと」を見出していくことが重要です。

やりがいや意義，充実感と結びつくような「これからしたいこと」を考えるには2つの道筋があります。1つ目は，ステップ4で考えた自分のやりがいや意義，充実感の源泉をもとに「これからしたいこと」を考えていく道筋です。2つ目は，ステップ1からステップ3で書き出してきたことを確認し，自分が「これからしたいこと」について「なぜそのことをしたいのか」を考え，自分のやりがいや意義，充実感の源泉へと結びつけていくという道筋です。

自分のやりがいや意義，充実感を持ってこれからしたいことを考えることは，現在の自分についての理解をもとに，現在から将来に向けて，自分の意志や思い，目的意識をつくっていくという意味を持ちます。そのような意志や思い，目的意識をつくるためには，現在の自分への理解に立脚しつつ，自分のまわりの他者や社会に目を向ける必要があります。自分のやりがいや意義，充実感の源泉として，自分のまわりの他者や社会に働きかけて役に立つことや貢献できることを探すようにしましょう。

自分のやりがいや意義，充実感を持って「これからしたいこと」を摸索することは，大学生活の中だけでなく，卒業後の人生においても続きます。自分のやりがいや意義，充実感を持って「これからしたいこと」を考え，実行していくことによって，自分の人生に充実感をもたらすことになるでしょう。

③ CAN-WILL-MUST のワークのポイント

1つ目のポイントは，自分が「できるようになったこと」に気づき，受けとめ，自分で自分を認めていくことです。自分で自分の「できるようになったこと」を認めていくということは，二元論から多元論への成長のところで紹介した自分を大切にするセルフ・コンパッションに含まれています。また，現在の自分を認めることが得意でないとしても，自分自身について否定的に考えるのではなく，肯定的に考えるようにしていきましょう。自分の全てに楽観的になるというわけではなく，自分の中に「これでいいんだ」という楽観的な捉え方をするところをつくっていくようにしましょう。自分自身について，現実に根ざした現実主義的な見方とポジティブで楽観的な見方を両立させて現在の自分のことを捉えられるようになることが重要です。

2つ目のポイントは，現在の自分の理解に立って，自分で自分に働きかけながら，自分の意志や思い，目的意識をつくっていくことです。自分の意志や思い，目的意識がつくられることで，目の前の課題になぜ取り組まなければならないかを理解してモチベーション高く取り組むことができるようになります。自分の意志や思い，目的意識をつくることで，自分の思考や行動をコントロールしていくようにしましょう[54]。ただし，自分の意志や思い，目的意識は，自分の内側から自然と湧いてくるものではありませんし，自分以外の誰かが与えてくれるものでもありません。自分の意志や思い，目的意識が見えない場合でも，自分と向き合って考え，それらをつくっていくことが大切です。

3. 自分の将来の目標のツリー化のワーク

① ワークの概要

自分の将来の目標のツリー化は，将来の目標について，大目標，中目標，小目標の段階に区切って設定し，ツリー構造にしていくワークです。このワークでは，「将来の自分がどうなりたいか」や「これから何をしていきたいか」といった将来の目標を大目標として考え，そのための道筋を中目標や小目標へと具体化していきます。このワークを通じて，自分のありたい姿を思い描き，自分の可能性や理想を考え，将来について広く考えた上で自分の将来像やビジョンを探っていきます。

自分のありたい姿を思い描くには，将来について自分の可能性や理想を広く考えながら模索していきます。その際には，身近な尊敬できる人や「こうなりたい」と思える人をロールモデルとしたり，自分が目指す道の先をいく人の人生について話を聴いたり，本を読んだりして参考にするといいでしょう。

　自分のありたい姿や将来の目標を考えていくことの意義や効果は，研究によっても示されています[55]。研究の知見によれば，目標を具体的に考えることでやる気が高まること，具体的な行動計画とその障壁を考えることで，地に足をつけて目標達成への準備をすることができるということが明らかにされています。また，目標を達成して成長していくことができるという考え方で目標を考えていくことで，実行に向けた活力が湧いてくることも示されています。

　将来の自分の人生の目標となる「将来の自分がどうなりたいか」や「これから何をしていきたいか」が今のところはっきりとしていないこともあるでしょう[56]。明確な人生の目標を持てていなかったり，将来の見通しが不透明な状況であっても，今ここで自分が「できること」をもとに行動し，世界を広げていけるように挑戦していきましょう。知識や経験を積んでいくと，自分が目標としたいことや人生の目的とすることが見えてくるということがあります[57]。時代が不透明で不確実だからこそ，将来の目標について考えていくことが自分の人生をつくることへとつながっていきます。

　このワークでは，自分の目標を考えることを通じて自分の将来について考えていきます。将来の目標をうまく設定できないと感じる場合には，これからの人生で自分が大事にしたいことは何かを考えてワークを進めてください。多元論から関係論への成長のところで示した価値観の言葉のリストを用いて考えた自分の大事にしたいことが手がかりとなるでしょう。

② ワークの進め方

　目標をツリー構造で書き出すということは，図4-4のように，1つの大きな目標を置いて，目標を達成するための中目標と小目標を書き出していくということです。中目標と小目標には，いくつかの段階をつくります。目標を達成するために，「そのためには何が必要か」と考えて設定していきます。小目標はできるだけ日常の行動に落とし込み，具体的に行動できるようにつくっってい

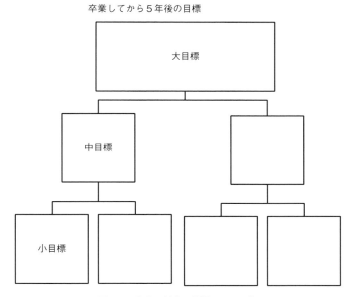

図 4-4　自分の将来の目標のツリー化

ます。
ステップ 1：大目標を考える
　1 つ目のステップは，図 4-4 のように 1 つの大目標を一番上に置いて始めます。ここでは，将来の目標として，卒業して 5 年後の目標を考え，書き出してみましょう。その先を考えられるようであれば，卒業して 10 年後の長期の将来の目標も考えてみましょう。
　ここでいう「大目標」とは，「将来の自分がどうなりたいか」や「これから何をしていきたいか」といったこれからの自分の人生全体にかかわる目標のことです。これからの人生で達成したいことや実現したいことを大目標としましょう。
　将来の目標と聞くと，〇〇にかかわる仕事をしていたいといった仕事内容や収入・待遇・職位といったことや薬剤師や管理栄養士といった取得を目指す資格をイメージしたり，海外駐在の仕事をしたいといった仕事像などが想起されることでしょう。大目標として思い浮かぶことを 1 番上に書き出していきま

しょう。

ステップ2：大目標を達成するために必要な中目標・小目標を具体化する

2つ目のステップでは，大目標を達成するために必要な中目標を考えて設定していきます。さらにその中目標を達成するための小目標を設定できるようであれば，さらに細かく小目標を設定していきましょう。目標をツリー構造にして設定していくことは，これからの人生を具体的に考えることになります。日々の行動にまで目標を具体化することができれば，日々の行動を自分でコントロールし，自分のモチベーションを自分で高めていくことへつなげていくことができるでしょう。

ステップ3：大目標を見直す

3つ目のステップでは，大目標・中目標・小目標というツリー構造をつくった上で，大目標を見直し，必要があれば作り直していきます。

多くの場合，最初に設定した大目標は荒削りなものとなります。小目標・中目標から大目標を見直し，「将来の自分がどうなりたいか」や「これから何をしていきたいか」を再度思い描き，あらためて考え直していくようにしましょう[58]。最初に書き出した大目標に手を加えないのではなく，見直し，書き出した大目標・中目標・小目標と向き合って将来の自分について考えることが大切となります。

大目標を考え直す際には，最初に書き出した大目標に対して，「その目標を達成するのは何のためか」と問い直したり，「その目標を達成してどうなりたいのか」と問い直して考えていくようにしましょう。目標のツリー化で大目標を設定する時に，学生の中には，目指す年収や就きたい職業を具体的に掲げることがありますが，それでは大目標として考えるべき「自分がどうなりたいのか」や「自分がどうありたいのか」という問いには十分に応えられていません。年収や職業は「なりたい自分」や「ありたい自分」の手段であり，その年収や職業で「どうなりたいのか」や「どうありたいのか」をさらに考える必要があります。

また，大目標に「いい人生」や「幸せな人生」という抽象的な目標を掲げる学生たちもいます。このような抽象的な目標もまた，大目標として考えるべき「自分がどうなりたいのか」や「自分がどうありたいのか」という問いには十

分に応えられていません。「自分にとっていい人生とはどんな人生か[59]」や「自分にとって幸せな人生とはどんな人生か[60]」を具体化し，自分のこれからの人生の大目標を自分なりの言葉にしていくことが必要です。

「自分は将来どうなりたいか」や「これから何をしていきたいか」を考える上では，将来の選択肢を広く考えることと，自分の人生として選択肢を絞り込むことの両方が必要になるでしょう[61]。自分の将来の人生の大目標を自分の内側からつくって，したいこと，実現したいこと，達成したいことを自分なりに表現していきましょう。

ステップ4：人生の目的，あり方，生き方，そして価値観を考える

4つ目のステップでは，大目標の先にある人生の目的，あり方，生き方，そして価値観を考えます。これからの人生を通じて達成したい大目標を考えることで，大目標の先にある自分の人生の目的，さらに広く「自分がこれからの人生でどうありたいのか」というあり方や「これからの自分の人生をどのように生きたいのか」という生き方を考えていきます[62]。

自分の人生の目的や生き方を考える際には，人生のグラフ化のワークで取り組んだ過去の自分をふりかえったり，CAN-WILL-MUSTのワークで現在の自分を見つめなおしたりしたことをもとに，その時点での自分のありたい姿はどのような姿か，これからの自分の人生において自分はどう生きていきたいのかを考えましょう。そして，これからの自分の人生を考える際には，自分のことだけを考えるのではなく，まわりの他者や社会とどのような関係をつくっていきたいのかということもあわせて考えていくようにしましょう。

このワークを通じて，自分の人生の目的とあり方や生き方を考え，これからの自分の人生において大切にしたい価値観は何かを考えていきます。自分との関係における多元論から関係論への成長のところで自分の大事にしたい価値観を考えたことを踏まえた上で，コミットメントへの成長において過去・現在・未来の自分の人生を一体的に捉え，これからの自分の人生において大切にしたい価値観は何かを考えていきましょう。

③ 自分の将来の目標のツリー化のワークのポイント

1つ目のポイントは，目標を大目標・中目標・小目標のツリー構造で具体化

することです。日々の行動へとつながるように具体化することで，日々の行動について，自分が何のためにその行動をしているのかを理解し，自分のモチベーションを高くすることができるでしょう。

2つ目のポイントは，「自分は将来どうなりたいか」や「これから何をしていきたいか」という自分のこれからの人生全体にかかわる目標をつくることです。大目標・中目標・小目標を見直し，自分の目標と向き合いながら「将来の自分がどうなりたいか」や「これから何をしていきたいか」を問い直し，自分に合った目標をつくっていきます。

3つ目のポイントは，自分の人生の目的，自分のあり方や生き方を模索した上で，これからの人生に希望を持って価値観をつくりあげていくことです。大目標は，達成したいことにとどまらず，自分の人生の目的，「自分がどうありたいか」という自分のあり方や「自分がどのように生きたいか」という生き方を考えることへと結びついています。自分の将来の大目標をつくることを通じて，将来の自分の可能性や理想を考え，自分がどうありたいかやどう生きたいかを自分で定めていきます。

このように自分の目標をつくる過程では，自分の目標と向き合いながら，自分自身と向き合い，自らの望む自分のあり方や生き方について，希望を込めて想像していきます[63]。そのような自分の人生の目的，自分のあり方や生き方を探究した上で，自分がこれからの人生で大切にしたいことという価値観を前向きにつくりあげていくことが自分との関係のコミットメントへの成長となっていきます。

2 ワークに他の学生と一緒に取り組む

ここで紹介したワークは，自分と向き合い，自分についてリフレクションし，気づき，自分との関係そして自分のあり方を自分でつくっていくことにつながっています。そのため，一度取り組んで終わりにするのではなく，重要な経験をした時や節目の時にワークに取り組んでいくことを勧めたいと思います。

ここまでの説明では，1人で自分と向き合ってリフレクションして考えるよう説明してきました。3つのワークは，他の学生と一緒に取り組むことで新た

な気づきをもたらすことができるものとなっています。

　実際に他の学生と取り組む際には，「話したくないことは話さないこと」と
「相手が話したくないとしたことは聞かないこと」ということを約束し，安心
感を持てるようにして取り組みます。このワークを通じて，その相手との関係
をつくるという点でも，お互いに安心して誠実に向き合い，問いかけるべきこ
とは問いかけ合うことが大切です。

　相手に向けて，自分について考え，関係づけ，言語化することは，自分のリ
フレクションを促し，新たな気づきを生むでしょう。前節や本節で説明してき
たような問いかけの方法（「Who am I?」），リフレクションのポイントやワー
クの大切なことを共有し，お互いに問いかけ合って語り合うことで，自分一人
で考えていたのでは気づかない自分自身のあり方に気づくこともできるでしょ
う。自己理解し，自己認識をつくっていくこともまた，重要な学びと成長です。

❸ 自分との関係の「コミットメントへの成長」で大切なこと

　最後に，ここまでのワークをふりかえりつつ，自分との関係のコミットメン
トへの成長で大切なことをまとめます。ここでは，自分の価値観をつくりあげ，
自分との関係をつくること，そして自分との関係をつくることとアイデンティ
ティ形成を結びつけて見ていきます。ここまでのワークで取り組んできたこと
は，自分がこれからの人生で大切にしたいことという価値観をつくることへと
つながっています。そのように自分の価値観をつくりあげることが自分との関
係をつくることとなり，さらに広くは自分のアイデンティティ形成になってい
くことを説明していきます。

1. 自分の価値観をつくりあげ，自分との関係をつくる

　自分との関係の関係論からコミットメントへの成長では，自分の価値観をつ
くりあげ，自分との関係を自分でつくっていきます。自分との関係の関係論か
らコミットメントへの成長では，多元論から関係論への成長と同様に，自分に
ついてのリフレクションを深めていきます。自分との関係の多元論から関係論
への成長は，自分について働きかけるという姿勢から自分についてのリフレク

ションに取り組み，自分に気づきを得たり，現在の自分を理解したりして自己認識を深め，自分の価値観を探究していきました。自分との関係の関係論からコミットメントへの成長では，過去・現在・将来の自分の人生を一体のものとして捉えリフレクションしながら，これからの人生で大事にしていきたい自分の価値観をつくりあげていきます。

　人生のグラフ化のワークでは，これまでの自分の人生をリフレクションし，人生という時間幅で自分についてふりかえって考え，自分の感情が動くところや自分の情熱やワクワクする感情といったモチベーションの源泉について考えます。そこから自分について認識したり，自分の人生の推進力を理解するという成長をします。

　CAN-WILL-MUST のワークでは，現在の自分を見つめ直し，自分ができるようになったこと，自分が何に意義を感じるのかということを考えていきます。そこから，「これからの人生で自分が意義や充実感を持ってしたいこと」をつくっていきます。

　自分の将来の目標のツリー化のワークでは，将来の自分の人生の目標を考え，これからの行動計画を具体化するととともに，人生の目的，自らの望む自分のあり方や生き方を考え，これからも自分が大事にしていきたい価値観をつくりあげていきます。

　自分との関係の関係論からコミットメントへの成長では，過去・現在・将来の自分の人生に対するリフレクションを通じて自分の価値観をつくりあげていきます。自分との関係の関係論からコミットメントへの成長は，自分の人生で大事にしたい価値観をつくりあげていくという点で，自分の人生の著者となり，自分の人生を自分でつくっていくというセルフ・オーサーシップの成長となっていきます。自分の内側に軸となる価値観をつくりあげることによって，外側にある価値への無自覚なとらわれから自由になり，自分の人生の選択や判断を行ないながら自分のやりがいや意義，充実感を持って自分の人生を進めていく可能性が開かれていきます。

　自分の価値観をつくりあげ，自分の価値観を意識し，その価値観を活かしながら実践していくことで自分との関係をつくるという成長になっていきます。

　自分の価値観については，ここまで見てきたように，価値観を自分なりの言

葉にしていくこと―「自分の場合，その価値観は，どんな価値観なのか？」―
と，実際に価値観を活かすよう意識して実践していくことが重要となってきま
す[64]。自分の価値観をつくりあげたとしても，日常生活の中でその価値観に
適った思考や行動ができるわけではありません。自分がこれからの人生で大事
にしていきたい価値観を日常生活の中で，自分の思考や行動に具現化していく
ことが自分との関係をつくる成長となります。

　具体的には，大事にしていきたい軸となる価値観が「前向きに挑戦していく
こと」にあるのであれば，実際に新しいことに一歩踏み出して挑戦していくこ
とが重要となります。「人の話を思慮深く聴くこと」に軸となる価値観がある
のであれば，日々の人との対話の場で自分の価値観に根ざした聴き方や対話を
実践するようにしていくという実践の形があるでしょう。「大切な人のために
なるよう思いやりを持つこと」を軸となる価値観にするのであれば，実際に大
切な人が困っている時に思いやりのある行動やかかわりをしていくことができ
るかどうかが問われるでしょう。「楽しさと自由」をこれからの人生で大切に
したいと考えているのであれば，自分の考える楽しい過ごし方を実現していく
ことや自分の大事にしたい自由な思考や行動を実践していくことが重要となり
ます。

　自分との関係の関係論からコミットメントへの成長では，これからの人生に
おいて自分が大事にしていきたい価値観をつくりあげることと，その価値観を
日常生活で実践に移すことの両輪で自分との関係をつくっていくことになりま
す[65]。

2.　自分との関係をつくる―アイデンティティ形成として

　自分の価値観をつくりあげ，自分との関係を自分でつくっていくということ
は，自分の人生をつくっていくセルフ・オーサーシップの成長であり，自分自
身のアイデンティティをつくっていくことを意味しています。アイデンティ
ティ形成は，広い意味で，自分自身をつくること，そして自分の人生をつくっ
ていくことの総体を意味していると理解することができます。

　本章で見てきた自分についての気づき，自己理解，自分について考えるリフ
レクション，自分の価値観をつくりあげ，自分との関係をつくること，自分自

身をつくること，そして自分の人生をつくっていくセルフ・オーサーシップは，自分のアイデンティティ形成という包括的な概念の中に含まれていると捉えられます。本章の最後に，自分との関係の成長のコミットメントへの成長にとって大切なことをアイデンティティ形成という概念を手がかりにして考えていきたいと思います[66]。

1つ目に，自分との関係のコミットメントへの成長にとっては，複数の時間の流れを展望して考えること，特に人生全体という時間の流れを意識して考えていくことが大切です。

アイデンティティ形成の原理の1つは，時間の流れの「連続性」にあります。アイデンティティ形成は，その場その場，大学時代という時間の広がり，人生全体という時間の流れという複数の時間の中で進みます。複数の時間の流れを生きている自分と向き合い，自分についての気づきを受けとり，自分にとって大事なことは何かを深くリフレクションしていくことが重要となります。そして特に，自分との関係をつくるということは，その場その場のワークで完結することではなく，人生という時間の流れの中で進む営みであり，人生という時間の流れをふりかえること，そして今後の人生全体という時間の流れを展望し，複数の時間の流れを重ね合わせながら自分がこれから大事にしていきたいことを考えることが自分との関係のコミットメントの成長にとって大切です。

2つ目に，自分との関係のコミットメントへの成長にとって，自分との関係と他者との関係をともに成長させていくことが大切です。アイデンティティ形成の原理には，自分との関係に関することだけでなく，他者との関係に対する「統合」と「分化」があります。すなわち，他者や社会に「統合」されながら他者との関係を広げ，自分なりのかかわり方や関係を「分化」させながら，アイデンティティ形成をしていきます。他者との関係についてリフレクションしながら他者とのかかわり方をつくりあげて他者との関係をつくるという成長とともに，自分の価値観をつくりあげて自分との関係をつくるというセルフ・オーサーシップの成長が進んでいきます。自分との関係のコミットメントへの成長では，他者との関係と自分との関係を結びつけながら，ともに成長させ，自分で自分の人生をつくっていきます。

最後に，自分との関係のコミットメントへの成長にとっては，自分との関係

がつくられるとともに自分との関係をつくるという両面をともなって，自分の人生をつくり，自分の人生を生きることが大切です。

　アイデンティティ形成には，アイデンティティが関係を通じてつくられるという側面とアイデンティティをつくるという側面があります。この2つの側面は，互いに影響し合って結びついています。アイデンティティ形成は，時間の流れという「連続性」の中で，他者との関係に「統合」されることと多元的な自分自身を「分化」させることのバランスをとりながら将来の自分に向けて「総合」していくプロセスです。「連続性」と「統合」と「分化」に加えて，それら全体を通じて「総合」するという原理があります。この「総合」という原理によって，自分との関係をつくる，自分で自分の人生をつくる，そして自分で自分の人生を生きる主体になっていくことが生成されていきます。

　人生や時期・活動といった複数の時間の流れを通じて，他者とかかわり，チーム・組織や社会との関係とともに，自分との関係がつくられ，自分のアイデンティティが形成されていきます。自分との関係をつくり，自分のアイデンティティを形成していくという面については，多様な気づきとその中の自分についての気づきが重要な土壌となります。自分との関係をつくり，自分のアイデンティティを形成していくためには，多様な気づきや自分についての気づきを受けとめるとともに，自分のいいところを認めたり，自分に合わないことを受容したり，自分から自分自身に意識的・主体的に問いかけて働きかけ，自分の意志や思いや目的意識，自分が大事にしたい価値観を自分からつくりあげていくことが必要となります。

　自分との関係の成長では，自分との関係をつくる成長があります。自分との関係をつくる成長では，自分の大事にしたい価値観をつくりあげるというセルフ・オーサーシップの成長を通じて，自分自身の無自覚なとらわれを批判的に問い直し，場合によっては自分のとらわれから解放されて自由になり，自分の価値観をつくりあげるとともに人生の選択やキャリアの意思決定，日々の思考や行動を進めていくように成長していきます。自分との関係の成長は，自分で自分の人生という物語を書く著者になるというセルフ・オーサーシップの成長であり，自分との関係を自分でつくっていくことができるようになるという成長です。

206

　自分との関係の成長はまた，自分でプロアクティブにアイデンティティ形成を進めていくことができるようになるという成長であり，自分の人生を自分でつくっていくことができるようになるという成長です。そのような自分との関係の成長は，自分で自分の人生を生きる主体になっていく成長であり，自分自身になっていく成長でもあります[67]。アイデンティティ形成の総合の原理が効果的に機能することを通じて，このような自分との関係が成長していきます。

　自分との関係の成長では，「自分との関係を自分でつくっていくことができる」という考え方とともに，自分の学びと成長に責任をもつ自分自身を大切にし，そして自分についての気づきを大切にして自分と向き合います。そして，実際に自分を対象に意識的・主体的に働きかけ，自分に関することを関係づけてリフレクションして過去・現在・将来の自分のあり方やこれからの自分の生き方を探究し，自分の情熱の源泉を自己理解し，自分の意思や思い，目的意識や人生の目的，大事にしたい価値観をつくりあげ，自分との関係をつくるよう成長していきます。これからの大学での学びと成長を通じて，自分との関係を自分でつくっていく挑戦を進めていってほしいと思います。

■ 注 ─────────────────────────────

　1) 青年期については，以下の文献を参照。溝上慎一（2010）『現代青年期の心理学─適応から自己形成の時代へ』有斐閣。学校から仕事へのトランジションについては，以下の文献を参照。溝上慎一・松下佳代編（2014）『高校・大学から仕事へのトランジション─変容する能力・アイデンティティと教育』ナカニシヤ出版，溝上慎一責任編集（2023）『高校・大学・社会　学びと成長のリアル─「学校と社会をつなぐ調査」10年の軌跡』学事出版，濱中淳子（2013）『検証・学歴の効用』勁草書房，濱中淳子（2025）『大学でどう学ぶか』ちくまプリマー新書，本田由紀編（2018）『文系大学教育は仕事の役に立つのか─職業的レリバンスの検討』ナカニシヤ出版

　2) 金井壽宏（2002）『仕事で「一皮むける」─関係連「一皮むけた経験」に学ぶ』光文社新書　詳細な定義は，「成人となってフルタイムで働き始めて以降，生活ないし人生（life）全体を基盤にして繰り広げられる長期的な（通常は何十年にも及ぶ）仕事生活における具体的な職務・職種・職能での諸経験の連続と（大きな）節目での選択が生み出していく回顧的意味づけ（とりわけ，一見すると連続性が低い経験と経験の間の意味づけや統合）と将来構想・展望のパターン」（p. 37）とあります。4章注47の文献も参照。

　3) 自分は，英語で Self，学術用語で「自己」です。自己論という研究分野では，主体で

もあり客体でもある自己についての研究があります。自己論の知識を足場としながら学生の対自関係の成長を見ていくことにしたいと思います。A・エリオット（2008）『自己論を学ぶ人のために』（片桐雅隆・森真一訳）世界思想社，梶田叡一・溝上慎一編（2012）『自己の心理学を学ぶ人のために』世界思想社。専門的に学ぶのであれば，以下の文献があります。溝上慎一（2008）『自己形成の心理学―他者の森をかけ抜けて自己になる』世界思想社，梶田叡一（2020）『自己意識の心理学』『自己意識と人間教育』『意識としての自己』『内面性の心理学』『生き方の心理学』（自己意識論集Ⅰ～Ⅴ）東京書籍

4）自己は，階層をなして多元的なものであり，複数の自己の間で対話がなされているとして研究されています。溝上慎一（2008）前掲書，H・J・M・ハーマンス，H・J・G・ケンペン（2006）『対話的自己―デカルト／ジェームズ／ミードを超えて』（溝上慎一・水間玲子・森岡正芳訳）新曜社。現代の若者が多元的な自己を生きていることについては，以下の文献があります。浅野智彦（2015）『「若者」とは誰か：アイデンティティの30年［増補新版］』河出ブックス，平野啓一郎（2012）『私とは何か――「個人」から「分人」へ』ちくま新書

5）梶田叡一（1988）『自己意識の心理学 第二版』東京大学出版会，梶田叡一・溝上慎一編（2012）前掲書。ワークについては以下の文献を参照。安達智子・下村秀雄編（2013）『キャリア・コンストラクション ワークブック―不確かな時代を生き抜くためのキャリア心理学』金子書房

6）ここで，「いいところ」と表現した概念は，「強み」として研究されています。強みは「人格の中で人から賞賛され，尊敬され，重要視されるもののこと」とされています。強みについては，以下の文献で詳しく解説されています。R・ニーミック，R・マクグラス（2021）『強みの育て方―「24の性格」診断であなたの人生を取り戻す』（松村亜里監修・鈴木健士訳）WAVE出版，M・セリグマン（2021）『ポジティブ心理学が教えてくれる「ほんものの幸せ」の見つけ方――とっておきの強みを生かす』（小林裕子）パンローリング。強みといってしまうと，他人との比較が邪魔をして，「自分には強みはない」というふうに考えてしまうかもしれないと思い，本文では，いいところという言葉を用いています。自分のいいところを表現する言葉を探してみるといいでしょう。

7）経験へ開かれている姿勢と同じく，気づきと自分自身に開かれている姿勢が重要となります。「経験への開かれ」は，成長マインドセットともつながる重要な姿勢です。経験への開かれは，パーソナリティ研究に由来します。溝上慎一（2018）『学習とパーソナリティ―「あの子はおとなしいけど成績はいいんですよね！」をどう見るか』東信堂，溝上慎一（2020）『社会に生きる個性―自己と他者・拡張的パーソナリティ・エージェンシー』東信堂，溝上慎一責任編集（2023）前掲書

8）人がいかに自分のことをわかったつもりになるか，浅い自己認識のままでいるか，そしてどのようにして自己認識を深めたらいいかについては，次の文献があります。T・ユーリック（2019）『insight ―いまの自分を正しく知り，仕事と人生を劇的に変える自己認識の力』（中竹竜二監訳）英治出版

9) 自分の能力について自分で適切に評価できていない現象はダニング＝クルーガー効果と呼ばれ，広く見られます。人間はそうした錯覚をする動物なのだと見るのがいいでしょう。2章の注33，3章の注18も参照。

10) 反芻思考と呼ばれています。以下の文献に解説があります。S・リュボミアスキー（2024）『幸せがずっと続く12の行動習慣：「人はどうしたら幸せになるか」を科学的に研究してわかったこと』（金井真弓訳）日本実業出版社，E・クロス（2022）『Chatter（チャッター）：「頭の中のひとりごと」をコントロールし，最良の行動を導くための26の方法』（鬼澤忍訳）東洋経済新報社

11) T・ウィルソン（2005）『自分を知り，自分を変える—適応的無意識の心理学』（村田光二訳）新曜社

12) 自分と他人を比べるというより，自分のモノと他人のモノを比べ，その競争にはまり込んだ先には，自分自身をモノのように扱ってしまうモノ化が待ち構えています。D・ブルックス（2015）『あなたの人生の科学』（夏目大訳）ハヤカワ文庫，D・ブルックス（2018）『あなたの人生の意味（上・下）』（夏目大訳）ハヤカワ文庫。モノ化は，疎外という概念で捉えられてきた現象です。見田宗介（1996）『現代社会の理論—情報化・消費化社会の現在と未来』岩波書店

13) インターネット，AI時代には，人はつながりすぎてしまい人をモノのように扱ってしまうという不安があります。S・タークル（2018）『つながっているのに孤独—人生を豊かにするはずのインターネットの正体』（渡会圭子訳）ダイヤモンド社，S・タークル（2017）『一緒にいてもスマホ—SNSとFTF』（日暮雅通訳）青土社，G・マーク（2024）『ATTENTION SPAN デジタル時代の「集中力」の科学』（依田卓巳訳）ダイヤモンド社

14) 具体的な他人のことを意識して忙しくなるばかりではありません。ソーシャルメディアを含むメディアからの影響もあります。静かに落ち着いて考えることの価値を大切にしてください。J・ゾルン，L・マルツ（2023）『静寂の技法—最良の人生を導く「静けさ」の力』（柴田裕之訳）東洋経済新報社。つながりすぎや接続過剰に対しては，切断することが必要になります。現代思想から考えるには以下の文献があります。千葉雅也（2017）『動きすぎてはいけない：ジル・ドゥルーズと生成変化の哲学』河出文庫

15) 就職活動ではコミュニケーション力のような能力によって，人格を評価する仕組みが築かれています。この仕組みをハイパーメリトクラシーといいます。その仕組みが，いかに私たちの人生を蝕むものかを批判的に明らかにした研究があります。本田由紀（2005）『多元化する「能力」と日本社会—ハイパー・メリトクラシー化のなかで』NTT出版，松下佳代編（2010）『〈新しい能力〉は教育を変えるか—学力・リテラシー・コンピテンシー』ミネルヴァ書房，勅使河原真衣（2024）『働くということ「能力主義」を超えて』新潮新書。仕事への移行のあり方は，国によって多様です。若年失業率が低くないこととあわせて，仕事への移行のあり方が研究されています。A・ファーロング，F・カートメル（2009）『若者と社会変容—リスク社会を生きる』（乾彰夫訳）大月書店，中村高康（2018）『暴走する能力主義—教育と現代社会の病理』ち

くま新書

16) ウェルビーイングは，近年のポジティブ心理学をはじめとする研究のキーワードです。第3章注17も参照。OECDでは，「所得と富」「雇用と仕事の質」「住宅」「健康状態」「知識と技能」「環境の質」「主観的幸福」「安全」「仕事と生活のバランス」「社会とのつながり」「市民参画」という11の領域からなる現在のウェルビーイングと将来のウェルビーイングにつながるリソースから構成して，定義しています。参考サイトは，https://www.oecd-ilibrary.org/sites/3e80c09c-ja/index.html?itemId=/content/component/3e80c09c-ja（2024年5月19日閲覧）です。このサイトでは，ウェルビーイングが幸福と訳されています。以下の文献も参考にしてください。溝上慎一（2023）『幸福と訳すな！ウェルビーイング論―自身のライフ構築を目指して』東信堂

17) 実際の調査から，日本の若者が「今の自分自身に満足している」わけではないことが示されています。世界若者調査には，「今の自分自身に満足している」という項目があります。日本の若者のうち，この設問に「そう思う」（10.4%）か「どちらかといえばそう思う」（34.7%）と回答した割合は4割程度にとどまりました。アメリカ，イギリス，ドイツ，フランス，スウェーデン，韓国の若者たちでは，「そう思う」と「どちらかといえばそう思う」と回答した割合は7割か8割以上です。それらの国の若者では，「そう思う」と最も肯定的な回答をしたのは3割以上，多いところで6割という結果でした。世界若者調査の結果については，内閣府の「子ども・若者白書」を参照してください。ぜひ，他の項目も見て考えてみてほしいと思います（https://www8.cao.go.jp/youth/kenkyu/ishiki/h30/pdf-index.html）。国際比較はありませんが，毎年，各種調査が実施されています。https://www8.cao.go.jp/youth/kenkyu.htm

18) C・ネフ（2021）『セルフ・コンパッション［新訳版］』（石村郁夫・樫村正美・岸本早苗監訳）金剛出版，C・ネフ（2023）『自分を解き放つセルフ・コンパッション』（木蔵シャフェ君子監訳）英治出版。自分を大切にすることは，自分を甘やかすという意味ではありません。また，自尊心や自尊感情を高めればうまくいくということでもありません。自尊心や自尊感情を高めたとしても，課題に挑戦し，現実に「できる」という手応えがなければ，不安や考えすぎに引き戻されてしまいます。A・バンデューラ（1997）『激動社会の中の自己効力』（本明寛・野口京子監訳）金子書房，中間玲子編（2016）『自尊感情の心理学―理解を深める「取扱説明書」』金子書房，J・E・コテ，C・G・レヴィン（2020）『若者のアイデンティティ形成―学校から仕事へのトランジションを切り抜ける』（河井亨・溝上慎一訳）東信堂

　落ち着いて，今ここの自分に意識を集中していくことは，マインドフルネスという概念で研究が進んでいます。J・カバットジン（2007）『マインドフルネスストレス低減法』（春木豊訳）北大路書房，J・ティーズデール（2024）『マインドフルネスの探究―身体化された認知から内なる目覚めへ』（湯川進太郎訳）北大路書房

19) 自分についての気づきを大切にし，自分について気づいていくことは，自分のことを意識して考えない受動的な状態とも，自分のことを考えすぎる過度に能動的な状態とも違っていて，バランスの取れた自分との向き合い方をすることを可能にしてくれます。受動態とも能動態とも異なる（そしてその区別とはちがうところに）中動態と

いう考え方があります。國分功一郎（2017）『中動態の世界―意志と責任の考古学』医学書院，國分功一郎・熊谷晋一郎（2020）『〈責任〉の生成―中動態と当事者研究』新曜社。学びと成長と中動態を理解するためには，以下の文献があります。佐伯胖編（2023）『子どもの遊びを考える：「いいこと思いついた！」から見えてくること』北大路書房

20）セルフ・オーサーシップの成長については，以下で整理しました。河井亨（2022）「大学生におけるセルフ・オーサーシップの成長理論：成長理論のなかの位置づけおよび成長経路と影響要因の析出」『社会システム研究』44，1-36。また，以下にも説明があります。R・キーガン，L・L・レイヒー（2013）『なぜ人と組織は変われないのか――ハーバード流 自己変革の理論と実践』（池村千秋訳）英治出版

21）人生は働きかけて変化させることができるものという考え方について学ぶことができます。T・ベン＝シャハー（2015）『ハーバードの人生を変える授業』（成瀬まゆみ訳）だいわ文庫。あわせてブルックス（2015）前掲書，ブルックス（2018）前掲書を参照。自分の人生の著者になるという考え方は，キャリアカウンセリングの分野からも学ぶことができます。渡辺三枝子編（2016）『キャリアカウンセリング実践― 24 の相談事例から学ぶ』ナカニシヤ出版，渡辺三枝子編（2017）『キャリアカウンセリング再考［第 2 版］―実践に役立つ Q&A』ナカニシヤ出版 L・コクラン（2016）『ナラティブ・キャリアカウンセリング――「語り」が未来を創る』（宮城まり子・松野義夫訳）生産性出版 また，関係の中の人生という捉え方は，3 章の注 44 の文献参照。

22）生まれや身分によって人生が決まっていた前近代と呼ばれる時代とは対照的に，近代と呼ばれる時代では，自分で自分の人生の道筋（ライフコース）を決めていくという特徴が芽生えてきました。自分の人生を自分で決めることとその責任を個人に担わせることは，個人化という概念で説明されています。自己について，社会と個人との関係から理解していくことも大切です。浅野（2015）前掲書，片桐雅隆（2017）『不安定な自己の社会学：個人化のゆくえ』ミネルヴァ書房，牧野智和（2012）『自己啓発の時代―「自己」の文化社会学的探究』勁草書房，牧野智和（2015）『日常に侵入する自己啓発―生き方・手帳術・片づけ』勁草書房

23）自己決定理論について学ぶ入り口として以下の文献があります。D・ピンク（2015）『モチベーション 3.0 ―持続する「やる気！」をいかに引き出すか』（大前研一訳）講談社＋α文庫。モチベーションについて学ぶのであれば，以下の文献から始めるといいでしょう。鹿毛雅治（2022）『モチベーションの心理学―「やる気」と「意欲」のメカニズム』中公新書，鹿毛雅治編（2012）『モティベーションをまなぶ 12 の理論』金剛出版，G・レイサム（2009）『ワーク・モティベーション』（依田卓巳訳）NTT 出版

24）とらわれから自由になることは，解放を意味しています。P・フレイレ（2018）『被抑圧者の教育学――50 周年記念版』（三砂ちづる訳）亜紀書房，B・フックス（2023）『学ぶことは，とびこえること―自由のためのフェミニズム教育』（里見実監訳）ちくま学芸文庫，J・オーウェン（2023）『リーダーシップはみんなのもの―フェミニズムから考える女性とリーダーシップ』（和栗百恵・泉谷道子・河井亨訳）ナカニシヤ出

版

25）金井（2002）前掲書

26）A・C・ブルックス（2023）『人生後半の戦略書―ハーバード大教授が教える人生と
キャリアを再構築する方法』（木村千里訳）, L・グラットン, A・スコット（2016）
『LIFE SHIFT（ライフ・シフト）』（池村千秋訳）東洋経済新報社, A・スコット, L・
グラットン（2021）『LIFE SHIFT2：100年時代の行動戦略』（池村千秋訳）東洋経済
新報社, 出口治明（2020）『還暦からの底力―歴史・人・旅に学ぶ生き方』講談社現代
新書

27）ズームインとズームアウトについては, ユーリック（2019）前掲書に解説がありま
す。また, ズームインとズームアウトは, 自己意識の心理学において, それぞれ内在
的視点と外在的視点とに関連しています。梶田叡一（1988）前掲書, 溝上慎一（1999）
『自己の基礎理論―実証的心理学のパラダイム』金子書房。ズームインとズームアウ
トという区別と, 現在の自分へのリフレクションと将来の自分へのリフレクションの
区別には多数の組み合わせが可能であり, ここで説明した以外の方法で自分について
のリフレクションを深めることも可能です。ズームアウトを鳥の目, ズームインを虫
の目と結びつけて説明しました。鳥の目でズームアウトすることはメタ認知の働きと
して重要です（1章注3参照）。虫の目の重要さは, 人類学という学問が教えてくれ
ます。人類学的なものの見方の重要性を説く文献もあります。ジリアン・テット
（2022）『Anthro Vision（アンソロ・ビジョン）―人類学的思考で視るビジネスと世
界』（土方奈美訳）日本経済新聞出版

28）将来の目標を具体的にしていく問いかけの方法には, GROW コーチング（Goal
Reality Option Will の頭文字）と呼ばれるものがあります。「あなたが望んでいるこ
と／目指していることはなんですか？」（目標（Goal）），「いまどれぐらいまで進んで
いますか／どんな壁に直面していますか？」（現実（Reality）），「もし, いま直面して
いる壁がなかったとしたら, どう行動しますか？」（行動計画（Option）），「乗り越え
るべき壁は何ですか？　どうやって乗り越えますか？」（意欲（Will））といった問い
かけがあります。問いかけの具体例は, 以下より。P・F・グジバチ（2018）『世界最
高のチーム　グーグル流「最少の人数」で「最大の成果」を生み出す方法』朝日新聞
出版

29）ここで示す言葉は, 以下の文献よりまとめました。ニーミック, マクグラス（2021）
前掲書, M・セリグマン（2021）『ポジティブ心理学が教えてくれる「ほんものの幸
せ」の見つけ方――とっておきの強みを生かす』（小林裕子）パンローリング, R・ハ
リス（2021）『自信がなくても行動すれば自信はあとからついてくる―マインドフル
ネスと心理療法 ACT で人生が変わる』（岩下慶一訳）筑摩書房

30）インターネットでは, 質問に答えると, 自分の価値観が何かをフィードバックして
くれるウェブサイトもあります。オンラインで質問に答えることで自分の強みについ
ての情報をフィードバックしてくれるストレングス・ファインダーという仕組みもあ
ります。J・クリフトン, ギャラップ（2023）『さあ, 才能（じぶん）に目覚めよう　最
新版―ストレングス・ファインダー 2.0』（古屋博子訳）日本経済新聞出版社

31）セリグマン（2021）前掲書，B・フレデリクソン（2010）『ポジティブな人だけがうまくいく3：1の法則』（訳）日本実業出版社

32）辛い経験や逆境から立ち直ることはレジリエンスやポスト・トラウマティック・グロースとして研究されています。小塩真司・平野真理・上野雄己編（2021）『レジリエンスの心理学―社会をよりよく生きるために』金子書房。また，人類のあり方としてのレジリエンスが論じられています。J・リフキン（2023）『レジリエンスの時代 再野生化する地球で，人類が生き抜くための大転換』（柴田裕之訳）集英社。また，社会性のある思いやりの行動は向社会的（Pro-social）として研究されています。C・D・バトソン（2012）『利他性の人間学―実験社会心理学からの回答』（菊池章夫・二宮克美訳）新曜社，菊池章夫（2018）『もっと／思いやりを科学する―向社会的行動研究の半世紀』川島書店

33）フレデリクソン（2010）前掲書

34）以降で紹介している研究知見は，以下の文献の知見をまとめています。ハリス（2021）前掲書，T・カシュダン，R・ビスワス＝ディーナー（2015）『ネガティブ感情が成功を呼ぶ』（高橋由紀子訳）草思社，D・デステノ（2020）『なぜ「やる気」は長続きしないのか―心理学が教える感情と成功の意外な関係』（住友進訳）白揚社，D・ピンク（2023）『THE POWER OF REGRET ―振り返るからこそ，前に進める』（池村千秋訳）かんき出版

35）怒りの感情が湧いてきた時に対処法を誤ると，より状況を悪化させてしまいます。対処の仕方を解説する知識を頼りにするといいでしょう。R・I・サットン（2018）『スタンフォードの教授が教える職場のアホと戦わない技術』（坂田雪子訳）SBクリエイティブ。怒りに任せることなく解決に向かう方法として，非暴力コミュニケーション（Non-violence communication）という方法が提唱されています。そこでも内面に目を向けることとそこから相手とつながっていくことの大切さが説かれています。M・B・ローゼンバーグ（2018）『NVC ―人と人との関係にいのちを吹き込む方法 新版』（安納献監修・小川敏子訳）日本経済新聞出版社，M・B・ローゼンバーグ（2021）『「わかりあえない」を越える―目の前のつながりから，共に未来をつくるコミュニケーション・NVC』（今井麻希子・鈴木重子・安納献訳）海土の風

36）自分で「自分がどのような自分か」を捉えていくことは，自己定義と呼ばれています。自己定義によって，自分自身へのコントロールを働かせていくという面もあります。

37）知識との関係の関係論への成長や他者との関係の関係論への成長では，それぞれ問いの型やリフレクションの型としてリアクティブとプロアクティブという区別を用いて捉えてきました。ここでは，自分についての気づきを受けとって考えることがリアクティブなリフレクションで，自分から自分に関することを関係づけていくリフレクションがプロアクティブなリフレクションだと捉えることができます。

38）本章では，ズームアウトのリフレクションからズームインのリフレクションへと進むよう説明してきましたが，ズームインのリフレクションに取り組んでからズームアウトのリフレクションに取り組む方法もあります。例えば，感情のコントロールが難

しい場合には，ズームインで感情を理解してからズームアウトで客観視した方がいいという考え方があります。K・マクゴニガル（2015）『スタンフォードの自分を変える教室』（神崎朗子訳）だいわ文庫，E・フォックス（2023）『SWITCHCRAFT 切り替える力―すばやく変化に気づき，最適に対応するための人生戦略』（栗木さつき訳）NHK 出版

39) 自分と距離を取ることは，Self-distancing として研究されています。以下の文献に解説があります。クロス（2022）前掲書，ピンク（2023）前掲書

40) 自分が「いいな」と思うことやものをうまく言葉にできないこともあるでしょう。そのような時には，書籍や映画，芸術鑑賞といった文化の表現に言葉を探し求めるといいかもしれません。鈴木有紀（2019）『教えない授業――美術館発，「正解のない問い」に挑む力の育て方』英治出版，千葉雅也（2024）『センスの哲学』文藝春秋。2 章注 17 の文献も参照。

41) 感情を調整することとコントロールすることについては，フォックス（2023）前掲書より。見方を変えるという具体的な方法は，リフレーミングと呼ばれています。K・クキエ，V・マイヤー＝ショーンベルガー，F・ド＝ベリクール（2023）『意思決定の質を高める「フレーミング」の力―― 3 つの認知モデルで新しい現実を作り出す』（樋口武志訳）英治出版　感情のコントロールには，運動も重要です。K・マクゴニガル（2022）『スタンフォード式人生を変える運動の科学』（神崎朗子訳）大和書房

42)「自分らしさ（オーセンティシティ）のパラドクス」と呼ばれるパラドクスです。H・イバーラ（2015）『世界のエグゼクティブが学ぶ―誰もがリーダーになれる特別授業』（河野英太郎監修，新井宏征訳）翔泳社。理想自己と現実自己のダイナミクスは，人生をつくるうえで大切な視点です。A・グラント（2022）『THINK AGAIN ―発想を変える，思い込みを手放す』（楠木健監訳）三笠書房，R・ウォールディンガー，M・シュルツ（2023）『グッド・ライフ：幸せになるのに，遅すぎることはない』（児島修訳）辰巳出版，フォックス（2023）前掲書，グラットン，スコット（2016）前掲書の中でも言及があります。

43) 4 章注 24 参照

44) フィードバックをどうするか，どう受けとめるかについて考える必要があります。ユーリック（2019）前掲書。フィードバックをもらう時にも，自分を大切にするという原則を保ちましょう。自分自身のいいところを肯定（自己肯定：self affirmation といいます）してからフィードバックを受けることで，建設的にフィードバックを活かすことができます。C・スティール（2020）『ステレオタイプの科学――「社会の刷り込み」は成果にどう影響し，わたしたちは何ができるのか』（藤原朝子訳）英治出版。自己肯定は，ワクチンとなるという考え方もあります。M・セリグマン，L・ジェイコックス，J・ギラム，K・レイビック（2003）『つよい子を育てるこころのワクチン―メゲない，キレない，ウツにならない ABC 思考法』（枝廣淳子訳）ダイヤモンド社

45) 勇気と謙虚さを両立することについては，以下の文献を参照。A・グラント（2022）『THINK AGAIN　発想を変える，思い込みを手放す』（楠木健監訳）三笠書房。どちらかを選ぶ安易な択一思考はうまくいかず，困難ではあっても両立思考によってこそ

問題の解決や成長が導かれます。W・スミス，M・ルイス（2023）『両立思考―「二者択一」の思考を手放し，多様な価値を実現するパラドキシカルリーダーシップ』（関口倫紀・落合文四郎・中村俊介監訳）日本能率協会マネジメントセンター，舘野泰一・安斎勇樹（2023）『パラドックス思考―矛盾に満ちた世界で最適な問題解決をはかる』ダイヤモンド社

46）学生たちは，このようなグラフのことをモチベーション・グラフと呼んでいます。モチベーションは，動機づけという意味で多くの研究がされています（4章注23の文献を参照）。やる気や意欲は，エンゲージメントという概念で捉えられます（2章注43の文献を参照）。

47）R・A・ハイフェッツ，M・リンスキー，A・グラショウ（2017）『最難関のリーダーシップ――変革をやり遂げる意志とスキル』（水上雅人訳）英治出版，金井壽宏（2002）『仕事で「一皮むける」』光文社新書

48）V・E・フランクル（1993）『それでも人生にイエスと言う』（山田邦男・松田美佳訳）春秋社，V・E・フランクル（2002）『夜と霧［新版］』（池田香代子訳）みすず書房

49）キャリア形成を学ぶためには以下の文献があります。渡辺三枝子編（2018）『新版キャリアの心理学［第2版］―キャリア支援への発達的アプローチ』ナカニシヤ出版。また，キャリア形成についての原理を理解するためには以下の文献があります。E・H・シャイン（1991）『キャリア・ダイナミクス―キャリアとは，生涯を通しての人間の生き方・表現である』（二村敏子・三善勝代訳）白桃書房，E・H・シャイン，尾川丈一（2020）『キャリア・ダイナミクスII 改訂版』（石川大雅・櫻井恵里子・中島愛子訳），M・L・サビカス（2015）『サビカス　キャリア・カウンセリング理論：〈自己構成〉によるライフデザインアプローチ』日本キャリア開発研究センター，M・L・サビカス（2023）『サビカス キャリア構成理論：四つの〈物語〉で学ぶキャリアの形成と発達』（水野修次郎・長谷川能扶子監訳）福村出版，W・ブリッジズ（2014）『トランジション――人生の転機を活かすために』パンローリング，J・D・クランボルツ，A・S・レヴィン（2005）『その幸運は偶然ではないんです！』ダイヤモンド社

50）K・ホイト（2005）『キャリア教育―歴史と未来』（仙﨑武・藤田晃之・三村隆男・下村英雄訳）雇用問題研究会，前田信彦（2022）『キャリア教育と社会正義―ライフキャリア教育の探求』勁草書房

51）私たちは「しなければならないこと」があったとしても，先延ばしや計画錯誤をしてしまいます。P・スティール（2016）『ヒトはなぜ先延ばしをしてしまうのか』（池村千秋訳）CCC メディアハウス，D・カーネマン（2014）『ファスト＆スロー――あなたの意思はどのように決まるか（上・下）』（村井章子訳）早川文庫

52）MUST の問いは，そもそも，「あなたがどういうことに意義を感じるのか」ということを問うていました。E・H・シャイン（2003）『キャリア・アンカー―自分の本当の価値を発見しよう』（金井壽宏訳）白桃書房，金井（2002）前掲書

53）R・カーソン（2021）『センス・オブ・ワンダー』（上遠恵子訳）新潮文庫，R・カーソン，森田真生（2024）『センス・オブ・ワンダー』筑摩書房，嘉田由紀子・新川達

郎・村上紗央里編（2017）『レイチェル・カーソンに学ぶ現代環境論―アクティブ・ラーニングによる環境教育の試み』法律文化社，千葉（2024）前掲書

54）自分のしている仕事を自分で意味づけていくことが重要だというジョブ・クラフティングという考え方があります。高尾義明・森永雄太編（2023）『ジョブ・クラフティング―仕事の自律的再創造に向けた理論的・実践的アプローチ』白桃書房。また，自分に働きかけるという点では，以下の文献も参考になります。K・マクゴニガル（2020）『スタンフォードの心理学講義―人生がうまくいくシンプルなルール』（泉恵理子監訳）日経ビジネス文庫

55）心理学からモチベーション（マインドセットやワークエンゲージメント）についてアプローチした文献があります。第2章注43，第3章注6，第4章注23の文献とあわせて参照してください。H・G・ハルバーソン（2019）『やってのける～意志力を使わずに自分を動かす～』（児島修訳）大和書房，H・G・ハルバーソン（2018）『やる気が上がる8つのスイッチ―コロンビア大学のモチベーションの科学』（林田レジリ浩文訳）ディスカヴァー・トゥエンティワン，H・G・ハルバーソン（2017）『やり抜く人の9つの習慣―コロンビア大学の成功の科学』（林田レジリ浩文訳）ディスカヴァー・トゥエンティワン，G・エッティンゲン（2015）『成功するにはポジティブ思考を捨てなさい―願望を実行計画に変えるWOOPの法則』（大田直子訳）講談社。経済学からやる気にアプローチする文献もあります。I・エアーズ（2012）『ヤル気の科学―行動経済学が教える成功の秘訣』（山形浩生訳）文藝春秋

56）大学生のキャリア意識調査（https://www.dentsu-ikueikai.or.jp/investigation/#investigation）やマイナビのリサーチ（https://career-research.mynavi.jp/）によると，大学生の7割が将来のイメージを持っているという報告や，6割ほどの学生が将来の進路が定まっていないという報告があります。

57）このような考え方をエフェクチュエーションといいます。S・サラスバシー（2015）『エフェクチュエーション―市場創造の実効理論』（加護野忠男監訳）碩学舎，吉田満梨・中村龍太（2023）『エフェクチュエーション―優れた起業家が実践する「5つの原則」』ダイヤモンド社，グラント（2022）前掲書

58）サラスバシー（2015）前掲書，グラント（2022）前掲書，S・リード，S・サラスバシー，N・デュー，R・ウィルトバンク，A・オールソン（2018）『エフェクチュアル・アントレプレナーシップ』（吉田孟史監訳）ナカニシヤ出版

59）ウォールディンガー，シュルツ（2023）前掲書

60）M・チクセントミハイ（2008）『フロー体験とグッドビジネス―仕事と生きがい』（大森弘訳）世界思想社，H・ガードナー，M・チクセントミハイ，W・デイモン（2016）『グッドワークとフロー体験―最高の仕事で社会に貢献する方法』（大森弘監訳）世界思想社，S・リュボミアスキー（2014）『人生を「幸せ」に変える10の科学的な方法』（金井真弓訳）日本実業出版社，S・エイカー（2011）『幸福優位7つの法則　仕事も人生も充実させるハーバード式最新成功理論』（高橋由紀子訳）徳間書店

61）目標が多数あると，絞り込めずに途方に暮れてしまいます。さらには，何が大事かを見失ってしまいます。選択肢は，多すぎると選べなくなるものです。S・アイエン

ガー (2010)『選択の科学―コロンビア大学ビジネススクール特別講義』(櫻井祐子訳) 文藝春秋

62) 人生の究極関心や人生哲学と呼ばれるものを考えます。アメリカンフットボールの名監督 P・キャロルは「あなたの人生哲学は何なのか？」を問うたといいます。A・ダックワース (2016)『やり抜く力 GRIT (グリット)―人生のあらゆる成功を決める「究極の能力」を身につける』(神崎郎子訳) ダイヤモンド社

63) 自己形成は, 即自から対自へと進みます。自己形成については, 第4章注3の文献を参照。

64) 自分の〈ことば〉をつくることの大切さは, 以下の書籍を参照。細川英雄 (2021)『自分の〈ことば〉をつくる―あなたにしか語れないことを表現する技術』ディスカヴァー・トゥエンティワン。第3章では能力について, 能力が成長するという考え方が重要であると説明しました。同様に, 自分の価値観についても固定して変わらないものという捉え方ではなく, 変化し成長するものという捉え方が重要となります。価値観を理解した上で, 価値観を実践に移すことが重要です。M・セリグマン (2014)『ポジティブ心理学の挑戦―"幸福"から"持続的幸福"へ』(宇野カオリ訳) ディスカヴァー・トゥエンティワン

65) 自分なりの挑戦, 自分にとってかけがえのないことに熱中するということによって成長が生まれます。自分の意義や充実感を感じることへの挑戦は, 自分ならではの個性的なことでもあります。「充足感の追求」の重要性は以下の文献で説かれています。T・ローズ, O・オーガス (2021)『Dark Horse ―「好きなことだけで生きる人」が成功する時代』(大浦千鶴子訳) 三笠書房

66) アイデンティティ形成について詳しくは, 以下の文献を参照：コテ・レヴィン (2020) 前掲書。ここでの説明は同書に依拠しています。アイデンティティ形成の概念は, 多元的なプロセスであり, アウトサイドインとインサイドアウトの生き方というアイデアの源泉となり, リアクティブとプロアクティブという区別ともつながる豊かな土壌です。また, 以下も参照。溝上 (2010) 前掲書, 梶田叡一, 中間玲子, 佐藤徳編 (2016)『現代社会の中の自己・アイデンティティ』金子書房

67) 自分自身になるということは, 自己実現でもあり, 自分への解放でもあり, 生成的なプロセスです。A・マズロー (2001)『完全なる経営』(金井壽宏監訳) 日本経済新聞社, A・マズロー (1998)『完全なる人間―魂のめざすもの (第二版)』(上田吉一) 誠信書房。マズローと学びと成長の関係について, 以下を参照。金井壽宏 (2002)『働くひとのためのキャリアデザイン』PHP 新書, 溝上慎一 (2023) 前掲書

第5章

これからの
学びと成長に向けて

　ここまでの章を通じて，大学生の学びと成長について理解することはできたでしょうか。さらなる学びと成長の可能性はどのようなものでしょうか。

　本の前から後ろへと一通り読み進める読み方が正解というわけではありません。時には前の章に戻って，自分の学びと成長について理解を深め，自分の学びと成長を引き出すような読み方もまた有意義なものです。

　本章では，ここまでの章をふりかえりながら，今後の大学生活や卒業後の人生に通じる学びと成長のダイナミクスを深く掘り下げていきます。

第5章 これからの学びと成長に向けて　*219*

　本章では，これまでの章をまとめ，これからの大学生活や卒業後の人生に橋渡しするために大切なことを明確にしたいと思います。まず，これまでの章をふりかえり，どのように学び成長していくかを考えていくことにします。続けて，「大学での学びと成長はいかにして可能か」という学びと成長のダイナミクスを考えていきます。

1 知識・他者・自分との関係でどのように成長するのか
―これまでの章をふりかえって

　「はじめに」では，本書の目的は「自分の学びと成長をふりかえり，自分自身の学びと成長について知識を使って深く理解し，気づき，言語化し，関係づけて自分の糧とできるようになること」にあると示しました。そして，この目的の文章に示した〈気づき〉〈言語化〉〈関係づけ〉が大学生の学びと成長にとって重要になるという見通しを提示しました。

　第1章では，大学生の学びと成長が人生をつくることにつながっていると論じました。そして，大学生の学びと成長には，知識との関係，他者との関係，自分との関係という3つの関係があること，大学生の成長にとって，気づき・言語化・関係づけが大切であること，自分の学びと成長を自分でつくっていく力と責任があることを説明しました。その上で，大学生の学びと成長を理解するための基本的な枠組みとして，知識・他者・自分という3つの関係の成長がそれぞれ，二元論，多元論，関係論，コミットメントという状態の成長局面を移行していくというフレームワークを提示しました（図5-1（図1-1の再掲））。

　このような第1章を踏まえ，第2章では知識との関係の成長，第3章では他者との関係の成長，第4章では自分との関係の成長をテーマとし，二元論から多元論への移行，多元論から関係論への移行，関係論からコミットメントへの移行を個別に見てきました。これまでの章では知識・他者・自分との関係を個別に説明してきましたが，本章では横断的に捉えていきます。知識・他者・自分との関係を横断的に捉え，二元論から多元論への移行，多元論から関係論への移行，関係論からコミットメントへの移行という各フェーズの移行における中心的な特徴が何かを抽出し，大学生がどのように学び成長していくかを総括

	二元論	多元論	関係論	コミットメント
	(図)	(図)	(図)	(図)
知識	正解か不正解か	多様な知識や考えに広がっていく	複数の知識や考えを関係づけていく	関係し合った考えの中から自分の考えをつくる
他者	経験や他者とのかかわりが広がっていない	多様な経験や他者とのかかわりが広がっていく	経験や他者との複数のかかわりを関係づけていく	自分なりの他者とのかかわり方をつくる
自分	自分のことをあまり意識したり考えたりしていない	自分自身の多様な複数の側面に気づく	複数の自分を関係づけていく	自分のあり方や生き方を自分でつくっていく

図 5-1　大学生の学びと成長のフレームワーク

的に考えていきます。

1.「二元論から多元論」への移行の中心的な特徴とは

　二元論から多元論への移行は，物事を 2 つに分けて固定的に見てしまう状態から多元的な捉え方をする状態への成長を意味していました。

　まず，知識との関係における二元論から多元論への移行は，自分の答えが正解か不正解かにとらわれてしまう状態から，多様な知識と考えに気づき，知識との関係が広がっていく状態へと成長することを意味していました。

　他者との関係における二元論から多元論への移行は，他人と自分を比べて不安を感じたり，自分の能力を低く決めつけてしまったりして，新しい経験や他者とのかかわりが広がっていかない状態から，「能力は変化・成長させることができる」という考え方を持って新しい経験や他者とのかかわりに一歩踏み出し，多様な経験へと他者との関係が広がっていく状態へと成長することを意味していました。

　そして，自分との関係における二元論から多元論への移行は，「自分のことはわかっている」という思い込みや自分のことを否定的に考えてしまうこと，

自分と他人との比較へのとらわれ，自分自身を大切にできていないという状態から，大学生活で得られる多様な気づきと自分についての気づきを大切にし，自分に思いやりと優しさを持って自分自身を大切にできるようになり（セルフ・コンパッション），自分自身を分けて捉え，多様な自分の複数の側面について理解を広げていくよう成長することを意味していました。

このような知識・他者・自分との二元論から多元論への成長を踏まえると，二元論から多元論への移行は，知識・他者・自分との関係を広げていく成長であると捉えることができます。

2. 「多元論から関係論」への移行の中心的な特徴とは

次に，多元論から関係論への移行は，多様な要素があるものの，それらを十分に関係づけられていない状態から，それらの要素を相互に関係づけることができる状態へと成長していくことを意味していました。

知識との関係における多元論から関係論への移行は，知識を学ぶとともに問いをつくり，問いを構造化しながら批判的思考を働かせ，自分の考えをそれらと関係づけて組み立てていくよう成長することを意味していました。

他者との関係における多元論から関係論への移行は，コミュニケーションやリーダーシップにかかわる経験に対してリフレクションし，自分の他者とのかかわりのいいところや改善した方がよいところを関係づけて深く考え，他者とのかかわり方を探究していくよう成長することを意味していました。

自分との関係における多元論から関係論への移行は，複数の自分についての気づきを土台とし，現在の自分のあり方と将来の自分の生き方について自分に関することを関係づけてリフレクションし，自分の大事にしたい価値観を探究していくよう成長することを意味していました。

このような知識・他者・自分との関係の多元論から関係論への成長を踏まえると，多元論から関係論への移行は，知識・他者・自分との関係を探究していくことができるようになるという成長であると捉えることができます。

3. 「関係論からコミットメント」への移行の中心的な特徴とは

関係論からコミットメントへの移行では，多様な要素が相互に関係づけられ

ていく状態から，その中での軸となる価値観をつくりあげる状態へと成長していきます。

　知識との関係における関係論からコミットメントへの移行は，自分で設定したテーマに対し，問いと知識を基盤に根拠をもって考える自分の方法や考え方を構築し自分の考えをつくりあげる自己調整学習者となるよう成長することを意味していました。

　他者との関係における関係論からコミットメントへの移行は，他者やチーム・組織，社会との関係において何を大事にしたいかというかかわり方の軸をつくりあげ，他者とかかわっていき，関係の成長へと向かっていくことを意味していました。

　自分との関係における関係論からコミットメントへの移行は，自分の意志や思い，人生の目的を含み，自分の人生において大事にしていきたい価値観をつくりあげ，自分の人生の著者として自分の人生をつくっていくよう成長（セルフ・オーサーシップの成長）していくことを意味していました。

　このような知識・他者・自分との関係論からコミットメントへの成長を踏まえると，関係論からコミットメントへの移行は，知識・他者・自分との関係において大事にしたい軸となる価値観をつくりあげるとともに，知識・他者・自分との関係をつくっていく成長であると捉えることができます。

4. 大学生の学びと成長を拡張して捉える

　このような二元論・多元論・関係論・コミットメントの間の移行についての整理を踏まえ，図5-1を図5-2のように拡張したいと思います。新たに付け加わった「移行」の行は，二元論・多元論・関係論・コミットメントの間の移行を表しており，矢印によって移行を表現しています。この図では，「関係が広がる」ことによって二元論から多元論へと移行し，「関係を探究する」ことを通じて多元論から関係論へと移行し，「関係をつくる」ことができるようになって関係論からコミットメントへと移行していくことを説明しています。

　次節以降では，これまでに見てきた知識・他者・自分との関係における二元論・多元論・関係論・コミットメントの間の移行の仕組みを学びと成長のダイナミクスと捉え，そのような学びと成長の移行はいかにして可能か―どうすれ

	二元論	多元論	関係論	コミットメント
移行		関係が広がる	関係を探究することが できるようになる	関係をつくることが できるようになる
知識	正解か不正解か	多様な知識や考えに 広がっていく	複数の知識や考えを 関係づけていく	関係し合った考えの 中から自分の考えを つくる
他者	経験や他者とのかか わりが広がっていな い	多様な経験や他者と のかかわりが広がっ ていく	経験や他者との複数 のかかわりを関係づ けていく	自分なりの他者との かかわり方をつくる
自分	自分のことをあまり 意識したり考えたり していない	自分自身の多様な複 数の側面に気づく	複数の自分を関係づ けていく	自分のあり方や生き 方を自分でつくって いく

図 5-2　知識・他者・自分との関係でどのように成長するのか：成長局面の移行について

ばそのような学びと成長ができるのか―を考えていきます[1]。ここでは，学び
と成長のダイナミクスを考えるために，「いかにして可能か」という問いを深
めて考えていくことにしたいと思います。

2 大学生の学びと成長のダイナミクスを考える ―気づき・言語化・関係づけの役割

　本節では，第1章において学びと成長に重要な役割を果たすとしていた〈気
づき〉〈言語化〉〈関係づけ〉について再考していきます。これまでの章の内容
と結びつけ，〈気づき〉〈言語化〉〈関係づけ〉が二元論・多元論・関係論・コ
ミットメントの間の移行の仕組み――すなわち，学びと成長のダイナミクス
――にどのように結びついているのか，そしてそれらの役割はどのようなもの
かを考えていきます。

1. 大学生の学びと成長にとっての〈気づき〉

　まず，〈気づき〉が学びと成長の移行の仕組みにどのように結びついているかを整理していくことにします。気づきは，それまで認識していなかったことを認識し，考えられていなかったことを考えられるようになることを意味します。気づきが生じると，新しさや違いを感じて受けとることができます。それは，「いいな」と感じることや「なるほど」と深く理解することへとつながります[2]。気づきは，日々の暮らしの中や，新たな人との出会いや新しい経験をした時にも生まれます。また新しい知識に触れたり，自分を見つめ直す時にも気づきが生じます。

　気づきは，それまでの経験や価値観，感じ方や考え方や知識に影響を受けます。気づきは，一人一人の価値観や考え方，感情や感じ方，現在の状況によって多様なものとなります。意味深い気づきによって，複数のことにつながりを見出したり，それまでうまく言語化できなかったことを考えたり，それまで知っていたことについての意味を再発見したり再認識したりすることへとつながっていきます。そして気づきは，知識や経験，他者とのかかわりによって，新たな気づきを得ることができるものであり，変化するものでもあります。気づきを得ること，そして新たな気づきを積み重ねていくことを通じて，自分自身の独自の気づきとなっていきます。

　気づきは，第1に，二元論から多元論への成長において，知識・他者・自分との関係を広げていくきっかけとなるという役割があります。そのような気づきは，自分の外側にある価値基準で思考・行動している時であっても生まれますし，自分の内側に価値観をつくって思考・行動しようとしている中でも生まれます。そのとき，これまでの知識・他者・自分との関係に閉じてしまうのではなく，新しい知識や経験や自分に開かれた姿勢でその気づきを大切に受けとることが必要となります。開かれた姿勢で気づきを受けとることによって，知識・他者・自分との関係を広げていく成長を生み出すことが可能となっていきます[3]。

　第2に，気づきには，関係が広がっていくきっかけをもたらすという役割に加えて，関係を探究して（多元論から関係論への成長），関係をつくっていく

（関係論からコミットメントへの成長）ための土台を培うという役割があります。知識・他者・自分との関係の探究においては，それぞれの関係に関連して生まれた気づきが源泉になります。気づきが生まれているということは，それまでの知識・他者・自分との関係に変化や新しさや違いが生まれているということです。気づきが生まれているということはまた，気づきを大切にする中で，気づきが生まれるとともに，その気づきという対象を受けとめる自分が主体として分化していくことへとつながります。気づきとともに，その主体が関係の探究と形成を進めていく推進力となっていきます。したがって，気づきによって培われる土台があることで，学びと成長の主体が支えられ，関係を探究することと関係をつくることへの成長が可能になっていきます。

2. 大学生の学びと成長にとっての〈言語化〉と〈関係づけ〉

　次に，〈言語化〉と〈関係づけ〉がどのように学びと成長の移行の仕組みに結びついているかを整理していきます。学びと成長へ向けて気づきから考えを進めていくためには，言語化し，関係づけることが必要となります。気づきは言語化して関係づけることによって，さらなる学びと成長に結実していくということもできるでしょう。

　言語化と関係づけは，気づきを受けとめて関係を広げていく成長（二元論から多元論への成長）のために必要となります。また，問いと知識を関係づけて自分の考えをつくったり，他者とのかかわりやその経験をリフレクションしながら他者とのかかわり方を模索したり，自分自身をリフレクションしながら自分のあり方を考えるといった関係の探究（多元論から関係論への成長）のためにも言語化と関係づけが重要になります。

　言語化と関係づけは，これまでの章で見てきたように，知識・他者・自分との関係の探究を通じて，リアクティブ型とプロアクティブ型という2つの型のリフレクションを両輪として進められます。知識との関係では，問いについて，新しい知識を受けとって問いを立てるリアクティブ型と自分から問いを立てて考えていくプロアクティブ型のリフレクションが両輪となります。他者との関係と自分との関係では，新しい関係に開かれて気づきを受けとって考えるというリアクティブ型と自分から言語化して関係づけて考えていくというプロアク

ティブ型のリフレクションが両輪となります。リアクティブ型とプロアクティブ型の2つの型は，相互に支え合う関係にあり，両方とも重要な役割を果たします。気づきを受けて考えるリアクティブ型のリフレクションが自分から言語化して関係づけるプロアクティブ型のリフレクションの土台となりますし，プロアクティブ型のリフレクションで自分から言語化して関係づけて考えていくことで，新しい関係へと開かれてさらに気づきが生まれ，その気づきを受けとってリアクティブ型のリフレクションで考えていくというように，循環して相乗効果を生んでいきます。プロアクティブ型のリフレクションが示すように，言語化と関係づけは自分が主体となって意識的に取り組む活動となっていきます。

　このように，言語化と関係づけに，関係を探究する成長（多元論から関係論への成長）において，リアクティブ型とプロアクティブ型という2つのリフレクションの探究を組み合わせて考えることで進められます。そして，言語化と関係づけには，関係をつくる成長（関係論からコミットメントへの成長）において，価値観をつくりあげることを進めていくという役割があります。価値観をつくりあげることには，知識との関係において自分の1つ1つの考えや土台となる考え方をつくりあげることや，他者との関係において他者や社会とのかかわり方をつくりあげること，自分との関係において自分の意志や思い，人生の目的，自分のあり方やこれからの生き方，そしてそれぞれの関係において大事にしたいことをつくりあげていくことが含まれます。言語化と関係づけのこのような働きによって，知識・他者・自分との関係において，関係の探究プロセスを進める成長の移行が可能となっていきます。

3 大学生の学びと成長のダイナミクスを考える —関係の相互性・ブリッジング・主体への生成

　ここまで，「学びと成長の移行はいかにして可能か」を問い，学びと成長のダイナミクスを考えてきました。学びと成長の移行において，気づき，言語化，関係づけは，「関係を広げる」という二元論から多元論への移行と，「関係の探究」という多元論から関係論への移行と結びついています。気づきが土台とな

り，言語化と関係づけによって関係の探究が進められていきます。しかし，関係論からコミットメントへの移行にあたる「関係をつくる」という成長がいかにして可能かは，十分に説明できていません。言語化と関係づけにより「関係をつくる成長」が進むと考えてきましたが，そのような成長が「いかにして可能か」，さらに考えを進めていくことができます。続けて，「関係をつくるという成長はいかにして可能か」という問いを考えていきたいと思います。

1. 関係の相互性―関係をつくるという成長はいかにして可能か

「関係をつくるという成長はいかにして可能か」という問いに対しては，まず，第3章で説明した関係の相互性によって可能になると応答することができると考えています（図5-3）。

他者との関係の相互性とは，他者との関係がつくられることを通じて，他者との関係をつくることができるようになるということを意味していました。第3章では，他者との関係のコミットメントへの成長のところで，他者や組織・社会との関係がつくられるとともに，自分からその関係をつくっていくという成長があることを示しました。関係の相互性においては，関係がつくられることと関係をつくることが両立していきます。他者との関係については，他者との関係の相互性を通じて「関係をつくるという成長」が可能となると説明することができます。

「関係をつくるという成長がいかにして可能か」という問いに対して，知識との関係や自分との関係についても，同じように関係の相互性によって可能になると説明することができると考えています。すなわち，知識との関係をつくることは，知識との関係がつくられることを通じて知識との関係をつくること

図5-3　学びと成長のダイナミクスを考える（1）

ができるようになるという知識との関係の相互性によって可能となります。第2章では，知識を理解して知識との関係がつくられるとともに，知識を活用・探究して自分の考えや問いをつくり，知識との関係をつくっていく成長を説明しました。

また自分との関係をつくることは，自分との関係がつくられることを通じて自分との関係をつくることができるようになるという自分との関係の相互性によって可能となります。第4章では，自分と向き合い，自分についての気づきを得て自分を理解していくことで自分との関係がつくられるとともに，自分の価値観を柱として自分自身をつくり，自分との関係をつくっていくという成長について説明しました。

このように，知識・他者・自分との関係において「関係をつくるという成長はいかにして可能か」という問いに対しては，「関係をつくるという成長は，関係の相互性によって可能となる」と考えを進めることができます。

2. ラーニング・ブリッジング
―関係の相互性による成長はいかにして可能か

続けて，学びと成長のダイナミクスについてさらに考えるために，「関係の相互性による成長はいかにして可能か」という問いを立てて考えていくことにします。

この問いに対して，まず，知識との関係に絞り，「知識との関係において，関係の相互性による成長はいかにして可能か」という問いを考えていきます。この問いに対しては，第1章で紹介したラーニング・ブリッジングによって可能になる，さらにはアイデンティティ形成につながるラーニング・ブリッジングによって可能になると私は考えています（図5-4）。

ここでは，ラーニング・ブリッジングによって，知識との関係における相互性の成長がいかにして可能となるのかをあらためて説明していくことにします。第1章で説明したように，ラーニング・ブリッジングの概念は，正課の学びと課外の学びを往還しながら関係づけて総合していく架橋を意味する概念でした。ラーニング・ブリッジングはまた，関係づけることというアイデアの源となっていました。ラーニング・ブリッジングに立ち帰って考えると，ラーニング・

第 5 章 これからの学びと成長に向けて　229

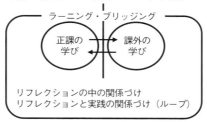

図 5-4　学びと成長のダイナミクスを考える (2)

　ブリッジングには，2つの〈関係づける〉ことが含まれており，その2つを区別することで考えを進めていきたいと思います。2つの関係づけることを区別した上で，引き続き知識との関係に絞り，知識との関係がつくられることを通して知識との関係をつくるという相互性による成長がいかにして可能かを考えていくことにします。

　1つ目の〈関係づける〉こととは，リフレクションの中で関係づけることです。言語化と関係づけによって関係の探究ができるようになっていくというここまで見てきたような関係づけは，リフレクションの中の関係づけを指しています。ラーニング・ブリッジングでは，正課と課外を越境して往還し，正課の学びと課外の学びのそれぞれをリフレクションします。そのリフレクションの中で両方の学びを関係づけることで，それらの異なる学びを俯瞰して関係づけていき，そこから新たな気づきが生まれ，さらなる学びと成長が生まれていきます。

　2つ目の〈関係づける〉ことは，リフレクションの外へ出てリフレクションと実践をつなぐことです。関係づけることは意識の中やリフレクションの中だけに限定されるわけではありません。関係づけることには，意識や思考を働かせるリフレクションの外へと出て，リフレクションを実践へとつないでいくことが含まれます。この2つ目の関係づけることは，実践からリフレクションし，そしてリフレクションしたことを踏まえて実践し，そしてさらにリフレクショ

ンするというように，リフレクションと実践を往還するループをつくっていくという意味があります。ラーニング・ブリッジングでは，正課と課外を越境して往還し，正課の学びと課外の学びを結びつけてリフレクションし，そのリフレクションを持って新たな実践とリフレクションへ向かってリフレクションと実践のループを回していきます[4]。

　このように2つの〈関係づける〉ことを区別することで，「知識との関係において，関係の相互性による成長はいかにして可能か」という問いについての考えを進めることができます。1つ目のリフレクションの中で関係づけることと2つ目のリフレクションと実践のループをつくることの両輪を働かせるラーニング・ブリッジングによって，知識を理解して知識との関係がつくられるとともに，自分の問いや考えをつくって知識との関係をつくるという相互性の成長が可能となっていくと考えることができます。

3. ラーニング・ブリッジングとアイデンティティ形成

　さらに，ラーニング・ブリッジングは，自分自身と自分の人生を形成するアイデンティティ形成へとつながる可能性を持っています[5]。ラーニング・ブリッジングとアイデンティティ形成を結びつけてさらに考えを進めていきたい

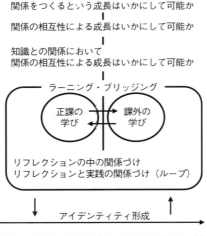

図5-5　学びと成長のダイナミクスを考える（3）

と思います（図5-5）。第4章で見たように，アイデンティティ形成には，「連続性」の中で「統合」と「分化」のバランスをとって「総合」するという原理があります。正課と課外を往還しながら進むラーニング・ブリッジングは時間の流れを通じて進みます。この時間の流れの中で2つの〈関係づけ〉が両輪として働くことが可能となります。この時間の流れは，連続性というアイデンティティ形成の原理の1つにあたります。

　そして，ラーニング・ブリッジングは，正課と課外のそれぞれの活動を通じて知識や他者とかかわり，知識や他者の関係へと「統合」され，自分の考えや他者とのかかわり方を「分化」させていきます。ラーニング・ブリッジングで複数の学びを架橋することを通じて，他者との関係へ統合されることに加えて，知識との関係にも統合されていき，自分との関係を分化させていきます。ラーニング・ブリッジングは，時間の流れの中で進み，リフレクションと実践のループを生み出しながら，正課と課外を越境し往還して複数の学びを架橋し，知識・他者・自分との関係を「総合」し，自分のアイデンティティ形成へとつながっていく可能性が開かれています。

　ここまでラーニング・ブリッジングが知識との関係における相互性という成長をどのように可能にしていくかを考えてきました。ここでいったん立ち止まり，いくつか注意を要する点に目を向けたいと思います。まず，ラーニング・ブリッジングの概念に含まれているように，越境して往還したとしても架橋につながらない可能性があります[6]。全ての大学生が正課と課外の境界線を越境して往還していますが，それだけでそれぞれの学びを結びつけるラーニング・ブリッジングとはなりません。注意を要する点の1点目としては，意識してリフレクションし，さらにはリフレクションしたことを踏まえて実践するというリフレクションと実践のループを回していく中で，それぞれの学びの架橋としてのラーニング・ブリッジングを生み出していくことができるということです。

　次に，注意を要する点の2点目として，学びの架橋としてのラーニング・ブリッジングが全て自動的にアイデンティティ形成を生み出し，アイデンティティ形成を推進すると想定することはできないことに留意する必要があります。複数の科目の学びを架橋してレポートや卒業研究を仕上げた場合でも，自分自身に変化や影響をもたらさないこともあります。正課と課外の学びをリフレク

ションして架橋し，気づきをもとに新たな実践で行動に移していったとしても，そのことによる自分との関係への変化や影響を自覚しなかったり，その変化や影響の意味を汲み取らないことが生じるということもあるでしょう。したがって，自分の人生をつくっていくこと，そして自分自身をつくっていくこととしてのアイデンティティ形成につながるような学びを追求する必要があります。そして，そのようなアイデンティティ形成に根ざして，自身の学びと知識との関係の成長を生み出していくことを目指す必要があります。以上を踏まえると，学びとアイデンティティ形成は，相互に形成し合い，支え合う関係を生み出していく必要がある，とまとめることができます。

　このようなラーニング・ブリッジングの概念と注意点を踏まえると，「知識との関係において関係がつくられることを通じて，知識との関係をつくることができるようになる関係の相互性による成長はいかにして可能か」という問いに対して，ラーニング・ブリッジングをつくっていくことを通じて可能となると考えるだけでは説明が十分ではないということに気づかされます。全てのラーニング・ブリッジングが相互性の関係の成長を生み出すわけではありません。さらに進んで，どのようなラーニング・ブリッジングによって可能となるのかを考える必要があります。そのように考えを進めるならば，知識との関係における相互性の成長は，正課の学びと課外の学びを往還しながらリフレクションして関係づけ，リフレクションと実践のループを回しながら，学びとアイデンティティ形成を相互に形成し合う関係とする循環をつくっていくようなラーニング・ブリッジングによって可能となると考えることができます（図5-5）。総括して示すならば，学びをアイデンティティ形成へと総合していくラーニング・ブリッジングによって可能となると考えることができます。

4. ラーニング・ブリッジングから学びと成長のブリッジングへ

　ここまでの問いと応答は，知識との関係に絞られたものです。本書の歩みを踏まえるならば，ここまでの問いと応答を知識・他者・自分という3つの関係へと広げていくことができます。

　「知識・他者・自分との関係における関係の相互性の成長がいかにして可能か」という問いに対して，学びと成長のダイナミクスを考えていくことにした

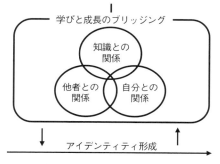

図 5-6 学びと成長のダイナミクスを考える (4)

いと思います。そのための手立てとして，知識との関係を往還・架橋して総合するラーニング・ブリッジングを知識・他者・自分との関係を往還・架橋して総合する「学びと成長のブリッジング」へと拡張して考えていくことにします[7]（図 5-6）。

　第1に，越境して往還して架橋するという点を拡張することができます。ラーニング・ブリッジングは，正課と課外を越境して往還して架橋していくものでした。「学びと成長のブリッジング」では，知識・他者・自分との関係を往還・架橋して拡張していくと捉えることができます。他者との関係には，第3章で見たように，具体的な他者との関係からチームや組織との関係，そして社会との関係まで含まれています。「学びと成長のブリッジング」を通じて，このような多層からなる他者とのそれぞれの関係に統合されるとともに，自分との関係において分化していきます。

　第2に，リフレクションの中と外の関係づけについて拡張して捉えていくことができます。ラーニング・ブリッジングは，知識との関係においてリフレクションの中で関係づけるとともにリフレクションと実践のループを回すことを見てきました。「学びと成長のブリッジング」（図 5-6）では，知識・他者・自分との関係においてリフレクションの中で関係づけるとともにリフレクション

の外で実践との間でループを回していきます。それによって,他者との関係と自分との関係の両方において,大事にする価値観をつくりあげるとともに,それぞれの関係それ自体をつくっていきます。

　第3に,時間の流れの中で進展するという点を拡張することができます。ラーニング・ブリッジングは,時間の流れという連続性において知識との関係の成長へと統合と分化を総合して展開し,自分の人生をつくっていくこと,そして自分自身をつくっていくこととしてのアイデンティティ形成と学びを相互に形成し合う可能性に開かれていました。「学びと成長のブリッジング」もまた時間の流れという連続性において,知識・他者との関係の成長への統合と自分との関係における分化を均衡させながら,それらとアイデンティティ形成を相互につなげ合って知識・他者・自分との関係を総合していく可能性へと開かれていきます（図5-7）。

　このように知識との関係を基軸としてアイデンティティ形成へとつながるラーニング・ブリッジングは,知識・他者・自分との関係を総合していく「学びと成長のブリッジング」へと拡張することができます。「知識・他者・自分との関係において,関係の相互性による成長はいかにして可能か」というここ

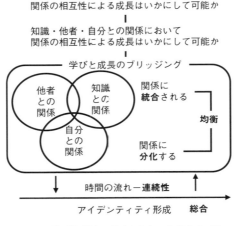

図5-7　学びと成長のダイナミクスを考える (5)

での問いに対しては，学びとアイデンティティ形成を相互につなげるラーニング・ブリッジング，そして「学びと成長のブリッジング」によって可能となると応えることができると考えています。

　ここまでの学びと成長のダイナミクスを考える道のりから，知識・他者・自分との関係が結びついていることも見えてきました。本書では，知識・他者・自分との関係を章に分けて詳しく扱ってきましたが，学びと成長の持つ豊かな可能性を実現させるためには知識・他者・自分との3つの関係を相互に織り合わせていくことが不可欠です。

　一人一人の人生ごと，またそれぞれの人の置かれている状況において，知識・他者・自分との関係は異なるものとなります。知識・他者・自分との関係の二元論・多元論・関係論・コミットメントの中のどのような課題に直面するかが変わってきますし，それぞれの関係の成長は一方向に移行できるというより行ったり来たりするものです。他者との関係で立ち止まっていたところ，知識との関係の成長が推進力をもたらすこともあれば，知識との関係が進むものの自分との関係が足踏みすることもあるでしょう。現在の状況と課題に向き合いながら，知識・他者・自分との関係をどのようにつくっていくかは多様なものとなるでしょう。他者との関係が成長の中心になることもあれば，自分との関係が成長の柱になる状況もあるでしょうし，知識との関係が成長の重要な位置を占めることもあるでしょう。自分自身の学びと成長を通じて，知識・他者・自分との関係をつくりながら人生をつくっていくことへと向かっていくことが大切となります。

5. 主体的に学び成長する―主体への生成

　ここまでの学びと成長のダイナミクスを考える道のりは，関係の相互性の1つの側面である「つくられていく関係性」へ向かう方向に焦点を当てたものとなっていました。ここで問いを相互性のもう1つの側面である「関係性をつくりだす」方向へ向け直して考えていきたいと思います。このような学びとアイデンティティ形成の相互形成へとつながるラーニング・ブリッジング，そして「学びと成長のブリッジング」がいかにして可能かを問い，さらに学びと成長のダイナミクスについての考えを進めていきます。

	二元論	多元論	関係論	コミットメント
知識	正解か不正解か	多様な知識や考えに広がっていく	複数の知識や考えを関係づけていく	関係し合った考えの中から自分の考えをつくる
他者	経験や他者とのかかわりが広がっていない	多様な経験や他者とのかかわりが広がっていく	経験や他者との複数のかかわりを関係づけていく	自分なりの他者とのかかわり方をつくる
自分	自分のことをあまり意識したり考えたりしていない	自分自身の多様な複数の側面に気づく	複数の自分を関係づけていく	自分のあり方や生き方を自分でつくっていく
移行	関係が広がる	関係を探究することができるようになる	関係をつくることができるようになる	
受動	気づきを受けとる			
能動		・気づきを受けてリフレクションする（リアクティブ） ・リフレクションの中で自分から言語化・関係づける（プロアクティブ） →価値観を探究する	・価値観をつくりあげる ・価値観とともに実践する →リフレクションと実践のループを回す	
主体		気づきを受けとる主体となる 関係を広げる主体となる	言語化して関係づける主体となる 関係の探究の主体となる	関係がつくられることを通じて，関係をつくる主体となる

図 5-8　学びと成長のダイナミクス

この問いに対しては，学びと成長の主体になっていくこと——すなわち，主体への生成——によって可能となると考えていきたいと思います。私たちが学びと成長の主体として成立することは，自明のことではありません。図5-8は，知識・他者・自分との関係の成長の図5-1に移行の行と，受動と能動と主体の行を追加したものです[8]。図5-8における受動と能動と主体の行に関して，学びと成長の主体となっていく移行を説明していくことにしましょう。

　第1章で大学生の心がまえとして記したように，学生には，大学での学びと成長に責任を持って臨むことが求められています。その一方で，自動的に自分で自分の学びと成長をつくりだしていく主体となることができるわけではないことに注意が必要です。自分の学びと成長に精一杯取り組んでいき，学び成長することを通じてこそ，自分の学びと成長の主体となっていくことができます。ここでは，自分の学びと成長の主体となっていく道のり，主体への生成の道をたどっていくことにします。

　まず，二元論から多元論への移行で見られたように関係が広がっていく成長の中で，新しい知識や経験へと世界が広がり，気づきを受けとっていきます。気づきを受けとることが，気づきを受けとる主体となることへとつながっていきます。この時，気づきを受けとることができるということが重要です。気づきを受けとることができない可能性も十分にあり，気づきを受けとったとしても，その場限りのものとして自分の学びと成長につなげられないことも十分にありうることでしょう。自分の学びと成長の主体となっていくには，自分が受けとった気づきを大切にし，そのことを通じて気づきを受けとることができる主体となっていくことが必要となります。

　次に，多元論から関係論への移行における知識・他者・自分の関係を探究する成長の中では，気づきを言語化したり，経験や自分自身についてリフレクションし，言語化して関係づけていきます。知識との関係では，新しい知識を受けて問いを立てて言語化して考えるリアクティブな関係づけることと，自分から問いを立てて知識と考えをプロアクティブに関係づけることがあります。他者との関係では，個別の経験を受けた気づきや感情，その経験における思考や行動，かかわりといったことを言語化して考えるリアクティブな関係づけることと，複数の経験を横断して自分の他者とのかかわり方をプロアクティブに

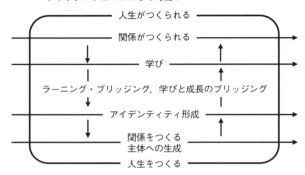

図 5-9　学びと成長のダイナミクスを考える (6)

関係づけることがあります。自分との関係では，自分についての気づきを受けて自分の感情にズームインして言語化して考えるリアクティブな関係づけることと，自分から複数の自分や自分に関することをプロアクティブに関係づけることがあります。プロアクティブに関係づけていくことでさらに新たな気づきが生まれ，その気づきを受けとってリアクティブに関係づけて考えるというように，リアクティブな言語化と関係づけと，プロアクティブな言語化と関係づけは，両方とも重要です。そして，このように知識・他者・自分との関係を言語化して関係づけて探究していくことを通じて，言語化して関係づけることができるようになり，言語化して関係づける主体となっていきます。

　そして，知識・他者・自分の関係を探究する中では，それぞれの関係を探究して自分の考え方や他者とのかかわり方や価値観をつくりあげ，リフレクションと実践のループを回していきます。そうすることによって，知識・他者・自分の関係がつくられることを通じて，知識・他者・自分の関係をつくることができる主体となっていきます。

このような関係がつくられることを通じて，関係をつくることができるようになるという成長は関係の相互性の成長を意味しています。先に見てきた通り，そのような関係の相互性の成長は，学びとアイデンティティ形成を相互に形成することへとつながるラーニング・ブリッジング，そして学びと成長のブリッジングをつくりだすことを通じて生み出されます。その成長は，気づき，言語化し，関係づけるという営みによって支えられていきます。正課と課外を越境して往還しながら，正課の学びと課外の学びを架橋して総合するラーニング・ブリッジングによって，学びをアイデンティティ形成へと接続し，アイデンティティ形成に支えられた学びを推進するという学びとアイデンティティ形成の相互の形成という循環を追求していくことができるようになります（図5-9）。

　そして，知識・他者・自分との関係を越境して往還しながら総合していく学びと成長のブリッジングによって，知識との関係と他者との関係へと統合されながら自分の関係において分化し，知識や他者との関係の成長が自分の人生の著者として人生をつくるセルフ・オーサーシップの成長とキャリア形成へと結びつき，自分自身と自分の人生をつくるアイデンティティ形成へと総合していくことが可能となっていきます。学びとアイデンティティ形成を相互に形成し合うことへとつながるラーニング・ブリッジングと学びと成長のブリッジングを通じて，知識・他者・自分との関係を織り合わせながら，関係がつくられることを通じて関係をつくることができるという関係の相互性の成長の主体となっていきます。このように，主体となっていく成長の道のりは，関係の相互性の成長を通じて，学びと成長の主体となること，キャリア形成やアイデンティティ形成の主体となること，自分の人生の主体となることへと開かれていきます。

　ここまでに見てきた主体となっていく成長は，関係の成長でもあります。一人一人は関係の中で成長し，その人の能力もまた関係の中で成長していくという関係の成長という考え方を見てきました。主体となっていく成長は，孤立して自立していくことを意味するのではなく，知識・他者・自分と豊かな関係がつくられていくことを意味しています[9]。主体となっていく成長はまた，知識・他者・自分との関係に対して，関係がつくられることを通じて関係をつく

ることができるようになるという相互性の成長を通じて生成していく成長です。

　主体となっていく成長を関係の成長として捉え直したことを踏まえると，学びと成長を自分でつくっていく力と責任についてもあらためて理解し直す道が開かれます。第1章では，大学生の心がまえとして，大学生の学びと成長を自分でつくっていく力と責任があると述べました。ここまでの説明を踏まえて，学びと成長の力と責任をもう一度考えていくことにします。

　まず，力や能力について捉え直していきます。大学生の学びと成長を自分でつくっていく力もまた能力であり，第3章で見たように，そのような能力は関係の中でつくられ，成長し，発揮され，関係の成長へつなげていくことができるものです。そのような能力の源泉となる主体性（エージェンシー）[10]もまた，関係の中でつくられ，成長していくものです。主体性は固定した能力や個人に備わる能力ではなく関係の中で働き，成長していくものです。主体性があるかないかを問うたり，主体性があることを前提とし，主体性がどのように発揮されるかを問うてしまうと，主体となっていくダイナミクスを見ることなく，主体性をモノのように固定して見てしまうので注意が必要です。そのように問うのではなく，どのような関係の成長の中で主体となっていくのかを問うていくことが学びと成長の重要な問いでしょう。

　続けて，学びと成長の責任についても考えていきたいと思います。関係の成長として自分の学びと成長の責任を受けとり，自分から学びと成長をつくっていくことでその責任を果たしていくことになります。自分の人生の主体となっていくこと，そして自分の学びと成長の主体となっていくこととともに，自分の学びと成長を自分でつくり，自分の人生をつくり，その責任を受けとることができると捉え直すことができます。

　したがって，主体となっていく成長は，終着地に向かうものではなく，そこからさらに豊かな関係を生み出していく道のりとして理解する必要があります。主体となっていく成長を通じて，知識・他者・自分とどのような関係をつくっていくのかという問いへと開かれていきます。特に，どのような他者とどのような関係をつくっていくのか，そして社会とどのような関係をつくっていくのかが問われます[11]。さらには自分の時間の流れに加えて他者の時間の流れへと広がり，次世代との関係の視点から，どのような社会をつくっていくのか，ど

のような未来をつくりだしていくのかが問われることになるでしょう。そのような問いと応答という豊かな対話を通じて，関係が豊かになっていくという希望が見えてきます[12]。大学生の学びと成長は，一人一人，社会そして未来への希望へとつながっているのです。

4 これからの大学での学びと成長に向けて

　最後に，これからの大学での学びと成長にとって大切なことをまとめたいと思います。

　1つ目に，大学での学びと成長では，知識・他者・自分との関係で成長し，それらの関係から自分の人生をつくるよう総合する「学びと成長のブリッジング」を自分なりにつくっていくことが大切です。その中では，自分の考えや他者や社会とのかかわり方をつくりあげ，自分にとって軸となる価値観をつくりあげ，自分の学びと成長を自分でつくっていく主体となるよう学びと成長に臨んでいきましょう。そして，学びと成長の責任を引き受けて果たしながら，次の世代に学びと成長の力と責任を渡すことができるよう学びと成長に取り組んでいきましょう[13]。

　2つ目に，大学での学びと成長では，学びと成長を楽しみ，前向きに成長していくことを大切にしてほしいと思います。大学生活を過ごす日々では，多様な気づきが生まれ，おもしろいと思ったり，なるほどと思ったりします。その気づきを楽しみ，喜びを味わいながら成長していきましょう。新しい人との出会いや知識を学ぶこと，自分についての気づきが生まれ，知識・他者・自分との関係が広がっていくのが大学での学びと成長の醍醐味です。自分が楽しいと思えることや充実を感じること，熱中できることや本気でしたいと思えることが見つかった時には全力で取り組んでほしいと思います。卒業研究や課外活動の運営では，困難な壁にもぶつかるかもしれません。たとえうまくいかなかったとしても，そのように取り組んだことが今ここで生きている人生の糧となり，そしてその先の人生の糧となっていきます。多様な気づきを丁寧に言語化して関係づけ，知識・他者・自分との関係を探究してつくっていく成長へとつなげ，自分の人生をつくるよう総合していく道のりを楽しんでほしいと思います。

3つ目に，大学での学びと成長では，自分の学びと成長だけでなく，かかわる人たちや社会との関係，そして未来へと広げていくことが大切です。1つ目に触れたように自分の学びと成長を自分でつくっていくことは大切なことです。その上で，その学びと成長の力と責任を持って，他者や社会と関係をどのようにつくっていくか，他者や社会との関係の成長にどのようにつなげていくか，そして未来へとどのようにつないでいくかが重要となります。大学での学びと成長として，他者や社会と関係をつくっていくことを考え，実践し，未来をつくるよう挑戦を広げていきましょう。

■ 注

1) どのように成長するかという成長を記述する問いから，いかにして成長が可能となるかという成長の条件を問う問いへと進みます。前者が具体的な記述（WHAT・HOW）を追求するのに対し，後者は，なぜ（WHY）と結びついた機構を問うていきます。どうすれば学べるのかやどうすれば成長できるのかという問いは，最初に出てくる一番重要な問いでありながら，その問いに応えるには十分な道のりが必要だというところが奥深いと思います。

　説明することの原理，「いかにして可能か」という問いについての研究は，以下の文献を参照。B・ダナマーク，M・エクストローム，L・ヤコブセン，J・C・カールソン（2024）『社会を説明する［新装版］：批判的実在論による社会科学論』（佐藤春吉監訳）ナカニシヤ出版，佐藤春吉・桂悠介・梶原葉月・箸井俊輔（印刷中）『批判的実在論入門（仮）』ナカニシヤ出版。プロセスを説明することについては，以下の文献を参照。Y・エンゲストローム（2018）『拡張的学習の挑戦と可能性：いまだにここにないものを学ぶ』（山住勝広監訳）新曜社

2) 自分の気づいたことや感じたことを受けとめることは，「受容（Acceptance）」や「自覚（Awareness）」と呼ばれています。R・ハリス（2021）『自信がなくても行動すれば自信はあとからついてくる—マインドフルネスと心理療法 ACT で人生が変わる』（岩下慶一訳）筑摩書房

3) 「経験への開かれ」については，4章注7を参照。

4) リフレクションと実践のループは，プロフェッショナルとしての成長にとって重要です。想像力を働かせる意味でも重要です。リフレクションと実践のループというアイデアは，以下の書籍より受けとりました。G・マルガン（印刷中）『もう一つ世界の可能性（仮）』（新川達郎監訳）ミネルヴァ書房

5) ラーニング・ブリッジングがアイデンティティ形成につながるという説明は，以下の文献を参照。河井亨（2014）『大学生の学習ダイナミクス—授業内外のラーニング・ブリッジング』東信堂，河井亨（2018）「大学生の学習とアイデンティティはどのような関係にあるのか—学習とアイデンティティ形成の3対モデルの縫合」『京都大学高

第5章　これからの学びと成長に向けて　　*243*

等教育研究』*24*, 67-77。アイデンティティ形成と学びが相互につながり合い，支え合い，形成し合う関係性はいかにして可能かがさらに問われます。どのような条件によって抑止・促進されるのかはさらに研究する必要があります。

6）ラーニング・ブリッジングは，越境（Boundary crossing）と学習を結びつける越境学習を包含して成立しています。越境学習については，大学教育の文脈ではなく，働くことと学ぶことを結びつける重要な概念として展開されています。石山恒貴・伊達洋駆（2022）『越境学習入門―組織を強くする「冒険人材」の育て方』日本能率協会マネジメントセンター

7）学びの概念は，知識の獲得だけに制限されるものではありません。学びについては，「学びとは，モノ（対象世界）との出会いと対話による〈世界づくり〉と，他者との出会いと対話による〈仲間づくり〉と，自分自身との出会いと対話による〈自分づくり〉とが三位一体となって遂行される『意味と関係の編み直し』の過程である。」（佐藤学（2000）『「学び」から逃走する子どもたち』岩波書店，pp.56-57）という定義が再構築されていました。その一方で，実践においては，学びの概念が知識の獲得を意味するもののように固定化されていく力学が働いているという現実もあります。本書では，学びの概念を知識との関係に制約する捉え方から出発し，知識との関係に根ざしつつもそこから拡張していくという道のりが重要であると考え，その道のりをたどり直すように歩んできました。

8）受動と能動に分化する前に関係があり，受動と能動という区別とはちがうところに中動（態）があります。4章注19の文献を参照。主体とは，能動と受動の交差，また「ある」と「なる」の交差として捉えられるものです。鯨岡峻（2006）『ひとがひとをわかるということ』ミネルヴァ書房，鯨岡峻（2011）『子どもは育てられて育つ―関係発達の世代間循環を考える』慶應義塾出版会

9）単に「主体」という概念で捉えるのではなく，関係主体として捉えていくことが必要となるでしょう。

10）エージェンシーは主体性として捉えられています。エージェンシーについては，OECD（Organisation for Economic Co-operation and Development：経済協力開発機構）が2030年の未来を展望するビジョン（Education 2030）の中で「変化を起こすために，自分で目標を設定し，振り返り，責任を持って行動する能力」と定義されています。OECDの教育とスキルの未来については，文部科学省にて仮訳したものを読むことができます。https://www.oecd.org/education/2030-project/about/documents/OECD-Education-2030-Position-Paper_Japanese.pdf（2024年5月12日アクセス）白井俊（2020）『OECD Education2030プロジェクトが描く教育の未来―エージェンシー，資質・能力とカリキュラム』ミネルヴァ書房。また，客体となる対象に合わせて，主体性には3つの水準を区別することができます。1つ目の最も具体的な水準は，授業のレポート課題のような課題に取り組む水準です。2つ目の水準は，個別の課題を包括する活動の水準で，目標や方略やメタ認知を活用し，活動をコントロールし，自分を方向づけて調整していく水準です。3つ目の水準は，見方や考え方や生き方，そして信念や価値観という人生の姿勢の水準です。溝上慎一（2020）『社会に生きる個性―

自己と他者・拡張的パーソナリティ・エージェンシー』東信堂

11) 関係の成長とは，個人と社会の関係の成長でもあります。OECD の DeSeCo プロジェクトでは，個人と社会の関係についてリフレキシビティという概念をあてていました。D・S・ライチェン，L・H・サルガニク（2006）『キー・コンピテンシー——国際標準の学力を目指して』（立田慶裕監訳）明石書店，松下佳代編（2010）『〈新しい能力〉は教育を変えるか——学力・リテラシー・コンピテンシー』ミネルヴァ書房。個人と社会の関係にあたるリフレキシビティと主体性を意味するエージェンシーはつなげて理解していく必要があります。

12) 関係の成長，そして関係が生み出す豊かさを関係のウェルビーイングと捉えていきたいと思います。K・J・ガーゲン（2023）『関係の世界へ』（東村知子・鮫島輝美・久保田賢一訳）ナカニシヤ出版。希望について以下の書籍も参照。J・オーウェン（2023）『リーダーシップはみんなのもの——フェミニズムから考える女性とリーダーシップ』（和栗百恵・泉谷道子・河井亨訳）ナカニシヤ出版

13) 大学教育には，学生が学びと成長への力と責任を受け取れるよう教育を生み出す責任があります。そしてまた，大学で学び成長する人とは，青年期にある世代だけではなく，大学で学び成長するすべての世代の人を包含しています。大学は学びと成長を生み出す場として，社会に対する役割と責任を果たす必要がありますし，そうすることができるでしょう。

おわりに

　本書は，大学生の学びと成長をテーマとし，大学生が自身の成長をふりかえり，自分自身の成長について知識を使って深く理解し，気づき，言語化し，関係づけて自分の糧とできるようになることを目的としてきました。本書を書き進める原動力となったのは，学生の学びと成長を研究し，日々見守る中で，大学生の学びと成長にはさらなる可能性があるという気づきでした。本書には，学びと成長の楽しさと豊かさが見えるようにという願いと，学生たちのさらなる学びと成長のための挑戦と支援を届けたいという願いを込めています。

学生のみなさんへ

　本書を読むことを通じて，大学生である自分自身についてふりかえってみてください。自分自身の成長について知識を使って深く理解し，気づき，言語化し，関係づけることに取り組んでみてください。また友人と本書の内容や本書をきっかけに考えたことについて話し合う時間を設けて対話してみてください。そして本書に示された学びと成長を超えて，自分の学びと成長を生み出す挑戦へと踏み出してください。現在の大学生活の学びと成長と，これからの将来の人生にも本書を活かしていってくれれば著者としてこれほど嬉しいことはありません。大学生のみなさんは，みなさんがつくりだす未来を生きます。そしてみなさんがつくりだす未来に次世代も生きることになります。自分の学びと成長を大切にし，自分なりに学びと成長に挑戦し，自分の人生をつくり，明るい未来をつくっていってほしいと思っています。思いやりと優しさのある関係，社会，そして未来を一緒につくっていくことができたらと願っています。

大学教職員のみなさんへ

　先行き不透明な時代と社会にあって，大学教育の存在意義自体が問われる状況が到来しています。大学は研究・教育・社会貢献によって鼎立していますが，

大学教育の存在意義は，学生の学びと成長にあります。学生が学び成長していくことによってこそ，大学教育への社会からの信頼と期待が生まれてくることでしょう。現在の学生の学びと成長を理解し，これからのさらなる学びと成長をいかにして生み出していくかが問われています。教職員のみなさんが日々の教育や学生支援を考える際の手がかりが本書の中にあれば，本書の役目は果たせたことになるだろうと思います。

大学教育研究者のみなさんへ

　日本や世界の大学教育についての研究は数多く，大学生の学びと成長についての研究は着実に蓄積を見せています。本書の記述はこれまでの研究に依拠していますが，発展の余地は小さくないと考えています。二元論・多元論・関係論・コミットメントという枠組みでの整理もさらに発展する余地があるでしょうし，本書で十分に関係づけられていない重要な先行研究を関係づけることも必要でしょう。何よりも，日本の大学教育の文脈でさらなる実践と実証を必要とします。本書が「大学生の学びと成長」についてのさらなる実践研究と実証研究の足場となれば嬉しく思います。

　博士号取得後に 2013 年に大学で働き始め，自身の研究テーマを「大学生の学びと成長」と説明するようになって 10 年以上が過ぎました。本書『大学生の学びと成長』は，2013 年に進めた研究を源流とし，2020 年頃に構想を始め，2022 年度のポートランドでの在外研究を含めて取り組み続けて形になったものです。本書をつくる道のりではたくさんの方にお世話になりました。

　これまで調査やワークショップに参加してくれた学生のみなさん，授業で学びと成長についてコメントを記入してくれた学生のみなさん，インタビューで自身の学びと成長を話してくれた学生のみなさんに感謝します。また，ゼミ生のみなさんにも感謝します。卒業研究で大学生の学びと成長を生み出し，大学での学びと成長を経て卒業後も自身の学びと成長へと挑戦を続けるゼミ生のみなさんの話を聞くことはとても楽しく，私の人生の喜びの源泉となっています。

　研究としてお世話になった方々へ感謝いたします。溝上慎一先生には「『大学生の学びと成長』というタイトルで執筆したい」と相談した際に快諾いただ

きました。溝上先生には，何よりも「大学生の学びと成長」という研究領域を開拓し，招き入れてくださったこと，的確な指導をくださることに感謝いたします。新川達郎先生にはソーシャルイノベーションの観点から社会問題に向き合う学びのあり方について貴重なご助言をいただきました。温かい激励をくださる松下佳代先生をはじめ大学教育研究者・研究仲間にも感謝いたします。また，明るい未来に向けて大学教育の仕事を一緒にする中島英博先生・大田桂一郎さんはじめ教職員のみなさんに感謝を伝えたいと思います。スポーツ健康科学部の同僚の教職員のみなさんには，楽しみながら，学生に真剣に向き合い，教職員がチームとなって学生を育てる力に日々エネルギーをいただいています。2022 年度にポートランド州立大学でのサバティカル期にお世話になったみなさんにも感謝いたします。私自身の人生でどういった人生としたいのかを考え挑戦する期間となり，学びと成長の充実した日々を過ごすことができました。

　ナカニシヤ出版の山本あかねさんと井上優子さんに感謝いたします。山本さんには，本書のアイデアをお話しした際，前向きに受け取り，書籍という形にしていただきました。節目節目で公私にわたって温かい激励を何度もいただき，図表を効果的に配置して読みやすくなるよう助言し，細部にわたって読みやすくなるようサポートしてくれました。井上さんは，原稿に目を通し，読み手にわかりにくい箇所を教えてくれました。本書はまた，立命館大学「2024 年度学術図書出版推進プログラム」より出版助成をいただきました。ありがとうございます。

　最後にパートナーに感謝を伝えます。本書のアイデアを「本にする」ことを最初に提案し，文章に目を通してくれました。日々の対話の中で，大切なことに気づき，助言してくれました。特に，本書の中の「気づき」に関するアイデアはパートナーのものです。またワークをわかりやすく説明するところでも助けてもらいました。ありがとうございます。

【著者紹介】

河井　亨（かわい　とおる）

立命館大学スポーツ健康科学部・准教授　博士（教育学）

2013 年 3 月京都大学大学院教育学研究科博士課程修了，2013 年 4 月より立命館大学教育開発推進機構を経て，2018 年 4 月より現職。

大学教育学，大学生の学びと成長を理論と実践の両面から研究。主要業績に，『大学生の学習ダイナミクス：授業内外のラーニング・ブリッジング』（2014 年，東信堂），『若者のアイデンティティ形成：学校から仕事へのトランジションを切り抜ける』（2020 年，共訳，東信堂），『リーダーシップはみんなのもの：フェミニズムから考える女性とリーダーシップ』（2023 年，共訳，ナカニシヤ出版），『大学教育の質的研究法』（印刷中，共訳，東信堂）など。

大学生の学びと成長
知識・他者・自分との関係から人生をつくる

2025 年 3 月 30 日　初版第 1 刷発行　定価はカヴァーに表示してあります

著　者　河井　亨
発行者　中西　良
発行所　株式会社ナカニシヤ出版
〒606-8161　京都市左京区一乗寺木ノ本町 15 番地
Telephone 075-723-0111
Facsimile　075-723-0095
Website http://www.nakanishiya.co.jp/
Email iihon-ippai@nakanishiya.co.jp
郵便振替　01030-0-13128

装幀＝白沢　正／印刷・製本＝創栄図書印刷
Printed in Japan.
Copyright © T. Kawai 2025
ISBN978-4-7795-1835-5

◎本書のコピー，スキャン，デジタル化等の無断複製は著作権法上での例外を除き禁じられています。本書を代行業者等の第三者に依頼してスキャンやデジタル化することはたとえ個人や家庭内の利用であっても著作権法上認められておりません。